中国文化市场

发展报告(2015)

The Development Report on
China's Cultural Market(2015)

◎ 李季 主 编

吴良顺 副主编

经济科学出版社
Economic Science Press

图书在版编目（CIP）数据

中国文化市场发展报告（2015）/李季主编．
—北京：经济科学出版社，2016.1
ISBN 978 - 7 - 5141 - 6791 - 7

Ⅰ．①中…　Ⅱ．①李…　Ⅲ．①文化市场 - 发展 - 研究
报告 - 中国　Ⅳ．①G124

中国版本图书馆 CIP 数据核字（2016）第 066559 号

责任编辑：解　丹
责任校对：杨　海　靳玉环
版式设计：齐　杰
责任印制：邱　天

中国文化市场发展报告（2015）

李　季　主　编

吴良顺　副主编

经济科学出版社出版、发行　新华书店经销

社址：北京市海淀区阜成路甲 28 号　邮编：100142

总编部电话：010 - 88191217　发行部电话：010 - 88191522

网址：www. esp. com. cn

电子邮件：esp@ esp. com. cn

天猫网店：经济科学出版社旗舰店

网址：http：//jjkxcbs. tmall. com

北京财经印刷厂印装

710×1000　16 开　19.5 印张　350000 字

2016 年 6 月第 1 版　2016 年 6 月第 1 次印刷

ISBN 978 - 7 - 5141 - 6791 - 7　定价：49.00 元

（图书出现印装问题，本社负责调换。电话：010 - 88191502）

（版权所有　侵权必究　举报电话：010 - 88191586

电子邮箱：dbts@ esp. com. cn）

编 委 会

前　言

　　随着我国人均收入的增长、中等收入人群的崛起，"个性化、多元化"的文化消费将出现爆发式增长，这些利好因素使得中国文化市场的成长性具有无限的"想象空间"。近年来，国家对文化产业的利好政策不断出台，"十三五"规划建议提出，文化产业成为国民经济支柱性产业。在中国经济面临较大下行压力，寻求经济转型新动力的关键时刻，文化产业正以矫健的步伐向国民经济支柱性产业迈进，不仅保持较快的增长速度，而且发展质量也在逐步提升。"文化＋"的力量注入改革发展的洪流中，文化的光芒指引激昂奋进的前进道路。

　　从故宫手机壳、朝珠耳机等新鲜玩意儿到《韩熙载夜宴图》《皇帝的一天》的APP，大量各具特色的文创产品勾勒出中国文化市场的新天地。文化市场是一个与市场经济高度相关的概念，是进行文化商品交易的场所。文化市场是文化与经济一体化的产物，它是市场经济在文化领域的延伸，又是文化建设在市场经济的表现形态。从文化的角度看，它是文化建设的一个重要领域；从经济的立场看，它是市场经济的有机组成部分。文化市场是以有形市场为主的，同时也包括无形市场，也是一种广义的市场。市场指商品交易的场所，这里交易的商品是文化商品，它有两种主要形式：一是物化（品）形式，物化形式的文化商品包括报纸、期刊、图书、书画、雕塑、邮票、唱片、像带、激光唱片、激光视盘、软件光盘、电影拷贝、式艺饰品、花卉盆景、人文景观等；二是劳务形式，文化产品的劳务形式就是文化产品表现为具有一定内容的劳务活动，即以特定的劳务方式为存在形式，所以有时称之为无形产品劳务形式的文化产品，包括舞台表演、课堂讲学、现场演示、实地解说、专家咨询、策划设计、专业创作、专利发明、专业制作、网络传播、经纪代理、信息中介等。

当代中国文化市场具有以下特点：其一，文化市场具有意识形态性质，主要是指文化市场上所交换的文化产品具有意识形态性质，这是由文化产品的特殊属性所决定的。新闻和文化艺术作品都具有意识形态的特性，如何把握这些文化商品的特性，是社会主义文化市场的独特之处。

其二，文化市场交换的商品是文化商品，而文化产品成为商品的重要条件就是承认并保护文化艺术产权。文化艺术产权主要包括著作权与邻接权。著作权又叫版权，是文学艺术产权的主要内容。著作权，是文学、艺术和科学作品的作者及其他著作权人依法对作品享有人的人身权利和财产权利的总称。我国的《著作权法》规定了著作权的五种表现形式，即：（1）发表权；（2）署名权；（3）修改权；（4）保护作品完整权；（5）使用权和获得报酬权。这里要特别说明一下使用权和获得报酬权，因为这和文化市场有直接关系。对此，我国《著作权法》第10条第5项的解释是：以复制、表演、播放、展览、发行、摄制电影、电视、录像或者改编、翻译、注释、编辑等方式使用作品的权利，以及许可他人以上述方式使用作品，并由此取得报酬的权利。邻接权，是指与著作权相邻近的权利。具体是指表演者、唱片制造者、广播电视组织依法所享有的以表演、录音、录像播放等形式传播作品的权利。包括自己表演、录制、播放，允许他人转录、播放，禁止他人擅自转录、播放的权利。

其三，我国文化市场结构正朝着多元化的趋势发展，分类日趋齐全。随着我国文化市场蓬勃发展，从20世纪80年代初到90年代末先后形成了文化娱乐市场、演出市场、书报刊市场、影视音像市场、文化交流经纪市场、文化经营服务市场、文化旅游市场、文物工艺美术市场、文化教育市场、礼仪文化市场、花卉文化市场，以及近几年又兴起了国人瞩目的网络文化市场。网络文化以迅捷的方式给文化市场注入了新的活力，它以其独特的魅力吸引了广大的青年朋友。由此可见，文化市场的结构正朝着多元化的趋势发展。

其四，文化产品的科技含量越来越高，文化市场的科技化趋向日趋明显。现在，文化产品无论是在生产和制作方面，还是在销售与流通方面，科技含量都越来越高。例如，电影和电视剧的拍摄与制作采取的高科技手法与技巧，电子图书的出版特别是文化娱乐市场中异军突起的网络文化产品更是高新技术的产物。我国文化市场经过近20年的发育和发展，高科技的渗透越来越走进人们的生活视野，文化市场的科技化趋向日益明显。

文化市场是文化商品和文化服务营销场所，是连接文化生产与文化消费的纽带和桥梁，除了有各类市场所共有的三项功能，即实现商品流通、平衡供求关系和调节资源配置，还具有文化市场所独有的特殊功能，如促进知识转化、提供社交服务、拉动文化产业的发展、促进文化事业的繁荣等。

一是商品流通功能。文化市场是营销文化商品和文化服务的场所，其最基本的功能就是实现文化商品（包括服务、知识产权等无形商品）流通。在文化市场领域内，通过有形或无形的文化商品的购买和销售，实现文化产品的价值和使用价值，实现文化商品到货币的转移，实现文化商品生产者、经营者和消费者之间的经济联系。文化市场内在机制如果能够正常地发挥作用，必然会实现文化商品的流通，促进文化产品再生产过程的顺利进行。

二是平衡供求关系功能。市场运行机制最集中的表现在于：产品的市场供给与需求通过竞争形成的市场价格来不断地趋向动态平衡。文化产品的市场供给与需求是动态的，并影响文化市场价格的变动；文化市场价格同样是动态的，它反过来影响市场供求。供给与需求在动态价格的影响下不断相互适应的平衡趋势，是由无限多的瞬时的供求不平衡来体现的。当某类文化产品供不应求时，生产者必然会扩大生产规模和市场供给量，同时此类产品价格上扬，在一定程度上抑制市场需求；当某类文化产品供过于求时，生产者自然会缩小生产规模或转产开发新产品市场，同时此类产品价格下浮在一定程度上刺激消费需求，从而实现文化市场供求关系的动态平衡。

改革开放以来，我国文化市场呈现出日趋繁荣的景象。各种类型文化商品和文化服务琳琅满目、丰富多彩，尤其是大众媒介信息商品和服务（如音像、软件、电视、网吧）产销两旺，极大地丰富了人们的文化生活，使不同层次的文化消费需求都能获得相对的满足。这些事实充分说明，文化市场运行机制在总体上有效地发挥着平衡文化供求关系的功能和作用。

三是调节资源配置功能。我国文化市场日趋繁荣的一个重要原因，就是许多新兴的文化产业成为社会投资的热点。由于市场内在机制具有令各种市场因素互相适应、互相制约、自行协调的自组织能力，它通过利益导向驱动着各种文化资源的流动与重组，从而实现文化资源的优化配置。例如，在影视剧生产领域，不仅吸纳了巨额的社会投资，而且吸引了众多的文学作者、话剧演员和歌舞明星参与影视创作生产活动。软件业、网络业同样汇集了大批的高素质人才从事教育、娱乐软件和其他信息产品的开发活动。实行市场经济体制以来我国文化产业的投资规模，远远超出了新中国成立以来国家对文化事业（包括文化产业项目）的投资规模总和。

四是促进知识转化功能。促进知识转化功能，是文化市场所特有的功能之一。无论有形的文化商品，还是无形的文化服务，都包含着丰富的文化知识内容。文化产品的交换与消费过程，实际上就是知识传递与教化过程。文化市场是连接文化生产与文化消费的纽带，人们通过在文化市场上购买图书、报刊、音像和软件制品，有偿接受教育和培训，欣赏表演和展览、观看电影和电视、参与智力和体育娱乐活动、浏览网络信息等，直接或间接地获得了各类知识文化，从而增长知识才干、提高文化素质，所以文化市场具有实现知识传递和促进知识转化的客观职能。

五是提供社交服务功能。人际交往与情感交流，是人类文明与进步必不可少的精神需求和社会本能，现代社会更是离不开人与人之间的交流。但是人们所处的工作和生活现状却割裂了人类寻求人际交往和情感交流的诸多途径，两者之间存在着尖锐的矛盾和冲突。文化市场的日趋繁荣，为人们的聚会与交往提供了丰富多彩的社交活动场所，如影剧院、体育场、歌舞厅、游艺厅、游乐园、台球室、茶馆、酒吧和网吧等。娱乐市场已成为人们聚会交友、洽谈生意、交流信息、沟通感情的重要场所。各地举办的具有地方文化特色的节庆和庙会活动，充分发挥了"文化搭台、经济唱戏"的职能和作用。还有网络虚拟社区，更是为人们的社交活动开辟了一片崭新的天地。文化市场不仅为人们提供了琳琅满目、丰富多彩的文化产品，而且为人们增进人际交往和开展社交活动提供了良好、优越的条件和环境。

六是拉动文化产业的发展，促进文化事业的繁荣，满足人民对文化的需求。文化市场是加快发展文化产业的基础，文化市场提供了发展文化生产的利益推动力，提供了发展文化生产的竞争压力，提供了发展文化生产的创新引力。只有以最低的成本，生产出最多最好的为人民群众所需要的文化产品的单位，才能够在市场上立足，并获得良好的经济效益。竞争的压力，将迫使这些文化生产单位千方百计地生产出群众欢迎的质优价低的文化产品。新的技术改革与突破，可以大幅度地降低生产成本，在市场竞争中占据优势地位。文化市场也为文化生产单位提供了巨大的技术创新引力，吸引他们努力去争取实现技术上的革新与突破，从而生产出满足群众需求的多样化的文化产品，满足人民群众日益增长的文化消费需求。

目前，我国文化市场在经营主体迅速增长、文化产品和服务极大丰富、文化市场影响力逐渐扩大的同时，也呈现出一些新的发展趋势：首先是跨界融合催生新业态发展。互联网上网服务营业场所经过多年发展，逐渐从单一的上网服务场所向以上网为基础的多元化运用平台方向发展；艺术品交易正向网上平台发展；旅游演出成为演出业与旅游业跨界融合的亮点；网络演出拓展了传统文化传播渠道。其次是大资本投入与国际化改变市场版图。社会资金开始涉足演出领域，更多的金融资本、银行、民营企业成为投资艺术品的新兴主体；演出公司逐步进入国外演出市场，网络游戏出口规模进一步扩大。再次是产业链动作与规模化经营提升市场影响力。演出院线开启了演出场所规模化经营之路，传统的演出团体、经纪机构、票务公司、演出场所逐渐融合。最后是微创意开辟了多元化、个性化服务新天地。以网络平台为主，个人创意得以市场化；以小话剧、艺术工作室为主，多样化的个性化需求得到有效满足。

　　《中国文化市场发展报告（2015）》是目前国内率先总结、归纳、分析、观察中国文化市场现状的专题报告，在报告的整理、编写过程中得到文化产业领域众多专家学者的指导和支持，在这里一并感谢。也希望本报告的面世能为中国文化市场发展起到方向性的推动作用！

李　季

目 录

CONTENTS

图 表 目 录

第1章 中国文化市场发展的历史进程[①]

1949 年新中国成立后的很长一段时间内实行计划经济，把文化当作一项事业，由政府统包统揽。这在当时特殊的国内外环境中，对于迅速确立社会主义文化在全社会的领导地位，对于迅速普及教育、科学和文化知识发挥了不容忽视的积极作用，但是，这一时期由于过度强调文化的意识形态性，甚至把文艺产品当作直接的政治宣传品，当作阶级斗争的工具，又产生了一定的消极影响。同时，计划经济体制中延续下来的文化事业管理体制在改革开放的历史条件下，已经越来越不适应新的社会经济环境，越来越不适应人民群众日益增长的文化需求。在社会主义市场经济的环境中，建立社会主义文化产业的任务被逐渐摆到议事日程上来。从党的十一届三中全会至今，我国文化市场发展历程大致可分为三个阶段。

1.1 中国文化市场的发端（1978～1991 年）

1978～1991 年是中国文化市场的初步建立和探索阶段。1978 年中共十一届三中全会后，中国实行改革开放政策，人们的物质生活丰富起来，同时在国外流行文化、通俗文化的影响下，国内的娱乐业开始恢复并日渐繁荣。在这个阶段，中国的广告业开始出现并迅速发展。人们很快认识了广告对于产品营销的宣传推广和中介作用，电台、报纸、电视台各种媒体投放广告的时间日渐增多，广告的质量、水平也逐步提高。

体育产业本身是无烟工业，而且其连带产业多，如旅游、餐饮、场馆建设

[①] 该部分内容摘自石建桥：《我国文化产业的发展历程及其现状分析》，载《读写算（教育教学研究）》2013 年第 29 期。

等，同时发展体育产业又能增加人民体质、振奋人的精神，可以在和平条件下显示一个国家的综合实力，所以成了许多国家竞相发展的重点产业之一。我国抓住 1984 年洛杉矶奥运会中国队实现金牌零的突破这一契机，大力发展体育产业。1990 年我国成功举办了第十一届亚运会，通过这次活动的举办，中国开始了体育的产业化、市场化运作，但总的来说，我国文化市场在这一阶段还处于探索的过程，在整个社会经济生活中只占据一个局部的位置，总体上影响不大。

1.2　中国文化市场的发展（1992～2001 年）

这一阶段，文化产业开始在国民经济建设中发挥重要作用。1992 年，党的十四大明确提出要建设有中国特色的社会主义市场经济体制，由计划经济向市场经济转变，充分发挥市场的资源配置作用。市场经济体制的建立为文化产业的健康发展奠定了基础。同年，党中央、国务院发布了《关于加快发展第三产业的决定》，正式把文化产业列入第三产业，把文化部门由财政支出型部门定位为生产型部门，从而为文化产业的发展作了政策上、体制上的准备。

这时，文化产业的发展进入建规立制、构建成形的阶段。随着信息技术的飞速发展、互联网的出现，这一时期出现了新的文化产业形式——网络业，网络作为虚拟社会，提供了新的交流手段，网络经济具有高知识、高技术的特点，是智力密集型、信息密集型的产业，也是知识经济时代和信息技术时代的主要经济增长点，发展较为迅速。

1.3　中国文化市场的繁荣（2002 年至今）

2002 年，党的十六大报告首次在全国代表大会的文件中明确提出要大力发展文化产业，把对文化事业的扶持和文化产业的经营明确区分开来。随着我国国民经济的持续快速增长和全面建设小康社会进程的加快，随着文化体制改革的不断深化，文化产业这一朝阳产业快速增长，并成为我国经济发展的新亮点。

第 2 章　中国文化市场发展的现状与趋势

2.1　中国文化市场的投资现状与趋势

2.1.1　文化市场盈利因素分析

1. 决策型人才因素

由于文化产业是一个人力资源极为集中的行业，其竞争最终必然体现为人才的竞争。文化是需要创造力的行业，离不开创造型人才，特别是决策型人才。当前，我国文化业发展不缺资金缺人才，高端人才相对匮乏。所谓高端人才，是指复合型专业化人才，不同于一般岗位上的专业人才。随着文化从生产型向经营型转变，文化管理者"一手拿笔，一手拿算盘"，既要懂新闻，又要会经营，市场化取向的文化业对经营者的素质要求越来越高。

2. 产业价值链因素

目前，我国文化市场仍是半垄断性的，业外资本难以进入，专业化分工不够，文化产业价值链尚未完全形成。同时，文化产业经营模式单一。由于文化整合产业价值链能力不高，资源整合能力不强，文化竞争不是真正产品和服务质量的竞争，尽管投入不少，文化产业依然市场总量不大、经营绩效不高、发展后劲不足。

随着产业价值链的形成，文化业的盈利模式将发生变化。随着市场环境的变化和技术的发展，传统文化企业面临着转型。数字文化企业等的出现，导致文化业生态发生改变，文化需要进行经营模式的创新。

3. 创意因素

对文化企业来说，比资本更重要的是创意。如果没有好的创意，大投入不会有大产出。目前我国文化市场基本上还处在早期竞争阶段，同质化竞争严重。一方面文化竞争日趋激烈，而在内容服务和营销手段上又越来越"大同小异"。报纸没有特色，电视频道面目模糊，克隆成风，文化企业普遍缺乏好的产品和服务。

文化产品雷同的背后是文化需求创意的不足，文化市场中的多元文化消费需求没有得到全面的关注，产品定位及功能单一。造成创意不足的另一个重要原因，是文化对受众需求重视不够。创意源于受众，服务受众。我国文化竞争偏重了解竞争对手，而对受众的营销不够。随着文化业走向"消费者导向阶段"，竞争将直接体现为对受众的争夺和挽留，受众满意与否是衡量媒体发展的重要指标，只有赢得受众，保持受众，才能保证文化产业的可持续发展。

2.1.2 文化市场营利模式分析

营利模式是探求利润来源、生成过程和产出方式的一套系统的方法，目前文化产业常见的营利模式主要有以下六种。

1. 专业化营利模式

所有的企业在初创时期都表现出某些方面的专长，而通过充分挖掘其专长而能迅速在该市场内占有一席之地，专业化企业通过其产品的低成本、高质量，良好的声誉以及更高的资金使用效率而获利。如亚马逊专注于图书而成就其网络第一书店的地位，盛大网络专注于其游戏而成为网游的领先者等。

文化产业最大的特点是以创意和知识为核心，一旦出现好的创意，即能快速切入市场，这对于创业期以及成长期的企业来说，应努力树立本专业的权威地位，并通过不断推陈出新来延长该专业的生命期。如当百度在仅靠收取技术授权费无法生存时，设立自己的网站，采用新的营利模式——企业竞价排名，这一重大转变使百度获得了巨大成功。

2. 大制作产品营利模式

文化产业的一个显著特征表现在其"新产品"开发的成本通常较高，而开发之后的边际制造成本较低，此时，提高利润的最好方式就是在最短的时间内增加产品的发行数量。这种模式在文化产业中的影视、书刊、音像行业使用尤为突出。

美国好莱坞是成功实践该模式的典范，好莱坞大制作影片都是高投入的大制作，情节内容符合大众口味，加上其营销宣传的炒作，市场效果极好，在其刚进入我国市场的头两年，几乎每部影片的票房都在 6000 万元左右，《泰坦尼克号》更是在我国国内创下了 3.6 亿元的票房神话。在此之后，我国的商业大片《英雄》、《天地英雄》、《十面埋伏》、《无极》等也纷至沓来，它们也都保持着高投入、高产出的趋势。

"大制作文化产品"模式可以在短时间内快速收回成本，实现盈利，但需要注意的是企业在市场推广方面需进行大量投入，通过高投入的宣传推广攻势迅速扩大产品的知名度，吸引消费者眼球，但也要结合到产品的生命周期进行营销活动。

3. 拳头产品营利模式

在现实中，利润已经从一个均衡的产品组合转移到几个拳头产品。由于资源品位不高，竞争激烈，已开发的产品中缺乏可以提炼为具有吸引力的独特性卖点，产品的打造一般化，逐渐变成无利可图或赔钱的产品。在这种情况下，优胜企业通过提炼具有吸引力的独特性卖点，而着重打造一系列拳头产品。

纵观文化业中的许多企业，都有自己的拳头产品，而企业的核心利润来源也在于这些拳头产品。例如在"卫视上星"以后，湖南卫视通过打造《快乐大本营》和《玫瑰之约》节目，带来了"娱乐电视台"的崭新形象，使得湖南卫视获得重生，发掘了观众对电视娱乐节目的需求，顺利开始崭新的蓝海旅程。

4. 速度创新营利模式

创新速度高于行业平均水平的企业总是具有先行优势，文化产业常常被认为是"创意产业"，一个好的创意所迅速推出的"新产品"总会获得超额回报，而不断利用创新者的速度优势，可以有效阻止效仿者的模仿，获得持续的高利润率，并始终处于行业的龙头地位。

前文提到的湖南卫视在其发展过程中，着意创新，另辟蹊径，脱颖而出，最终成为各个地方台的领头羊。它在节目创意、制作体制、频道定位、电视运营等方面，无时不进行着创新，在行业中居于领先地位。

5. 利润乘数营利模式

对于拥有强势消费品牌的文化企业来说，利润乘数模型是一个强有力的盈利机器。一旦投入巨资建立了一个品牌，消费者就会在一系列的产品上认同这一品牌。企业就可以用不同的形式，从某一产品、产品形象、商标或是服务中，重复收获利润。

美国迪士尼企业是这一模式的缔造者和成功实践者。它将同一形象以不同方式包装起来，米老鼠、美妮、小美人鱼等卡通形象出现在电影电视、书刊、服装、背包、手表、午餐盒、主题公园、专卖店上，每一种形式都为迪士尼带来了丰厚的利润。

6. 价值网营利模式

在此模式中，利益主体非常多，复杂的价值链已经超出了传统环环相扣的价值链概念，而更像是一张以某一产品或服务为核心而不断扩散的商业价值网，这即为价值网模式。在价值网中，各种利益主体采取协同营销的方式针对同一目标消费者进行服务，并获取利润实现价值，它们互相依存、优势互补，形成了一个不可分割的整体。

湖南卫视"超级女声"是该模式的成功实践。长期以来，我国电视节目始终在收视率和广告之间徘徊，寻找利润点，而"超级女声"变两点为多点，将传统电视节目并入一条崭新的品牌流水线。超级女声所涉及的利益主体非常之多，如赞助商（蒙牛）、运营商（天娱公司）、湖南卫视、掌上灵通、娱乐传媒（网络、报纸、电台）等，形成一张以"超女"为核心不断扩散的商业价值网。

2.1.3 中国文化市场投资现状

截至 2014 年 12 月 31 日，创业板文化类上市公司有 13 家，总市值 1979.7 亿元，占创业板总市值的 9.05%。创业板文化企业广泛分布于互联网、动漫、广告、演艺和影视制作等领域。其中，5 家从事电影电视业，3 家从事游戏的开发运营，3 家从事信息传播服务业，1 家从事出版业，1 家从事演艺旅游业。

这些文化类上市公司上市后得到了投资者的热烈追捧，诞生了华谊兄弟、光线传媒、乐视网、蓝色光标等一批业绩高成长、涨幅和市值领先的"明星"龙头企业。从企业业绩来看，13 家公司最近三年收入和净利润的复合增长率分别为 48.03% 和 48.26%，2014 年上半年收入和净利润较上年同期增长 73.22% 和 20.31%。从市场表现来看，截至 2014 年 12 月 31 日，13 家公司股价较发行价格平均涨幅超过了 177.44%，远高于创业板 75.13% 的整体涨幅，且该 13 家公司上市以来对创业板 100 指数上涨的贡献率为 38.15%，令投资者获得了良好的投资回报（参见表 2－1）。

表 2－1　　　　　　　2013～2014 年度 50 家文化产业上市公司名单

序号	公司名称	序号	公司名称
1	深圳华侨城股份有限公司	26	成都博瑞传播股份有限公司
2	中文天地出版传媒股份有限公司	27	北京华谊嘉信整合营销顾问集团股份有限公司
3	中南出版传媒集团股份有限公司	28	广东广州日报传媒股份有限公司
4	广东省广告股份有限公司	29	北方联合出版传媒股份有限公司
5	湖南电广传媒股份有限公司	30	广州珠江钢琴集团股份有限公司
6	安徽新华传媒股份有限公司	31	西安曲江文化旅游股份有限公司
7	北京蓝色光标品牌管理顾问股份有限公司	32	人民网股份有限公司
8	时代出版传媒股份有限公司	33	浙江华策影视股份有限公司
9	长江出版传媒股份有限公司	34	黄山旅游发展股份有限公司
10	乐视网信息技术股份有限公司	35	江苏凤凰出版传媒股份有限公司
11	上海东方明珠股份有限公司	36	湖北省广播电视信息网络股份有限公司
12	华闻传媒投资集团股份有限公司	37	中视传媒股份有限公司
13	中原大地传媒股份有限公司	38	深圳市天威视讯股份有限公司
14	百视通新媒体股份有限公司	39	峨眉山旅游股份有限公司
15	浙报传媒集团股份有限公司	40	北京腾信创新网络营销技术股份有限公司
16	星辉互动娱乐股份有限公司	41	广播集团股份有限公司
17	北京歌华有线电视网络股份有限公司	42	云南旅游股份有限公司
18	陕西广电网络传媒股份有限公司	43	宋城演艺发展股份有限公司
19	吉视传媒股份有限公司	44	北京光线传媒股份有限公司
20	华数传媒控股股份有限公司	45	丽江玉龙旅游股份有限公司
21	广东奥飞动漫文化股份有限公司	46	西安旅游股份有限公司
22	上海新华传媒股份有限公司	47	北京掌趣科技股份有限公司
23	思美传媒股份有限公司	48	上海新南洋股份有限公司
24	华谊兄弟传媒股份有限公司	49	上海新文化传媒集团股份有限公司
25	深圳齐心集团股份有限公司	50	北京录百纳影视股份有限公司

　　资料来源：中国企业网.2013～2014 年度 50 家文化产业上市公司名单出炉 ［EB/OL］. http：//www. qiye. gov. cn/news/20141211－90507. html，2014－12－11。

2.1.4　中国文化市场投资趋势

创业板文化类上市公司上市前普遍规模不大，随着并购重组市场化的持续推进，改变行业竞争格局。截至 2014 年 12 月 31 日，13 家公司筹划重大资产重组比例高达 138.46%，呈爆发增长之势。其中蓝色光标筹划重大资产重组 4 次，掌趣科技筹划 3 次，华谊嘉信筹划 2 次，其余每家公司均筹划 1 次重大资产重组。

从发展趋势来看，文化企业上市能够在完善企业管理制度、接受社会监督、强化企业业绩和提高企业效率方面有积极作用，为一批优秀文化企业的脱颖而出创造机遇。随着文化体制改革的深化，我国文化产业将进入资本化、证券化高峰期。

2.2　中国文化市场的消费现状与趋势①

2.2.1　文化消费发展态势喜人

与物质消费不同，文化消费受外界文化环境和社会文化意识影响产生，是一种心理需求，是人格自我完善的标志，也是个人综合素质的体现。

随着我国经济的高速成长，财富化、城市化历程的加速，经济结构和社会结构的调整，人们的需求逐渐从物质层面上升为精神层面，文化消费也日益成为人们日常的主要开支，我国城镇居民对旅游、体育、教育、娱乐休闲等文化消费的需求有显著的增长。

在 2013 年中国居民支出结构中，全国城镇居民人均教育文化娱乐支出占支出总额的 13%，位于支出占比的第三位，仅次于食品、交通和通信支出，这充分体现了人们对教育文化娱乐服务的重视，这也有利于文化产业规模的扩大（参见图 2－1）。

---

① 该部分数据与资料来自中国艺术科技研究所、中国文化管理学会网络文化工作委员会共同制作的《中国居民文化消费与需求调查报告》。

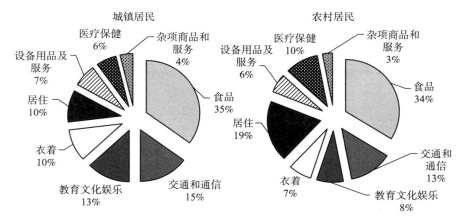

图 2 – 1　中国人均消费性支出结构

中国艺术科技研究所、中国文化管理学会网络文化工作委员会共同制作的《中国居民文化消费与需求调查报告》显示，中国居民文化消费呈现出如下特征：年龄越大越注重文化消费，教育行业人群比其他行业人群更重视文化消费，学历越高越重视文化消费的作用，另外，乡镇农村居民比大城市居民更具有文化消费的迫切性。在5000余名调查对象中，有18.98%的农村居民认为文化消费"非常重要"，而北上广深的居民持此态度的仅占6.06%，其他一线城市为7.9%，二线城市为9.25%，三线城市为14.1%。

2.2.2　文化消费现状总结与趋势

目前，我国城镇居民文化消费占消费支出的比例不到20%，大部分地区不到15%，这种低占比的状况明显与我国宏观经济增长的速度不相适应。我国城镇居民有相当一部分的文化需求并没有得到满足，提高文化产品的供给，尤其是高层次文化产品的供给，是迫切的任务；对于另外一部分仍未发现需求的居民来说，则应通过各种方式使其发现需求。

此外，从社会角度来说，我国城镇居民并非缺少满足必需之外的余钱用来扩大消费，也并非没有余钱用于精神文化消费，而是由于社保不健全，不敢随便花，破解拉动内需、扩大消费的题目，最有效的途径应该是把广大群众过多的积蓄有效释放出来，而刚性的基本生活消费毕竟增长有限，明显受到挤压的文化消费需求必将首先得以解放。因此，完善公共服务、健全社会保障，对于提高广大城乡居民文化消费水平、增进文化民生、推动文化大发展大繁荣具有举足轻重的作用。

2.3 中国文化产品贸易的现状与趋势①

2.3.1 中国文化产品出口分析

1. 出口总况

（1）2012 年出口总况。

2012 年，我国核心文化产品出口额为 259.00 亿美元，同比增长 38.5%。其中，以一般贸易方式出口核心文化产品 149.81 亿美元，同比增长 48.3%，占我国核心文化产品出口总额的 57.8%；以一般贸易方式出口的核心文化产品中，视觉艺术品和图书增幅较大。

2012 年，我国以加工贸易方式出口核心文化产品 92.37 亿美元，同比增长 29.5%，占我国核心文化产品出口总额的 35.7%；以加工贸易方式出口的核心文化产品中，占比较高的是新型媒介产品和乐器。

2012 年，我国以其他贸易方式出口的核心文化产品迅速增长，出口额为 16.81 亿美元，同比增长 15.1%，占我国核心文化产品出口总额的 6.5%；以其他贸易方式出口的核心文化产品中，新型媒介产品和乐器增幅较大。

（2）2013 年 1~10 月出口总况。

2013 年 1~10 月，我国核心文化产品出口额为 192.96 亿美元，同比下降 10.3%。2013 年 10 月当月，我国核心文化产品出口额为 30.44 亿美元，同比增长 3.8%。其中，以一般贸易方式出口核心文化产品 15.13 亿美元，同比下降 4.2%，占我国核心文化产品出口总额的 49.7%；以一般贸易方式出口的核心文化产品中，视觉艺术品和印刷品占比较大。

2013 年 10 月，我国以加工贸易方式出口核心文化产品 12.68 亿美元，同比增长 7.1%，占我国核心文化产品出口总额的 41.6%；以加工贸易方式出口的核心文化产品中，新型媒介产品占比较大。

2013 年 10 月，我国以其他贸易方式出口核心文化产品 2.63 亿美元，同比

---

① 该部分数据来自商务部服务贸易司。

增长 56.2%，占比为 8.7%；以其他贸易方式出口的核心文化产品主要是视觉艺术品（参见表 2 – 2）。

表 2 – 2　　　　　　　2012～2013 年中国核心文化产品出口情况

项目	2012 年	同比增长（%）	2013 年 10 月	同比增长（%）
核心文化产品出口额（亿美元）	259.00	38.5	30.44	3.8
其中：以一般贸易方式出口额（亿美元）	149.81	48.3	15.13	– 4.2
以加工贸易方式出口额（亿美元）	92.37	29.5	12.68	7.1
以其他贸易方式出口额（亿美元）	16.81	15.1	2.63	56.2

2. 出口地区结构

2012 年，全国共有 28 个省、市、自治区核心文化产品出口实现增长。其中，安徽、重庆、四川、江西、辽宁、新疆等地核心文化产品出口增速较快，分别实现出口 3.58 亿美元、9.91 亿美元、1.33 亿美元、4.54 亿美元、4.60 亿美元和 1.09 亿美元，同比增幅达 10.9 倍、10.4 倍、7.1 倍、1.3 倍、1.2 倍和 1.1 倍（参见表 2 – 3）。

表 2 – 3　　　　　　　2012 年中国主要省市核心文化产品出口情况

项目	数值（亿美元）	同比增长（倍）
安徽核心文化产品出口额	3.58	10.9
重庆核心文化产品出口额	9.91	10.4
四川核心文化产品出口额	1.33	7.1
江西核心文化产品出口额	4.54	1.3
辽宁核心文化产品出口额	4.60	1.2
新疆核心文化产品出口额	1.09	1.1

2013 年 1～10 月，全国共有 22 个省、市、自治区核心文化产品出口实现增长。其中，浙江、辽宁、湖南和黑龙江等地核心文化产品出口增速较快，分别实现出口 24.47 亿美元、13.16 亿美元、5.1 亿美元和 3.78 亿美元，同比增幅分别达 31.7%、108.5%、50.7% 和 94.4%（参见表 2 – 4）。上述地区出口的核心文化产品以视觉艺术品为主。

表 2 - 4   2013 年中国主要省市核心文化产品出口情况

项目	数值（亿美元）	同比增长（倍）
浙江核心文化产品出口额	24.47	31.7
辽宁核心文化产品出口额	13.16	108.5
湖南核心文化产品出口额	5.10	50.7
黑龙江核心文化产品出口额	3.78	94.4

3. 出口产品结构

2012 年，我国各类核心文化产品出口额中，除占比较小的声像制品有所下降外，其他核心文化产品出口额均实现增长。其中，视觉艺术品出口额所占比重最大，占我国核心文化产品出口总额的 54.9%，出口金额为 142.14 亿美元，与上年相比增长 52.4%；新型媒介产品出口 72.51 亿美元，占我国核心文化产品出口总额的 28.0%，与上年相比增长 42.5%；印刷品出口 28.48 亿美元，同比增长 7%，占比为 11.0%（参见图 2 -2）。

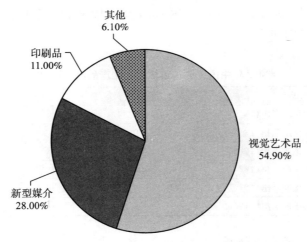

图 2 - 2   2012 年中国核心文化产业出口产品构成

2013 年 10 月，我国视觉艺术品、印刷品和视听媒介出口继续保持增长。其中视觉艺术品出口占比最高，当月实现出口 15.05 亿美元，同比增长 0.5%，占我国核心文化产品出口总额的 49.5%，实现贸易顺差 14.68 亿美元；主要出口市场为美国、德国和日本。视听媒介和印刷品出口增长较快，视听媒介出口 11. 17 亿美元，同比增长 8. 1%，占我国核心文化产品出口总额的 36. 7%；出口市场主要集中于美国、英国和德国；印刷品出口 2. 72 亿美元，同比增长 7. 2%，占比为 8. 9%；主要出口市场为美国和中国香港特区（参见图 2 - 3）。

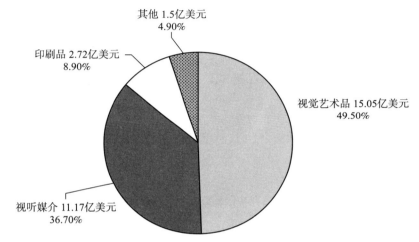

其他 1.5亿美元
4.90%

印刷品 2.72亿美元
8.90%

视觉艺术品 15.05亿美元
49.50%

视听媒介 11.17亿美元
36.70%

图 2 - 3　2013 年中国核心文化产业出口产品构成

2.3.2　中国文化产品进口分析

1. 进口总况

（1）2012 年进口总况。

2012 年，我国核心文化产品进口总额为 15. 55 亿美元，同比增长 28. 6%。其中，以一般贸易方式进口核心文化产品 8. 35 亿美元，同比增长 14. 6%，占我国核心文化产品进口总额的 53. 7%；以一般贸易方式进口的核心文化产品中，增幅较高的为印刷品和声像制品。

2012 年，我国以加工贸易方式进口核心文化产品 4. 37 亿美元，同比增长 28. 7%，占比为 28. 1%。以加工贸易方式进口的核心文化产品主要集中于新型媒介产品和印刷品。

2012 年，我国以其他贸易方式进口的核心文化产品共 2. 83 亿美元，同比增长 18. 2%；以其他贸易方式进口的核心文化产品中，增幅明显的主要为印刷品和乐器。

（2）2013 年 1~10 月进口总况。

2013 年 1~10 月，我国核心文化产品进口额为 16.26 亿美元，同比增长9.1%。2013 年 10 月当月，我国核心文化产品进口额为 1.67 亿美元，同比增长 32.1%。其中，以一般贸易方式进口核心文化产品 0.8 亿美元，同比增长10.2%，占我国核心文化产品进口总额的 47.7%；以一般贸易方式进口的核心文化产品中，印刷品占比较大。

2013 年 10 月，我国以加工贸易方式进口核心文化产品 0.4 亿美元，同比下降 8.1%，占我国核心文化产品进口总额的 24.2%；以加工贸易方式进口的核心文化产品中，降幅明显的主要为声像制品和毛笔。

2013 年 10 月，我国以其他贸易方式进口核心文化产品 0.47 亿美元，同比增长 359.8%，占比为 28.1%；以其他贸易方式进口的核心文化产品主要是视觉艺术品（参见表 2-5）。

表 2-5　　　　　　　2012~2013 年中国核心文化产品进口情况

项目	2012 年	同比增长（%）	2013 年 10 月	同比增长（%）
核心文化产品进口额（亿美元）	15.55	28.6	1.67	32.1
其中：以一般贸易方式进口额（亿美元）	8.35	14.6	0.80	10.2
以加工贸易方式进口额（亿美元）	4.37	28.7	0.40	-8.1
以其他贸易方式进口额（亿美元）	2.83	18.2	0.47	359.8

2. 进口地区结构

2012 年，北京、广东、上海、山东四省市核心文化产品进口居全国前列，四省市分别实现进口 4.41 亿美元、3.58 亿美元、2.78 亿美元和 2.03 亿美元，增幅分别达到 13.8%、9.5%、16.4% 和 610%（参见表 2-6）。上述四省市核心文化产品进口额占我国核心文化产品进口总额的 82.3%。其中，北京进口产品主要为印刷品，山东、广东进口产品主要为新型媒介产品，上海进口产品则主要集中于乐器。

表 2 - 6   2012 年中国主要省市核心文化产品进口情况

项目	数值（亿美元）	同比增长（%）
北京核心文化产品进口额	4.41	13.8
广东核心文化产品进口额	3.58	9.5
上海核心文化产品进口额	2.78	16.4
山东核心文化产品进口额	2.03	610

2013 年 1～10 月，北京、广东、上海、辽宁和山东等省市核心文化产品进口居全国前列，五地分别实现进口 3.81 亿美元、3.76 亿美元、3.28 亿美元、2.43 亿美元和 1.13 亿美元（参见表 2 - 7），合计占我国核心产品进口总额的 88.6%。其中，北京进口产品主要为印刷品，广东主要是声像制品，上海和辽宁进口产品以视觉艺术品为主，山东进口产品则主要集中于视听媒介产品。

表 2 - 7   2013 年中国主要省市核心文化产品进口情况

项目	数值（亿美元）
北京核心文化产品进口额	3.81
广东核心文化产品进口额	3.76
上海核心文化产品进口额	3.28
辽宁核心文化产品进口额	2.43
山东核心文化产品进口额	1.13

3. 进口产品结构

2012 年，除声像制品外，我国各类核心文化产品进口均呈较快增长，其中视听媒介产品进口增幅显著，印刷品进口占比领先。视听媒介产品进口 4.34 亿美元，占我国核心文化产品进口总额的 27.9%，同比增长 1.3 倍；印刷品进口 6.16 亿美元，同比增长 9.7%，占我国核心文化产品进口总额的 39.6%（参见图 2 - 4）。

2013 年 10 月，除文化遗产进口有所下降外，我国主要核心文化产品进口均呈增势，其中视觉艺术品进口增幅显著。视觉艺术品进口 0.38 亿美元，同

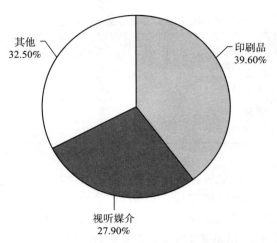

图2 – 4　2012年中国核心文化产业进口产品构成

比增长3.5倍，占我国核心文化产品进口总额的22.75%；主要进口市场为泰国和美国。印刷品和视听媒介分别进口0.61亿美元和0.37亿美元，同比分别增长3.2%和9%；印刷品主要进口自美国和英国，视听媒介则主要来自日本。声像制品进口0.16亿美元，同比增长63.5%，占比为9.58%，主要来自中国台湾地区（参见图2 – 5）。

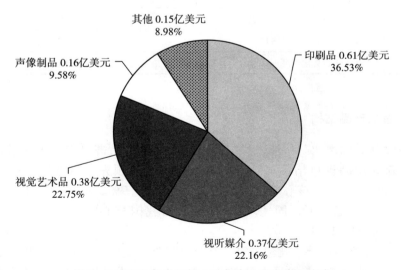

图2 – 5　2013年中国核心文化产业进口产品构成

2.3.3　中国文化产品贸易趋势

随着我国文化市场对外开放程度的不断加深，中国文化产品、文化企业、文化产业集团走向世界市场的不断加快，参与国际文化市场竞争，以媒体业的相互准入代理和以版权贸易为核心内容的对外文化贸易逐渐成为中国文化产业走向世界的主导产品，将成为影响中国文化产业未来发展的重要因素。

第3章 出版发行行业年度发展报告^①

3.1 传统图书出版发行业

3.1.1 出版社规模

截至 2013 年年底，全国共有出版社 582 家（包括副牌社^② 33 家），其中中央级出版社 221 家（包括副牌社 13 家），地方出版社 361 家（包括副牌社 20 家）（参见表 3 –1）。

表 3 –1 　　　　　　　　　　　　2013 年全国出版社规模

指　标	数量（家）
出版社	582
其中：中央级出版社	221
地方出版社	361

3.1.2 传统图书出版总量规模

1. 图书出版总量规模

2013 年，全国共出版图书 444427 种（初版 255981 种，重版、重印 188446

---

① 该部分数据来自全国新闻出版统计网发布的《2013 年全国新闻出版业基本情况》，统计数据未包含中国香港、澳门、台湾地区有关统计机构数据。部分数据因四舍五入的原因，存在着与分项合计不等的情况。

② 即副牌出版社，指一个大的出版社底下的下属出版社。

种），总印数 83.10 亿册（张），总印张 712.58 亿印张，折合用纸量 167.48 万吨，生产码洋 1289.28 亿元。与 2012 年相比，图书品种增长 7.35%（初版增长 5.78%，重版、重印增长 9.55%），总印数增长 4.87%，总印张增长 6.83%，生产码洋增长 8.95%（参见表 3 - 2 及表 3 - 3）。

表 3 - 2　　　　　　　　　　2013 年传统图书出版总量规模

总量指标	数量	较 2012 年增减（%）
全部图书（万种）	44.44	7.35
其中：初版图书（万种）	25.60	5.78
重版、重印图书（万种）	18.84	9.55
总印数（亿册/张）	83.10	4.87
总印张（亿印张）	712.58	6.83
定价总金额（亿元）	1289.28	8.95

表 3 - 3　　　　　　　　　　2013 年传统图书出版类别

指标	书籍	课本	图片	附录	图书总计
种数（种）	356122	87509	796	—	444427
其中：初版（种）	225030	30385	566	—	255981
重版、重印（种）	131092	57124	230	—	188446
总印数（亿册/张）	48.30	34.50	0.08	0.22	83.10
总印张（亿印张）	442.12	269.03	0.17	1.26	712.58
定价总金额（亿元）	929.24	353.76	0.90	5.38	1289.28

2. 书籍出版规模

2013 年，全国共出版书籍 356122 种（初版 225030 种，重版、重印 131092 种），总印数 48.30 亿册（张），总印张 442.12 亿印张，折合用纸量 103.90 万吨，生产码洋 929.24 亿元。与 2012 年相比，种数增长 7.25%（初版增长 5.59%，重版、重印增长 10.24%），总印数增长 9.41%，总印张增长 12.20%，生产码洋增长 12.57%（参见表 3 - 4）。

表 3-4 2013 年书籍出版规模

指标	数量	较 2012 年增减（%）
书籍（万种）	35.61	7.25
其中：初版书籍（万种）	22.50	5.59
重版、重印书籍（万种）	13.11	10.24
总印数（亿册/张）	48.30	9.41
总印张（亿印张）	442.12	12.20
定价总金额（亿元）	929.24	12.57

3. 课本出版规模

2013 年，全国共出版课本 87509 种（初版 30385 种，重版、重印 57124 种），总印数 34.50 亿册（张），总印张 269.03 亿印张，折合用纸量 63.22 万吨，生产码洋 353.76 亿元。与 2012 年相比，种数增长 7.68%（初版增长 7.13%，重版、重印增长 7.97%），总印数下降 0.71%，总印张下降 0.65%，生产码洋增长 0.75%（参见表 3-5）。

表 3-5 2013 年课本出版规模

指标	数量	较 2012 年增减（%）
课本（万种）	8.75	7.68
其中：初版课本（万种）	3.04	7.13
重版、重印课本（万种）	5.71	7.97
总印数（亿册/张）	34.50	-0.71
总印张（亿印张）	269.03	-0.65
定价总金额（亿元）	353.76	0.75

4. 图片出版规模

2013 年，全国共出版图片 796 种（初版 566 种，重版、重印 230 种），总印数 0.079 亿册（张），总印张 0.17 亿印张，折合用纸量 0.06 万吨，生产码洋 0.90 亿元。与 2012 年相比，种数增长 15.03%（初版增长 13.65%，重版、重印增长 18.56%），总印数下降 7.31%，总印张下降 23.25%，生产码洋下降 9.96%（参见表 3-6）。

表 3 – 6   2013 年图片出版规模

指标	数量	较 2012 年增减（%）
图片（种）	796	15.03
其中：初版图片（种）	566	13.65
重版、重印图片（种）	230	18.56
总印数（亿册/张）	0.08	– 7.31
总印张（亿印张）	0.17	– 23.25
定价总金额（亿元）	0.90	– 9.96

5. 附录出版规模

2013 年，全国附录总印数 0.22 亿册（张），总印张 1.26 亿印张，折合用纸量 0.30 万吨，生产码洋 5.38 亿元。

3.1.3 各类图书出版情况

2013 年，在使用中国标准书号的 22 类出版物中出版情况参见表 3 – 7。

（1）马列主义、毛泽东思想类出版 672 种（其中初版 489 种）、总印数 1376 万册（张）、总印张 258784 千印张、总码洋 37422 万元，占总品种 0.15%（初版占 0.19%）、总印数 0.17%、总印张 0.36%、总码洋 0.29%。与 2012 年相比，种数增长 13.13%（初版增长 29.02%），总印数下降 13.78%，总印张增长 19.27%，总码洋增长 18.24%。

（2）哲学类出版 8195 种（其中初版 5683 种）、总印数 4799 万册（张）、总印张 707561 千印张、总码洋 168614 万元，占总品种 1.84%（初版占 2.22%）、总印数 0.58%、总印张 0.99%、总码洋 1.31%。与 2012 年相比，种数下降 1.72%（初版下降 3.81%），总印数下降 18.01%，总印张下降 15.83%，总码洋下降 15.58%。

（3）社会科学总论类出版 5256 种（其中初版 3394 种）、总印数 2815 万册（张）、总印张 475262 千印张、总码洋 109043 万元，占总品种 1.18%（初版占 1.33%）、总印数 0.34%、总印张 0.67%、总码洋 0.85%。与 2012 年相比，种数增长 1.80%（初版增长 2.01%），总印数下降 15.67%，总印张下降 8.08%，总码洋下降 13.21%。

（4）政治、法律类出版 17481 种（其中初版 13527 种）、总印数 16438 万册（张）、总印张 2176822 千印张、总码洋 463602 万元，占总品种 3.93%

（初版占 5.28%）、总印数 1.98%、总印张 3.05%、总码洋 3.60%。与 2012 年相比，种数增长 4.11%（初版增长 4.32%），总印数增长 5.70%，总印张增长 9.48%，总码洋增长 6.40%。

（5）军事类出版 1555 种（其中初版 1217 种）、总印数 999 万册（张）、总印张 136176 千印张、总码洋 38001 万元，占总品种 0.35%（初版占 0.48%）、总印数 0.12%、总印张 0.19%、总码洋 0.29%。与 2012 年相比，种数增长 21.58%（初版增长 30.02%），总印数增长 5.38%，总印张增长 5.14%，总码洋增长 32.81%。

（6）经济类出版 30144 种（其中初版 19132 种）、总印数 14444 万册（张）、总印张 2471990 千印张、总码洋 574943 万元，占总品种 6.78%（初版占 7.47%）、总印数 1.74%、总印张 3.47%、总码洋 4.46%。与 2012 年相比，种数增长 1.56%（初版下降 2.18%），总印数下降 5.50%，总印张下降 4.28%，总码洋增长 0.66%。

（7）文化、科学、教育、体育类出版 176189 种（其中初版 85051 种）、总印数 626091 万册（张）、总印张 44792997 千印张、总码洋 6592531 万元，占总品种 39.64%（初版占 33.23%）、总印数 75.34%、总印张 62.86%、总码洋 51.13%。与 2012 年相比，种数增长 10.68%（初版增长 6.53%），总印数增长 5.45%，总印张增长 9.05%，总码洋增长 11.43%。

（8）语言、文字类出版 21482 种（其中初版 10876 种）、总印数 30309 万册（张）、总印张 4426106 千印张、总码洋 817105 万元，占总品种 4.83%（初版占 4.25%）、总印数 3.65%、总印张 6.21%、总码洋 6.34%。与上年相比，种数增长 2.67%（初版增长 2.38%），总印数增长 42.89%，总印张增长 33.32%，总码洋增长 27.27%。

（9）文学类出版 46885 种（其中初版 33133 种）、总印数 50254 万册（张）、总印张 5599793 千印张、总码洋 1225387 万元，占总品种 10.55%（初版占 12.94%）、总印数 6.05%、总印张 7.86%、总码洋 9.50%。与 2012 年相比，种数增长 11.24%（初版增长 9.75%），总印数增长 3.27%，总印张增长 1.50%，总码洋增长 9.60%。

（10）艺术类出版 25782 种（其中初版 18003 种）、总印数 18680 万册（张）、总印张 1396195 千印张、总码洋 582144 万元，占总品种 5.80%（初版占 7.03%）、总印数 2.25%、总印张 1.96%、总码洋 4.52%。与 2012 年相比，种数增长 12.92%（初版增长 15.14%），总印数增长 11.45%，总印张下降 8.24%，总码洋增长 8.56%。

（11）历史、地理类出版 16330 种（其中初版 12256 种）、总印数 12743 万册（张）、总印张 1510386 千印张、总码洋 478825 万元，占总品种 3.67%（初版占 4.79%）、总印数 1.53%、总印张 2.12%、总码洋 3.71%。与 2012 年相比，种数下降 3.46%（初版下降 3.40%），总印数增长 1.27%，总印张增长 1.17%，总码洋下降 1.29%。

（12）自然科学总论类出版 915 种（其中初版 577 种）、总印数 565 万册（张）、总印张 60952 千印张、总码洋 15902 万元，占总品种 0.21%（初版占 0.23%）、总印数 0.07%、总印张 0.09%、总码洋 0.12%。与 2012 年相比，种数增长 8.16%（初版增长 8.87%），总印数下降 23.23%，总印张下降 12.73%，总码洋下降 8.12%。

（13）数理科学、化学类出版 7849 种（其中初版 3191 种）、总印数 4232 万册（张）、总印张 657308 千印张、总码洋 119766 万元，占总品种 1.77%（初版占 1.25%）、总印数 0.51%、总印张 0.92%、总码洋 0.93%。与 2012 年相比，种数增长 9.88%（初版增长 6.12%），总印数增长 1.66，总印张下降 4.04%，总码洋增长 2.08%。

（14）天文学、地球科学类出版 2561 种（其中初版 1793 种）、总印数 1103 万册（张）、总印张 126398 千印张、总码洋 39639 万元，占总品种 0.58%（初版占 0.70%）、总印数 0.13%、总印张 0.18%、总码洋 0.31%。与 2012 年相比，种数增长 5.05%（初版增长 10.61%），总印数下降 9.07%，总印张下降 6.02%，总码洋增长 10.05%。

（15）生物科学类出版 2948 种（其中初版 1884 种）、总印数 1733 万册（张）、总印张 206686 千印张、总码洋 55153 万元，占总品种 0.66%（初版占 0.74%）、总印数 0.21%、总印张 0.29%、总码洋 0.43%。与 2012 年相比，种数增长 20.72%（初版增长 24.60%），总印数增长 4.84%，总印张增长 11.05%，总码洋增长 25.18%。

（16）医药、卫生类出版 18418 种（其中初版 11701 种）、总印数 12693 万册（张）、总印张 1774656 千印张、总码洋 419811 万元，占总品种 4.14%（初版占 4.57%）、总印数 1.53%、总印张 2.49%、总码洋 3.26%。与 2012 年相比，种数增长 9.27%（初版增长 12.68%），总印数下降 16.79%，总印张下降 0.77%，总码洋增长 4.23%。

（17）农业科学类出版 5070 种（其中初版 3078 种）、总印数 2296 万册（张）、总印张 237767 千印张、总码洋 65363 万元，占总品种 1.14%（初版占 1.20%）、总印数 0.28%、总印张 0.33%、总码洋 0.51%。与 2012 年相比，种数下降 13.82%（初版下降 0.90%），总印数下降 39.67%，总印张下降 29.85%，总码洋下降 17.46%。

（18）工业技术类出版 45171 种（其中初版 23575 种）、总印数 19757 万册（张）、总印张 3280858 千印张、总码洋 778537 万元，占总品种 10.16%（初版占 9.21%）、总印数 2.38%、总印张 4.60%、总码洋 6.04%。与 2012 年相比，种数增长 2.75%（初版增长 2.27%），总印数下降 3.26%，总印张下降 0.77%，总码洋增长 2.36%。

（19）交通运输类出版 4901 种（其中初版 2593 种）、总印数 3144 万册（张）、总印张 419855 千印张、总码洋 113629 万元，占总品种 1.10%（初版占 1.01%）、总印数 0.38%、总印张 0.59%、总码洋 0.88%。与 2012 年相比，种数增长 16.03%（初版增长 20.21%），总印数增长 21.58%，总印张增长 19.20%，总码洋增长 29.71%。

（20）航空、航天类出版 463 种（其中初版 350 种）、总印数 173 万册（张）、总印张 23359 千印张、总码洋 7629 万元，占总品种 0.10%（初版占 0.14%）、总印数 0.02%、总印张 0.03%、总码洋 0.06%。与 2012 年相比，种数增长 0.43%（初版增长 12.18%），总印数下降 13.50%，总印张下降 7.83%，总码洋增长 5.53%。

（21）环境科学类出版 1923 种（其中初版 1378 种）、总印数 954 万册（张）、总印张 98884 千印张、总码洋 26602 万元，占总品种 0.43%（初版占 0.54%）、总印数 0.11%、总印张 0.14%、总码洋 0.21%。与 2012 年相比，种数增长 7.97%（初版增长 6.90%），总印数增长 5.30%，总印张下降 1.65%，总码洋增长 0.54%。

（22）综合性图书类出版 3441 种（其中初版 2534 种）、总印数 2424 万册（张）、总印张 276239 千印张、总码洋 100335 万元，占总品种 0.77%（初版占 0.99%）、总印数 0.29%、总印张 0.39%、总码洋 0.78%。与 2012 年相比，种数增长 0.58%（初版增长 2.72%），总印数下降 3.39%，总印张下降 5.08%，总码洋增长 3.26%。

表 3－7　　　　　　　　　　2013 年各类传统图书出版量

类　别	种数（种）	初版（种）	总印数（万册/张）	总印张（千印张）	总码洋（万元）
马列主义、毛泽东思想类	672	489	1376	258784	37422
哲学类	8195	5683	4799	707561	168614

续表

类 别	种数 （种）	初版 （种）	总印数 （万册/张）	总印张 （千印张）	总码洋 （万元）
社会科学总论类	5256	3394	2815	475262	109043
政治、法律类	17481	13527	16438	2176822	463602
军事类	1555	1217	999	136176	38001
经济类	30144	19132	14444	2471990	574943
文化、科学、教育、体育类	176189	85051	626091	44792997	6592531
语言、文字类	21482	10876	30309	4426106	817105
文学类	46885	33133	50254	5599793	1225387
艺术类	25782	18003	18680	1396195	582144
历史、地理类	16330	12256	12743	1510386	478825
自然科学总论	915	577	565	60952	15902
数理科学、化学类	7849	3191	4232	657308	119766
天文学、地球科学类	2561	1793	1103	126398	39639
生物科学类	2948	1884	1733	206686	55153
医药、卫生类	18418	11701	12693	1774656	419811
农业科学类	5070	3078	2296	237767	65363
工业技术类	45171	23575	19757	3280858	778537
交通运输类	4901	2593	3144	419855	113629
航空、航天类	463	350	173	23359	7629
环境科学类	1923	1378	954	98884	26602
综合性图书类	3441	2534	2424	276239	100335
合计（即书籍与课本）	443631	255415	828022	71115034	12829983

3.1.4 各类课本出版情况

1. 大专及大专以上课本出版情况

2013 年，大专及大专以上课本①共出版 55811 种（其中初版 21139 种）、总印数 32423 万册（张）、总印张 5730861 千印张、总码洋 1051572 万元，与 2012 年相比，种数增长 11.02%（初版增长 7.55%），总印数增长 0.72%，总

---

① 大专及大专以上课本指国家教育行政部门和中央各部委，各地区审定、规划的，列入教材征订目录的高等学校、电视大学、函授大学等使用的教材、教材习题解答集。书籍又兼作教材的，作书籍统计。

印张增长 2.32%，总码洋增长 6.29%（参见表 3－8）。

表 3－8　　　　　　　2013 年大专及以上课本出版规模

指标	数量	较 2012 年增减（%）
种数（种）	55811	11.02
其中：初版（种）	21139	7.55
总印数（万册/张）	32423	0.72
总印张（千印张）	5730861	2.32
定价总金额（万元）	1051572	6.29

2. 中专、技校课本出版情况

2013 年，中专、技校课本①共出版 6573 种（其中初版 1851 种）、总印数 7585 万册（张）、总印张 946386 千印张、总码洋 162683 万元，与 2012 年相比，种数增长 13.23%（初版增长 4.75%），总印数增长 10.20%，总印张增长 7.49%，总码洋增长 10.74%（参见表 3－9）。

表 3－9　　　　　　　2013 年中专、技校课本出版规模

指标	数量	较 2012 年增减（%）
种数（种）	6573	13.23
其中：初版（种）	1851	4.75
总印数（万册/张）	7585	10.20
总印张（千印张）	946386	7.49
定价总金额（万元）	162683	10.74

3. 中学课本出版情况

2013 年，中学课本②共出版 8160 种（其中初版 1852 种）、总印数 166996 万册（张）、总印张 12374551 千印张、总码洋 1308818 万元，与 2012 年相比，

①　中专、技校课本指国家教育行政部门和中央各部委审定、规划的，列入新教材征订目录，专供中等专业学校（包括中等师范学校）、技工学校作教材用的课本和课本习题解答集。书籍又兼作中专、技校课本使用的，作书籍统计。

②　中学课本指在国家教育行政部门每年春秋两季颁发的《全国普通中小学教学用书目录》和由各省、自治区、直辖市教育行政部门审定、补充下达的《中小学教学用书目录》中所列的课本、教学挂图和随课本作教材用的习题解答集。

种数增长 14.33%（初版增长 27.11%），总印数下降 1.74%，总印张下降 2.99%，总码洋下降 0.60%（参见表 3-10）。

表 3-10　　　　　　　　　　2013 年中学课本出版规模

指标	数量	较 2012 年增减（%）
种数（种）	8160	14.33
其中：初版（种）	1852	27.11
总印数（万册/张）	166996	-1.74
总印张（千印张）	12374551	-2.99
定价总金额（万元）	1308818	-0.60

4. 小学课本出版情况

2013 年，小学课本①共出版 6461 种（其中初版 1391 种）、总印数 129378 万册（张）、总印张 6673817 千印张、总码洋 760117 万元，与 2012 年相比，种数增长 10.99%（初版增长 29.04%），总印数增长 3.49%，总印张增长 4.70%，总码洋增长 5.91%（参见表 3-11）。

表 3-11　　　　　　　　　　2013 年小学课本出版规模

指标	数量	较 2012 年增减（%）
种数（种）	6461	10.99
其中：初版（种）	1391	29.04
总印数（万册/张）	129378	3.49
总印张（千印张）	6673817	4.70
定价总金额（万元）	760117	5.91

5. 业余教育课本出版情况

2013 年，业余教育课本②共出版 4972 种（其中初版 2495 种）、总印数

---

① 小学课本指在国家教育行政部门每年春秋两季颁发的《全国普通中小学教学用书目录》和由各省、自治区、直辖市教育行政部门审定、补充下达的《中小学教学用书目录》中所列的课本、教学挂图和随课本作教材用的习题解答集。

② 业余教育课本指国家教育行政部门和中央各部委审定、规划的，列入新教材征订目录，对成人进行政治、业务、文化教育所使用的课本，包括广播电台、电视台举办或与其他单位合办的业余讲座使用的课本及其他业余教育课本。大专、中专采用电视、函授方法授课所使用的课本，应分别计入大专课本或中专课本。

3633 万册（张）、总印张 593929 千印张、总码洋 141689 万元，与 2012 年相比，种数下降 12.08%（初版增长 8.20%），总印数下降 20.61%，总印张下降 18.46%，总码洋下降 10.91%（参见表 3－12）。

表 3－12 　　　　　　　　　2013 年业余教育课本出版规模

指标	数量	较 2012 年增减（%）
种数（种）	4972	－12.08
其中：初版（种）	2495	8.20
总印数（万册/张）	3633	－20.61
总印张（千印张）	593929	－18.46
定价总金额（万元）	141689	－10.91

6. 扫盲课本出版情况

2013 年，扫盲课本①共出版 5 种（其中初版 5 种）、总印数 1 万册（张）、总印张 49 千印张、总码洋 10 万元（参见表 3－13）。

表 3－13 　　　　　　　　　　2013 年扫盲课本出版规模

指标	数量
种数（种）	5
其中：初版（种）	5
总印数（万册/张）	1
总印张（千印张）	49
定价总金额（万元）	10

7. 教学用书出版情况

2013 年，教学用书②共出版 5527 种（其中初版 1652 种）、总印数 4986 万册（张）、总印张 583383 千印张、总码洋 112735 万元，与 2012 年相比，种数

---

① 扫盲课本指专供扫盲使用的课本。
② 教学用书指由省、自治区、直辖市以上教育行政机关统一规定为各级学校教员必须采用的"教学参考资料"及"教学大纲"。少数民族自治州出版社出版，由少数民族自治州教育行政机关规定的这类书，亦列入此类。

下降 15.96%（初版下降 21.18%），总印数下降 43.53%，总印张下降 20.99%，总码洋下降 37.88%（参见表 3–14）。

表 3–14　　　　　　　　　　　2013 年教学用书出版规模

指标	数量	较 2012 年增减（%）
种数（种）	5527	-15.96
其中：初版（种）	1652	-21.18
总印数（万册/张）	4986	-43.53
总印张（千印张）	583383	-20.99
定价总金额（万元）	112735	-37.88

3.1.5　少年儿童读物出版规模

2013 年，全国共出版少年儿童读物① 32400 种（其中初版 19968 种）、总印数 45686 万册（张）、总印张 2815938 千印张、总码洋 867036 万元。与 2012 年相比，种数增长 4.63%（初版增长 2.95%），总印数下降 4.47%，总印张下降 1.34%，总码洋增长 7.28%（参见表 3–15）。

表 3–15　　　　　　　　　　　2013 年少年儿童读物出版规模

指标	数量	较 2012 年增减（%）
种数（种）	32400	4.63
其中：初版（种）	19968	2.95
总印数（万册/张）	45686	-4.47
总印张（千印张）	2815938	-1.34
定价总金额（万元）	867036	7.28

3.1.6　传统图书零售情况

2013 年，全国新华书店系统、出版社自办发行单位纯销售 68.08 亿册（张、

① 少年儿童读物指供初中及初中以下少年儿童阅读的书籍（不包括九年义务制教育的课本及其补充读物）。

份、盒）、735.63 亿元，与 2012 年相比数量下降 0.35%，金额增长 3.23%。其中，传统图书零售 63.47 亿册、659.15 亿元，占零售数量 98.64%、零售金额 95.82%。传统图书分类别零售情况如表 3-16 所示：

表 3-16　　　　　　　　　　2013 年各类传统图书零售情况

类别	零售数量（亿册）	零售金额（亿元）	占零售总量比重（%）	占零售总金额比重（%）
哲学、社会科学类	2.62	42.35	4.07	6.16
文化、教育类	52.08	484.01	80.94	70.36
其中：中小学课本及教参	28.31	223.88	44.00	32.54
教辅读物	16.54	161.70	25.71	23.50
文学、艺术类	2.76	43.61	4.29	6.34
自然科学、技术类	1.71	32.68	2.66	6.34
综合类	4.30	56.51	6.68	8.21
其中：少年儿童读物	1.95	27.48	3.03	3.99
大中专教材、业务教育及教参	1.07	18.64	1.66	2.71

3.2　报纸出版发行业

3.2.1　报纸出版总量规模

2013 年，全国共出版报纸 1915 种，平均期印数 23695.77 万份，总印数 482.41 亿份，总印张 2097.84 亿印张，定价总金额 440.36 亿元，折合用纸量 482.50 万吨。与 2012 年相比，种数降低 0.16%，平均期印数增长 4.10%，总印数增长 0.03%，总印张降低 5.12%，定价总金额增长 1.37%（参见表 3-17）。

表 3-17　　　　　　　　　　2013 年报纸出版总量规模

总量指标	数量	较 2012 年增减（%）
全部报纸（种）	1915	-0.16
平均期印数（万份）	23695.77	4.10
总印数（亿份）	482.41	0.03
总印张（亿印张）	2097.84	-5.12
定价总金额（亿元）	440.36	1.37

3.2.2　各级报纸出版规模

1. 全国性和省级报纸

2013 年，全国性和省级报纸共出版 1018 种，平均期印数 17760.95 万份，总印数 326.13 亿份，总印张 1378.00 亿印张。分别占报纸总品种 53.16%，平均期印数 74.95%，总印数 67.60%，总印张 65.69%。与 2012 年相比种数下降 0.39%，平均期印数增长 5.99%，总印数增长 0.21%，总印张下降 5.54%（参见表 3 – 18）。

表 3 – 18　　　　　　　　　2013 年全国性和省级报纸出版规模

指标	数量	较 2012 年增减（%）	占报纸出版总量比重（%）
种数（种）	1018	– 0.39	53.16
平均期印数（万份）	17760.95	5.99	74.95
总印数（亿份）	326.13	0.21	67.60
总印张（亿印张）	1378.00	– 5.54	65.69

其中，全国性报纸出版 219 种，平均期印数 3331.48 万份，总印数 80.82 亿份，总印张 231.03 亿印张；占报纸总品种 11.44%，平均期印数 14.06%，总印数 16.75%，总印张 11.01%。与 2012 年相比种数下降 0.45%，平均期印数增长 3.47%，总印数增长 5.32%，总印张增长 5.62%（参见表 3 – 19）。

表 3 – 19　　　　　　　　　2013 年全国性报纸出版规模

指标	数量	较 2012 年增减（%）	占报纸出版总量比重（%）
种数（种）	219	– 0.45	11.44
平均期印数（万份）	3331.48	3.47	14.06
总印数（亿份）	80.82	5.32	16.75
总印张（亿印张）	231.03	5.62	11.01

省级报纸出版 799 种，平均期印数 14429.47 万份，总印数 245.31 亿份，总印张 1146.97 亿印张；占报纸总品种 41.72%，平均期印数 60.89%，总印

数 50.85%，总印张 54.67%。与 2012 年相比种数下降 0.37%，平均期印数增长 6.58%，总印数下降 1.37%，总印张下降 7.51%（参见表 3-20）。

表 3-20 2013 年省级报纸出版规模

指标	数量	较 2012 年增减（%）	占报纸出版总量比重（%）
种数（种）	799	-0.37	41.72
平均期印数（万份）	14429.47	6.58	60.89
总印数（亿份）	245.31	-1.37	50.85
总印张（亿印张）	1146.97	-7.51	54.67

2. 地、市级报纸出版规模

2013 年，地、市级报纸共出版 878 种，平均期印数 5903.66 万份，总印数 155.46 亿份，总印张 718.21 亿印张；占报纸总品种 45.85%，平均期印数 24.91%，总印数 32.22%，总印张 34.24%。与 2012 年相比种数持平，平均期印数下降 1.17%，总印数下降 0.34%，总印张下降 4.31%（参见表 3-21）。

表 3-21 2013 年地、市级报纸出版规模

指标	数量	较 2012 年增减（%）	占报纸出版总量比重（%）
种数（种）	878	0	45.85
平均期印数（万份）	5903.66	-1.17	24.91
总印数（亿份）	155.46	-0.34	32.22
总印张（亿印张）	718.21	-4.31	34.24

3. 县级报纸出版规模

2013 年，县级报纸共出版 19 种，平均期印数 31.16 万份，总印数 0.83 亿份，总印张 1.63 亿印张；占报纸总品种 0.99%，平均期印数 0.13%，总印数 0.17%，总印张 0.08%。与 2012 年相比种数增长 5.56%，平均期印数增长 2.40%，总印数增长 1.81%，总印张增长 0.44%（参见表 3-22）。

表 3 - 22　　　　　　　　　　　2013 年县级报纸出版规模

指标	数量	较 2012 年增减（%）	占报纸出版总量比重（%）
种数（种）	19	5.56	0.99
平均期印数（万份）	31.16	2.40	0.13
总印数（亿份）	0.83	1.81	0.17
总印张（亿印张）	1.63	0.44	0.08

3.2.3　各类报纸出版规模

1. 综合报纸出版规模

2013 年，综合报纸共出版 821 种，平均期印数 9401.24 万份，总印数 319.38 亿份，总印张 1720.55 亿印张；占报纸总品种 42.87%，平均期印数 39.67%，总印数 66.20%，总印张 82.02%。与 2012 年相比，种数增长 0.49%，平均期印数下降 2.76%，总印数下降 2.60%，总印张下降 5.95%（参见表 3 - 23）。

表 3 - 23　　　　　　　　　　　2013 年综合报纸出版规模

指标	数量	较 2012 年增减（%）	占报纸出版总量比重（%）
种数（种）	821	0.49	42.87
平均期印数（万份）	9401.24	- 2.76	39.67
总印数（亿份）	319.38	- 2.60	66.20
总印张（亿印张）	1720.55	- 5.95	82.02

2. 专业报纸出版规模

2013 年，专业报纸共出版 1094 种，平均期印数 14294.53 万份，总印数 163.04 亿份，总印张 377.29 亿印张；占报纸总品种 57.13%，平均期印数 60.33%，总印数 33.80%，总印张 17.98%。与 2012 年相比，种数下降 0.64%，平均期印数增长 9.17%，总印数增长 5.62%，总印张下降 1.15%（参见表 3 - 24）。

表3-24   2013年专业报纸出版规模

指标	数量	较2012年增减（%）	占报纸出版总量比重（%）
种数（种）	1094	-0.64	57.13
平均期印数（万份）	14294.53	9.17	60.33
总印数（亿份）	163.04	5.62	33.80
总印张（亿印张）	377.29	-1.15	17.98

3.2.4 报纸零售情况

2013年，全国新华书店系统、出版社自办发行单位共零售报纸0.13亿份，占总零售数量的0.21%；零售金额为1.49亿元，占总零售金额的0.22%。

3.3 期刊出版发行业

3.3.1 期刊出版总量规模

2013年，全国共出版期刊9877种，平均期印数16453万册，总印数32.72亿册，总印张194.70亿印张，码洋总金额253.35亿元。与2012年相比，种数增长0.10%，平均期印数下降1.87%，总印数下降2.26%，总印张下降0.67%，码洋总金额增长0.26%（参见表3-25）。

表3-25   2013年期刊出版总量规模

总量指标	数量	较2012年增减（%）
全部期刊（种）	9877	0.10
平均期印数（万册）	16453	-1.87
总印数（亿册）	32.72	-2.26
总印张（亿印张）	194.70	-0.67
码洋总金额（亿元）	253.35	0.26

3.3.2　各类期刊出版规模

1. 综合类期刊出版规模

2013 年，综合类期刊共出版 368 种，平均期印数 1131 万册，总印数 23993 万册，总印张 1286566 千印张；占期刊总品种 3.73%，平均期印数 6.87%，总印数 7.33%，总印张 6.61%。与 2012 年相比，种数下降 0.54%，平均期印数下降 7.14%，总印数下降 5.86%，总印张下降 2.72%（参见表 3-26）。

表 3-26　　　　　　　　　2013 年综合类期刊出版规模

指标	数量	较 2012 年增减（%）	占报纸出版总量比重（%）
种数（种）	368	-0.54	3.73
平均期印数（万册）	1131	-7.14	6.87
总印数（万册）	23993	-5.86	7.33
总印张（千印张）	1286566	-2.72	6.61

2. 哲学、社会科学类期刊出版规模

2013 年，哲学、社会科学类期刊共出版 2577 种，平均期印数 7471 万册，总印数 143294 万册，总印张 7531890 千印张；占期刊总品种 26.09%，平均期印数 45.41%，总印数 43.79%，总印张 38.69%。与 2012 年相比，种数增长 0.70%，平均期印数增长 2.08%，总印数下降 0.71%，总印张增长 0.69%（参见表 3-27）。

表 3-27　　　　　　　　2013 年哲学、社会科学类期刊出版规模

指标	数量	较 2012 年增减（%）	占报纸出版总量比重（%）
种数（种）	2577	0.70	26.09
平均期印数（万册）	7471	2.08	45.41
总印数（万册）	143294	-0.71	43.79
总印张（千印张）	7531890	0.69	38.69

3. 自然科学、技术类期刊出版规模

2013 年，自然科学、技术类期刊共出版 4944 种，平均期印数 3113 万册，总印数 46344 万册，总印张 3794100 千印张；占期刊总品种 50.06%，平均期印数 18.92%，总印数 14.16%，总印张 19.49%。与 2012 年相比，种数下降 0.18%，平均期印数下降 3.91%，总印数下降 4.58%，总印张下降 0.01%（参见表 3 –28）。

表 3 –28　　　　　　　2013 年自然科学、技术类期刊出版规模

指标	数量	较 2012 年增减（%）	占报纸出版总量比重（%）
种数（种）	4944	– 0.18	50.06
平均期印数（万册）	3113	– 3.91	18.92
总印数（万册）	46344	– 4.58	14.16
总印张（千印张）	3794100	– 0.01	19.49

4. 文化、教育类期刊出版规模

2013 年，文化、教育类期刊共出版 1353 种，平均期印数 3293 万册，总印数 75626 万册，总印张 4566413 千印张；占期刊总品种 13.70%，平均期印数 8.22%，总印数 23.11%，总印张 23.45%。与 2012 年相比，种数增长 0.22%，平均期印数下降 2.99%，总印数下降 0.55%，总印张下降 2.74%（参见表 3 –29）。

表 3 –29　　　　　　　2013 年文化、教育类期刊出版规模

指标	数量	较 2012 年增减（%）	占报纸出版总量比重（%）
种数（种）	1353	0.22	13.70
平均期印数（万册）	3293	– 2.99	8.22
总印数（万册）	75626	– 0.55	23.11
总印张（千印张）	4566413	– 2.74	23.45

5. 文学、艺术类期刊出版规模

2013 年，文学、艺术类期刊共出版 635 种，平均期印数 1444 万册，总

印数 37987 万册,总印张 2290549 千印张;占期刊总品种 6.43%,平均期印数 8.78%,总印数 11.61%,总印张 11.76%。与 2012 年相比,种数持平,平均期印数下降 9.46%,总印数下降 5.94%,总印张下降 0.77%(参见表 3-30)。

表 3-30   2013 年文学、艺术类期刊出版规模

指标	数量	较 2012 年增减(%)	占报纸出版总量比重(%)
种数(种)	635	0	6.43
平均期印数(万册)	1444	-9.46	8.78
总印数(万册)	37987	-5.94	11.61
总印张(千印张)	2290549	-0.77	11.76

3.3.3 少年儿童期刊出版规模

2013 年,全国共出版少年儿童期刊 144 种,平均期印数 1583 万册,总印数 40907 万册,总印张 1112098 千印张;占期刊总品种 1.46%,平均期印数 9.62%,总印数 12.50%,总印张 5.71%。与 2012 年相比,种数增长 1.41%,平均期印数增长 5.76%,总印数增长 3.74%,总印张增长 5.42%(参见表 3-31)。

表 3-31   2013 年少年儿童期刊出版规模

指标	数量	较 2012 年增减(%)	占报纸出版总量比重(%)
种数(种)	144	1.41	1.46
平均期印数(万册)	1583	5.76	9.62
总印数(万册)	40907	3.74	12.50
总印张(千印张)	1112098	5.42	5.71

3.3.4 画刊出版规模

2013 年,全国共出版画刊(不含面向少年儿童的画刊)61 种,平均期印数 76 万册,总印数 1271 万册,总印张 120552 千印张;占期刊总品种 0.62%,平均期印数 0.46%,总印数 0.39%,总印张 0.62%。与 2012 年相比,种数增长 1.67%,平均期印数下降 16.84%,总印数下降 36.63%,总印张下降

28.97%（参见表3-32）。

表3-32 　　　　　　　　2013年画刊出版规模

指标	数量	较2012年增减（%）	占报纸出版总量比重（%）
种数（种）	61	1.67	0.62
平均期印数（万册）	76	-16.84	0.46
总印数（万册）	1271	-36.63	0.39
总印张（千印张）	120552	-28.97	0.62

3.3.5　动漫期刊出版规模

2013年，全国共出版动漫期刊27种，平均期印数349万册，总印数12599万册，总印张876025千印张；占期刊总品种0.27%，平均期印数2.12%，总印数3.85%，总印张4.50%。与2012年相比，种数持平，平均期印数增长8.36%，总印数增长15.52%，总印张增长18.12%（参见表3-33）。

表3-33 　　　　　　　　2013年动漫期刊出版规模

指标	数量	较2012年增减（%）	占报纸出版总量比重（%）
种数（种）	27	0	0.27
平均期印数（万册）	349	8.36	2.12
总印数（万册）	12599	15.52	3.85
总印张（千印张）	876025	18.12	4.50

3.3.6　期刊零售情况

2013年，全国新华书店系统、出版社自办发行单位共零售期刊0.19亿册，占总零售数量的0.30%；零售金额为10.43亿元，占总零售金额的1.52%。

3.4　音像出版发行业

截至2013年年底，全国共有音像制品出版单位370家。

3.4.1　录音制品出版规模

1. 录音制品出版总量规模

2013 年，全国共出版录音制品 9576 种，出版数量 2.39 亿盒（张），发行数量 2.39 亿盒（张），发行总金额 10.19 亿元。与 2012 年相比，品种下降 0.16%，出版数量增长 4.82%，发行数量增长 2.62%，发行总金额下降 7.62%（参见表 3 – 34）。

表 3 – 34　　　　　　　　　　2013 年录音制品出版总量规模

总量指标	数量	较 2012 年增减（%）
全部录音制品（种）	9576	– 0.16
出版数量（亿盒/张）	2.39	4.82
发行数量（亿盒/张）	2.39	2.62
发行总金额（亿元）	10.19	– 7.62

2. 各类录音制品出版规模

（1）录音带出版规模。

2013 年，共出版录音带（AT）2281 种，17924.23 万盒（新出 900 种、4364.45 万盒，再版 1381 种、13559.78 万盒）。与 2012 年相比，品种下降 14.92%，数量增长 3.82%。其中少年儿童录音带出版 234 种、数量 165.50 万盒（参见表 3 – 35）。

表 3 – 35　　　　　　　　　　2013 年录音带出版规模

总量指标	数量	较 2012 年增减（%）
录音带（种）	2281	– 14.92
其中：少年儿童录音带（种）	234	——
出版数量（万盒）	17924.23	3.82
其中：少年儿童录音带（万盒）	165.50	——

（2）激光唱盘（CD）出版规模。

2013 年，共出版激光唱盘（CD）5356 种、4321.38 万张（新出 3376 种、2609.12 万张，再版 1980 种、1712.26 万张）。与 2012 年相比，品种增长 6.50%，数量增长 21.88%。其中少年儿童激光唱盘 664 种、数量 484.73 万张（参见表 3-36）。

表 3-36　　　　　　　　　　　2013 年激光唱盘出版规模

指标	数量	较 2012 年增减（%）
激光唱盘（种）	5356	6.50
其中：少年儿童激光唱盘（种）	664	—
出版数量（万张）	4321.38	21.88
其中：少年儿童激光唱盘（万张）	484.73	—

（3）高密度激光唱盘（DVD-V）及其他载体出版规模。

2013 年，共出版高密度激光唱盘（DVD-V）及其他载体 1939 种、1675.03 万张（新出 954 种、746.68 万张，再版 985 种、928.35 万张）。与 2012 年相比，品种增长 3.08%，数量下降 15.36%。少年儿童高密度激光唱盘及其他载体 49 种、数量 30.56 万张（参见表 3-37）。

表 3-37　　　　　　　　2013 年高密度激光唱盘及其他载体出版规模

指标	数量	较 2012 年增减（%）
高密度激光唱盘及其他载体（种）	1939	3.08
其中：少年儿童高密度激光唱盘及其他载体（种）	49	—
出版数量（万张）	1675.03	-15.36
其中：少年儿童高密度激光唱盘及其他载体（万张）	30.56	—

3.4.2　录像制品出版规模

1. 录像制品出版总量规模

2013 年，全国共出版录像制品 7396 种，出版数量 1.67 亿盒（张），发行数量 1.05 亿盒（张），发行总金额 6.91 亿元。与 2012 年相比，品种下降 16.84%，出版数量增长 0.60%，发行数量下降 10.26%，发行总金额下降 8.36%（参见表 3 - 38）。

表 3 - 38　　　　　　　　　2013 年录像制品出版总量规模

总量指标	数量	较 2012 年增减（%）
全部录像制品（种）	7396	- 16.84
出版数量（亿盒/张）	1.67	0.60
发行数量（亿盒/张）	1.05	- 10.26
发行总金额（亿元）	6.91	- 8.36

2. 各类录像制品出版规模

（1）录像带（VT）及其他出版规模。

2013 年，全国共出版录像带（VT）及其他 191 种、81.32 万盒（新出 177 种、77.05 万盒）。与 2012 年相比，品种增长 42.54%，数量下降 38.70%。其中少年儿童节目 22 种、45.81 万盒（参见表 3 - 39）。

表 3 - 39　　　　　　　　　2013 年录像带及其他出版规模

指标	数量	较 2012 年增减（%）
录像带及其他（种）	191	42.54
其中：少年儿童节目（种）	22	—
出版数量（万盒）	81.32	- 38.70
其中：少年儿童节目（万盒）	45.81	—

（2）数码激光视盘（VCD）出版规模。

2013 年，全国共出版数码激光视盘（VCD）1852 种、3299.46 万张（新出 677 种、1683.46 万张，再版 1175 种、1616.00 万张）。与 2012 年相比，品种下降 16.08%，数量下降 31.98%。其中少年儿童数码激光视盘 294 种，数量 1464.37 万张（参见表 3 - 40）。

表 3 – 40   2013 年数码激光视盘出版规模

指标	数量	较 2012 年增减（%）
数码激光视盘（种）	1852	– 16.08
其中：少年儿童数码激光视盘（种）	294	—
出版数量（万张）	3299.46	– 31.98
其中：少年儿童数码激光视盘（万张）	1464.37	—

（3）高密度激光视盘（DVD – V）出版规模。

2013 年，全国共出版高密度激光视盘（DVD – V）5353 种、13303.15 万张（新出 4259 种、11894.41 万张，再版 1094 种、1408.74 万张）。与 2012 年相比，品种下降 18.31%，数量增长 14.75%。其中少年儿童高密度激光视盘 782 种、数量 957.66 万张（参见表 3 – 41）。

表 3 – 41   2013 年高密度激光视盘出版规模

指标	数量	较 2012 年增减（%）
高密度激光视盘（种）	5353	– 18.31
其中：少年儿童高密度激光视盘（种）	782	—
出版数量（万张）	13303.15	14.75
其中：少年儿童高密度激光视盘（万张）	957.66	—

3.4.3　音像制品零售情况

2013 年，全国新华书店系统、出版社自办发行单位共零售音像制品 0.44 亿盒/张，占总零售数量的 0.68%；零售金额为 7.86 亿元，占总零售金额的 1.14%。

3.5　印刷装潢包装业

3.5.1　印刷复制总体情况

2013 年，印刷复制（包括出版物印刷、包装装潢印刷、其他印刷品印刷、专项印刷、打字复印、复制和印刷物资供销）实现营业收入 11094.92 亿元，增长 7.09%；增加值 2885.64 亿元，增长 7.69%；利润总额 775.78 亿元，增长 7.48%（参见表 3-42）。

表 3-42　　　　　　　　　2013 年印刷复印总体情况

总量指标	数量	较 2012 年增减（%）
营业收入（亿元）	11094.92	7.09
增加值（亿元）	2885.64	7.69
利润总额（亿元）	775.78	7.48

3.5.2　出版物印刷（含专项印刷）情况

1. 出版物印刷厂产值产量（含专项印刷）

2013 年，出版物印刷厂（含专项印刷）工业销售产值为 1426.78 亿元，相比 2012 年增长 1.20%；图书、报纸、其他出版物黑白印刷产量 32607.94 万令，同比下降 0.14%；彩色印刷产量 255672.47 万对开色令，同比增长 55.22%；装订产量 36316.32 万令，同比增长 22.11%；印刷用纸量 85621.30 万令（包含平板纸和卷筒纸），同比增长 34.16%（参见表 3-43）。

表 3-43　　　　2013 年出版物印刷厂产值产量（含专项印刷）情况

总量指标	数量	较 2012 年增减（%）
工业销售产值（亿元）	1426.78	1.20
图书、报纸、其他出版物黑白印刷产量（万令）	32607.94	-0.14
图书、报纸、其他出版物彩色印刷产量（万对开色令）	255672.47	55.22
装订产量（万令）	36316.32	22.11
印刷用纸量（万令）	85621.30	34.16

2. 出版物印刷厂主要经济指标（含专项印刷）

2013 年年底，出版物印刷厂（含专项印刷）资产合计 2123.73 亿元，相比2012年增长6.33%；负债合计1092.85亿元，同比增长11.52%；所有者权益合计1030.88亿元，同比增长1.34%。2013年，出版物印刷厂（含专项印刷）实现主营业务收入1494.30亿元，比2012年增长6.91%；利润总额为125.00亿元，同比增长17.02%；实现增加值529.86亿元，同比增长2.26%（参见表3-44）。

表3-44　　　　　　　2013年出版物印刷厂主要经济指标（含专项印刷）

总量指标	数量	较2012年增减（%）
资产合计（亿元）	2123.73	6.33
负债合计（亿元）	1092.85	11.52
所有者权益合计（亿元）	1030.88	1.34
主营业务收入（亿元）	1494.30	6.91
利润总额（亿元）	125.00	17.02
增加值（亿元）	529.86	2.26

3.5.3　包装装潢印刷情况

2013年，包装装潢印刷厂实现营业收入8150.72亿元，比2012年增长8.34%；实现增加值1905.17亿元，同比增长9.33%；利润总额为494.12亿元，同比增长3.86%（参见表3-45）。

表3-45　　　　　　　2013年包装装潢印刷厂主要经济指标

总量指标	数量	较2012年增减（%）
营业收入（亿元）	8150.72	8.34
利润总额（亿元）	494.12	3.86
增加值（亿元）	1905.17	9.33

3.5.4　其他印刷品印刷情况

2013年，其他印刷品印刷厂实现营业收入1036.14亿元，比2012年增长0.35%；实现增加值349.78亿元，同比增长11.76%；利润总额为117.81亿元，同比增长18.33%（参见表3-46）。

表 3 - 46　　　　　　　2013 年其他印刷品印刷厂主要经济指标

总量指标	数量	较 2012 年增减（%）
营业收入（亿元）	1036.14	0.35
利润总额（亿元）	117.81	18.33
增加值（亿元）	349.78	11.76

3.6　知识产权服务业

3.6.1　知识产权服务业界定

知识产权服务是指对专利、商标、版权、著作权、软件、集成电路布图设计等知识产权的代理、转让、登记、鉴定、评估、认证、咨询、检索等活动①。在本书中知识产权服务业特指版权服务，包括版权代理服务、版权鉴定服务、版权咨询服务、海外作品登记服务、涉外音像合同认证服务、著作权使用报酬收转服务、版权贸易服务、其他版权服务②。

3.6.2　版权管理

1. 受理、查处案件

2013 年，全国各级版权行政管理机关共检查经营单位 1032721 家，取缔违法经营单位 10208 家，查获地下窝点 543 个，行政处罚 7019 起，移送司法机关案件 539 件。

2. 收缴盗版品

2013 年，全国各地方版权行政管理机关共收缴各类盗版品 1766.66 万件，其中查缴的盗版书刊 642.67 万册，盗版音像制品 992.18 万盒（张），盗版电子出版物 27.25 万张，盗版软件 41.36 万张，其他各类盗版品 36.20 万件，未

---

①　该部分内容来源于百度百科。
②　该部分内容来源于国家统计局关于《文化及相关产业分类》的通知。

分类盗版品 27.00 万件（参见表 3 - 47）。

表 3 - 47　　　　　　　　　　2013 年收缴盗版品情况

类　　别	数量
书刊（万册）	642.67
音像制品（万盒/张）	992.18
电子出版物（万张）	27.25
软件（万张）	41.36
其他各类盗版品（万件）	36.20
未分类盗版品（万件）	27.00
合计（万件）	1766.66

3. 版权合同登记

2013 年，全国版权合同登记 19521 份，其中图书 17205 份，期刊 226 份，音像制品 150 份，电子出版物 183 份，软件 1161 份，电影 44 份，电视节目 9 份，其他 543 份（参见表 3 - 48）。

表 3 - 48　　　　　　　　　　2013 年版权合同登记情况

类　　别	数量（份）
图书	17205
期刊	226
音像制品	150
电子出版物	183
软件	1161
电影	44
电视节目	9
其他	543
合计	19521

4. 作品自愿登记

2013 年，全国作品自愿登记 834569 份，其中文字作品 124948 份，口述作品 28 份，音乐作品 62119 份，曲艺 118 份，舞蹈 21 份，杂技 5 份，美术作品 171059 份，摄影作品 429903 份，建筑 244 份，影视 11943 份，设计图 14971

份，地图 29 份，模型 462 份，其他 18719 份（参见表 3 - 49）。

表 3 - 49　　　　　　　　　**2013 年作品自愿登记情况**

类　　别	数量（份）
文字作品	124948
口述作品	28
音乐作品	62119
曲艺	118
舞蹈	21
杂技	5
美术作品	171059
摄影作品	429903
建筑	244
影视	11943
设计图	14971
地图	29
模型	462
其他	18719
合计	834569

3.6.3　版权贸易

1. 版权引进

（1）总体情况。

2013 年，全国共引进版权 18167 种，其中图书 16625 种，录音制品 378 种，录像制品 538 种，电子出版物 72 种（参见表 3 - 50）。

表 3 - 50　　　　　　　　　**2013 年版权引进类别情况**

类　　别	数量（种）
共引进版权	18167
其中：图书	16625
录音制品	378
录像制品	538
电子出版物	72

从版权引进地来看，从美国引进6210种，英国2698种，德国763种，法国787种，俄罗斯84种，加拿大114种，新加坡330种，日本1905种，韩国1619种，中国香港特区509种、中国澳门特区7种、中国台湾地区1215种，其他地区1926种（参见表3-51）。

表3-51   2013年版权引进地情况

国家及地区	数量（种）	占比（％）
美国	6210	34.18
英国	2698	14.85
日本	1905	10.49
韩国	1619	8.91
中国台湾地区	1215	6.69
法国	787	4.33
德国	763	4.20
中国香港特区	509	2.80
新加坡	330	1.82
加拿大	114	0.63
俄罗斯	84	0.46
中国澳门特区	7	0.04
其他地区	1926	10.60
合计	18167	100.00

（2）出版物版权引进。

2013年，全国共引进图书、音像制品和电子出版物版权17613种。其中，图书版权引进地情况见表3-52。

表3-52   2013年图书版权引进地情况

国家及地区	数量（种）	占比（％）
美国	5489	33.02
英国	2521	15.16
日本	1852	11.14
韩国	1472	8.85
中国台湾地区	1100	6.62
法国	772	4.64

续表

国家及地区	数量（种）	占比（%）
德国	707	4.25
中国香港特区	354	2.13
新加坡	310	1.86
加拿大	111	0.67
俄罗斯	84	0.51
中国澳门特区	7	0.04
其他地区	1846	11.10
合计	16625	100.00

2. 版权输出

（1）总体情况。

2013 年，全国共输出版权 10401 种，其中图书 7305 种，录音制品 300 种，录像制品 193 种，电子出版物 646 种（参见表 3 - 53）。

表 3 - 53　　　　　　　　　2013 年版权输出类别情况

类　别	数量（种）
共输出版权	10401
其中：图书	7305
录音制品	300
录像制品	193
电子出版物	646

从版权输出地来看，向美国输出 1266 种，英国 731 种，德国 452 种，法国 243 种，俄罗斯 125 种，加拿大 157 种，新加坡 532 种，日本 388 种，韩国 695 种，中国香港特区 1051 种、中国澳门特区 143 种、中国台湾地区 1899 种，其他地区 2719 种（参见表 3 - 54）。

表 3 - 54　　　　　　　　　2013 年版权输出地情况

国家及地区	数量（种）	占比（%）
中国台湾地区	1899	18.26
美国	1266	12.17

续表

国家及地区	数量（种）	占比（%）
中国香港特区	1051	10.10
英国	731	7.03
韩国	695	6.68
新加坡	532	5.11
德国	452	4.35
日本	388	3.73
法国	243	2.34
加拿大	157	1.51
中国澳门特区	143	1.37
俄罗斯	125	1.20
其他地区	2719	26.14
合计	10401	100.00

（2）出版物版权输出情况。

2013 年，全国共输出图书、音像制品和电子出版物版权 8444 种。其中，图书版权输出地情况见表 3-55。

表 3-55　　　　　2013 年图书版权输出地情况

国家及地区	数量（种）	占比（%）
中国台湾地区	1714	23.46
美国	753	10.31
韩国	656	8.98
英国	574	7.86
中国香港特区	402	5.50
德国	328	4.49
日本	292	4.00
法国	184	2.52
新加坡	171	2.34
俄罗斯	124	1.70
加拿大	46	0.63
中国澳门特区	24	0.33
其他地区	2037	27.89
合计	7305	100.00

第4章　广播、电视、电影业
年度发展报告[①]

4.1　广播业年度发展报告

4.1.1　广播电视业发展概况

1. 广播电视节目制作机构

截至 2014 年底，全国共有持《广播电视节目制作经验许可证》机构 8563 家，比上一年度增加 1315 家，增长率为 18.15%。其中事业单位和国有企业超过 1000 家，民营企业超过 7000 家，民营企业占广播电视节目制作机构总量的比重达到了 85% 左右。

2. 广播电视产业总体情况

（1）广播电视产业总收入情况。

2014 年，广播电视产业实现稳步增长，增幅持续放缓但仍高于 GDP 增幅。2014 年全国广播电视行业总收入达到 4226.27 亿元，比 2013 年的 3734.88 亿元增加 491.39 亿元，同比增长 13.16%，较 2013 年的 14.26% 的增幅下降 1.1 个百分点（参见图 4-1）。

---

① 该部分数据来自国家新闻出版广电总局发展研究中心编写的《中国广播电影电视发展报告（2015）》，社会科学文献出版社 2015 年版。部分数据因四舍五入的原因，存在着与分项合计不等的情况。

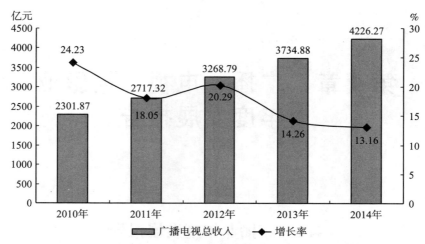

图 4 - 1　2010～2014 年全国广播电视总收入及增长情况

从 2014 年全国广播电视总收入分级构成情况来看，中央级广电机构总收入 679.51 亿元，占 16.08% 的份额；省级广电机构总收入 2618.36 亿元，占 61.95% 的份额；地市级广电机构总收入 556.24 亿元，占 13.16% 的份额；县级广电机构总收入 372.16 亿元，占 8.81% 的份额（参见表 4 - 1 和图 4 - 2）。

（2）广播电视业创收收入情况。

2014 年全国广播电视行业创收收入 3635.51 亿元，比 2013 年的 3242.77 亿元增加 392.74 亿元，增幅 12.11%。

广播电视行业创收梯次结构比较稳定，北京市稳居全国第一，创收收入达到 404.22 亿元，浙江、上海、江苏、广东、湖南、山东、四川、湖北、陕西等省位居创收收入前十位，收入分别达到 380.20 亿元、359.81 亿元、267.69 亿元、235.32 亿元、198.46 亿元、150.41 亿元、94.57 亿元、89.02 亿元、72.72 亿元（参见图 4 - 3）。

表 4 - 1　　　　　　　　2014 年全国广播电视总收入构成情况

分级	总收入（亿元）	占比（%）
中央级广电机构	679.51	16.08
省级广电机构	2618.36	61.95
地市级广电机构	556.24	13.16
县级广电机构	372.16	8.81
合计	4226.27	100.00

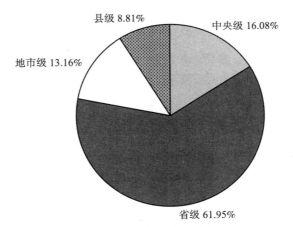

图 4 - 2　2014 年各级广电机构收入占比

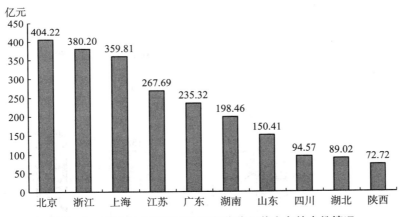

图 4 - 3　2014 年全国广播电视创收收入前十名的省份情况

　　广播电视产业创收结构不断优化，对广告与有线网络收入的依赖程度有所下降。广告仍为收入大头，2014 年广播电视广告收入达 1464.49 亿元，占创收收入的 40.28%，其中广播广告由于服务和广告创新，实现大幅度增长；有线网络收入达 827.21 亿元，占比 22.76%；以版权收入等构成的其他收入份额增长明显，达到 1343.81 亿元，占比 36.96%（参见图 4 - 4）。

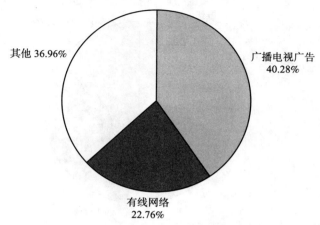

图 4-4 2014 年全国广播电视创收收入构成

3. 广播电视广告情况

2014 年，全国广播电视广告收入为 1464.49 亿元，同比增长 5.59%，增幅比 2013 年下降 3.6 个百分点（参见图 4-5）。

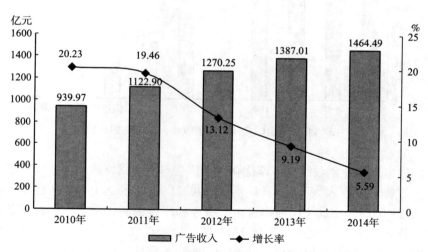

图 4-5 2010～2014 年全国广播电视业广告收入及增长情况

从广播电视广告收入分布情况来看，中央直属占比 21.78%，省级占比 58.51%，地市级和县级占比分别为 16.01% 和 3.70%，与 2013 年相比，省级优势进一步扩大，比重增加 3.67 个百分点（参见图 4 - 6）。

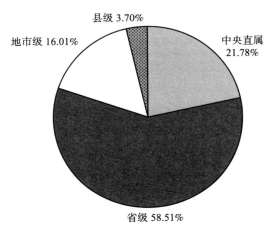

图 4 - 6　2014 年全国广播电视业广告收入分布情况

　　按地区分布来看，经济发达的东部地区仍然是广告收入贡献最高的地区，占比达 48.13%，同比增加 1.57 个百分点，其次依次是中央直属、中部和西部地区，占比分别为 21.78%、20.76% 和 9.33%（参见图 4 - 7）。

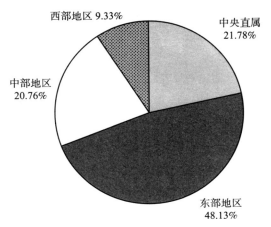

图 4 - 7　2014 年全国广播电视业广告收入地区分布占比

　　从广播电视广告收入构成来看，2014 年广播广告、电视广告收入在广电行业广告总体收入中的比重分别为 10.92% 和 76.22%。其他广告业务快速发展，在广告总量中的比重同比增加了 39.48%，收入构成更加多元（参见表 4 - 2 和图 4 - 8）。

表 4 - 2　　　　　　2014 年全国广播电视业广告收入构成情况

构成	金额（亿元）	占比（%）
广播广告收入	159.94	10.92
电视广告收入	1116.19	76.22
其他广告收入	188.37	12.86
合计	1464.50	100.00

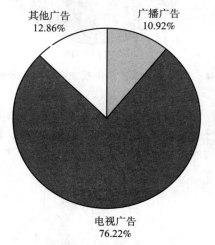

图 4 - 8　2014 年广播电视业广告收入占比

4.1.2　广播业发展概况

1. 广播节目人口覆盖

2014 年，全国广播综合人口覆盖率为 97.99%，同比增加 0.2 个百分点（参见图 4 - 9）。

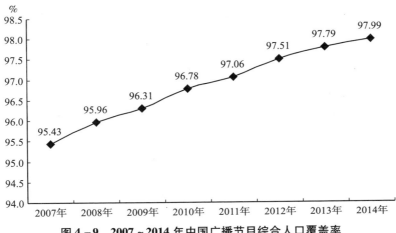

图 4 – 9　2007 ~ 2014 年中国广播节目综合人口覆盖率

2. 广播节目制作概况

2014 年，全国共生产制作广播节目 764.73 万小时，同比增长 3.46%（参见图 4 – 10）。

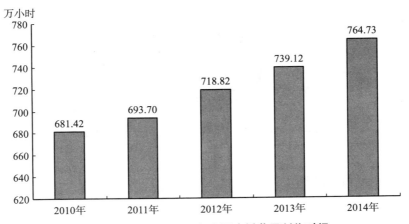

图 4 – 10　2010 ~ 2014 年中国广播节目制作时间

其中，制作专题类广播节目 212.05 万小时，占全年制作广播节目时间的比重为 27.73%；制作综艺类广播节目 202.05 万小时，占比 26.42%；制作新闻资讯类广播节目 144.35 万小时，占比 18.88%；制作广播剧类节目 18.54 万小时，占比 2.42%；制作广告类广播节目 80.81 万小时，占比 10.57%（参见表 4 - 3 和图 4 - 11）。

表 4 - 3　　　　　　2014 年全国广播节目按类别制作时间情况

制作广播节目类别	时间（万小时）	占全年制作广播节目时间比重（%）
制作新闻资讯类广播节目	144.35	18.88
制作专题服务类广播节目	212.05	27.73
制作综艺类广播节目	202.05	26.42
制作广播剧类节目	18.54	2.42
制作广告类广播节目	80.81	10.57
制作其他类广播节目	106.93	13.98
全年制作广播节目时间合计	764.73	100.00

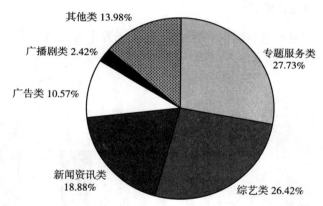

图 4 - 11　2014 年不同类别广播节目制作时间占比

3. 广播节目播出概况

2014 年，中国广播节目播出时间达到 1405.83 万小时，同比增长 1.91%（参见图 4 - 12）。

图 4 - 12　2010 ~ 2014 年中国广播节目播出时间

　　其中，综艺类广播节目播出 374. 87 万小时，占全年广播节目播出时间的比重为 26. 67% ；专题服务类广播节目播出 316. 74 万小时，占比 22. 53% ；新闻资讯类广播节目播出 283. 71 万小时，占比 20. 18% ；广播剧类节目播出 78. 48 万小时，占比 5. 58% ；广告类广播节目播出 131. 27 万小时，占比 9. 34% （参见表 4 - 4 和图 4 - 13）。

表 4 - 4　　　　　　　　2014 年全国广播节目按类别播出时间情况

制作广播节目类别	时间（万小时）	占全年广播节目播出时间比重（%）
播出新闻资讯类节目	283. 71	20. 18
播出专题服务类节目	316. 74	22. 53
播出综艺类节目	374. 87	26. 67
播出广播剧类节目	78. 48	5. 58
播出广告类节目	131. 24	9. 34
播出其他类节目	220. 79	15. 70
全年公共广播节目播出合计	1405. 83	100. 00

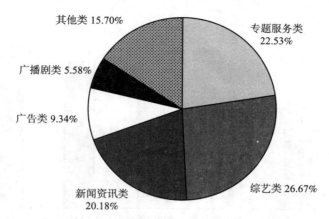

图 4 – 13 2014 年不同类别广播节目播出时间占比

4.1.3 广播节目制作与播出情况

1. 广播节目制作时间

（1）专题服务类广播节目制作时间。

2014 年，全国共制作专题服务类广播节目 212.05 万小时，同比增长 1.37%；占全国广播节目制作时间的比重为 27.73%，同比减少 0.57 个百分点（参见图 4 – 14）。

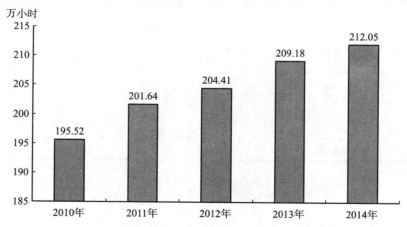

图 4 – 14 2010 ~ 2014 年中国专题服务类广播节目制作时间

（2）新闻资讯类广播节目制作时间。

2014 年，全国共制作新闻资讯类广播节目 144.35 万小时，同比增长
3.30%；占全国广播节目制作时间的比重为 18.88%，同比减少 0.03 个百分点
（参见图 4-15）。

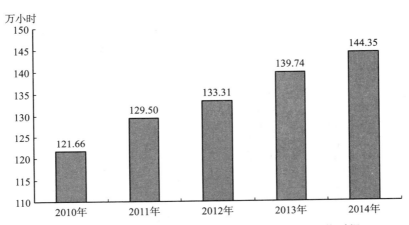

图 4-15　2010~2014 年中国新闻资讯类广播节目制作时间

（3）综艺类广播节目制作时间。

2014 年，全国共制作综艺类广播节目 202.05 万小时，同比增长 2.24%；
占全国广播节目制作时间的比重为 26.42%，同比减少 0.32 个百分点（参见
图 4-16）。

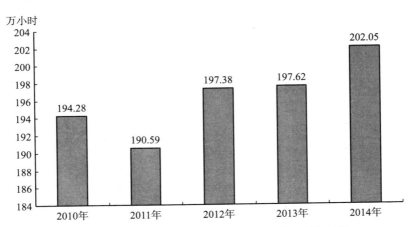

图 4-16　2010~2014 年中国综艺类广播节目制作时间

（4）广播剧类节目制作时间。

2014 年，全国共制作广播剧类节目 18.54 万小时，同比增长 4.04%；占全国广播节目制作时间的比重为 2.42%，同比增加 0.01 个百分点（参见图 4-17）。

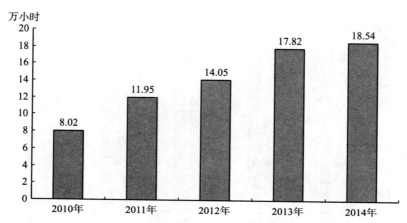

图 4-17　2010～2014 年中国广播剧类节目制作时间

（5）广告类广播节目制作时间。

2014 年，全国共制作广告类广播节目 80.81 万小时，同比增长 2.51%；占全国广播节目制作时间的比重为 10.57%，同比减少 0.05 个百分点（参见图 4-18）。

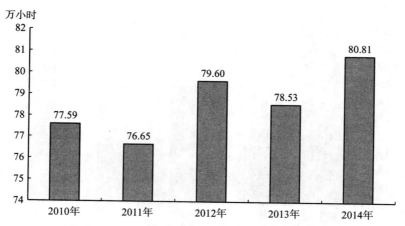

图 4-18　2010～2014 年中国广告类广播节目制作时间

（6）其他类广播节目制作时间。

2014 年，全国共制作其他类广播节目 106.93 万小时，同比增长 11.10%；占全国广播节目制作时间的比重为 13.98%，同比增加 0.96 个百分点（参见图 4-19）。

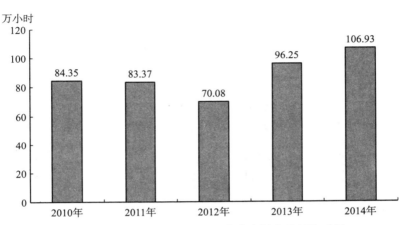

图 4-19　2010～2014 年中国其他类广播节目制作时间

2. 广播节目播出时间

（1）专题服务类广播节目播出时间。

2014 年，全国共播出专题服务类广播节目 316.74 万小时，同比增长 1.89%；占全国广播节目播出时间的比重为 22.53%，与上年相比持平（参见图 4-20）。

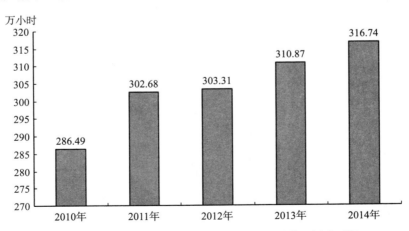

图 4-20　2010～2014 年中国专题服务类广播节目播出时间

（2）新闻资讯类广播节目播出时间。

2014 年，全国共播出新闻资讯类广播节目 283.71 万小时，同比增长 0.60%；占全国广播节目播出时间的比重为 20.18%，同比减少 0.26 个百分点（参见图 4－21）。

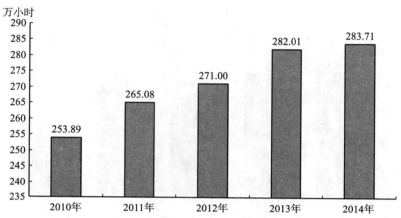

图 4－21　2010～2014 年中国新闻资讯类广播节目播出时间

（3）综艺类广播节目播出时间。

2014 年，全国共播出综艺类广播节目 374.87 万小时，同比增长 0.44%；占全国广播节目播出时间的比重为 26.67%，同比减少 0.39 个百分点（参见图 4－22）。

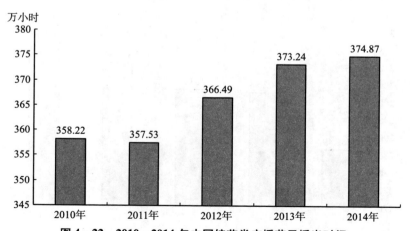

图 4－22　2010～2014 年中国综艺类广播节目播出时间

（4）广播剧类节目播出时间。

2014 年，全国共播出广播剧类节目 78.48 万小时，同比增长 1.91%；占全国广播节目播出时间的比重为 5.58%，与上年相比持平（参见图 4-23）。

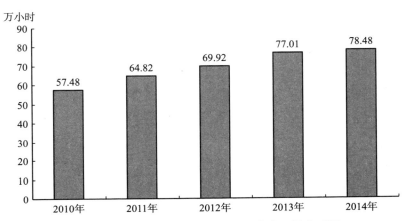

图 4-23　2010~2014 年中国广播剧类节目播出时间

（5）广告类广播节目播出时间。

2014 年，全国共播出广告类广播节目 131.24 万小时，同比增长 4.22%；占全国广播节目播出时间的比重为 9.34%，同比增加 0.21 个百分点（参见图 4-24）。

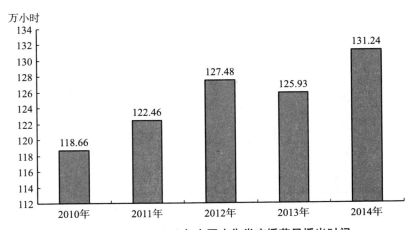

图 4-24　2010~2014 年中国广告类广播节目播出时间

（6）其他类广播节目播出时间。

2014年，全国共播出其他类广播节目220.79万小时，同比增长4.89%；占全国广播节目播出时间的比重为15.70%，同比增加0.44个百分点（参见图4-25）。

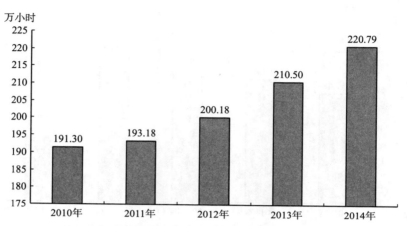

图4-25　2010～2014年中国其他类广播节目播出时间

4.1.4　广播广告发展

2014年，广播广告保持了快速发展的势头，全国广播广告总收入达159.94亿元，同比增长14.30%，增幅同比增加了11.57个百分点（参见图4-26）。

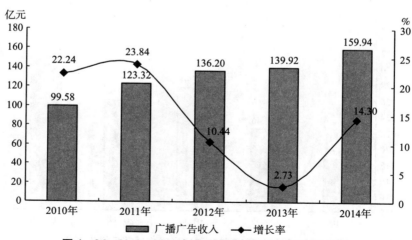

图4-26　2010～2014年全国广播广告收入及增长情况

2014 年，广播广告收入排名前 3 位的省份依次为浙江省、江苏省和广东省，分别达到了 14.64 亿元、13.85 亿元和 12.30 亿元（参见图 4 - 27）。

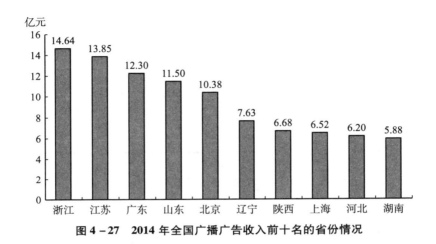

图 4 - 27　2014 年全国广播广告收入前十名的省份情况

2014 年，北京广播电视台广播广告创收首次突破 8 亿元大关，达到 8.014 亿元，比 2013 年全年增长 10.24%，其中交通台单频率创收达 4.969 亿元，同比增长 9.28%。上海广播电视台全年广播广告收入实现 6.39 亿元，同比增长 18%，动感 101 音乐频率全年广告收入突破 2 亿元。湖南广播电视台全年广播广告收入 3.8 亿元，同比增长 14.2%。河北人民广播电台全年广告收入 2.55 亿元，在 2013 年广告经营收入实现 30% 高增长的基础之上，同比增长 15.33%。

4.2　电视业年度发展报告

4.2.1　电视业发展概况

1. 电视节目人口覆盖

2014 年，全国电视综合人口覆盖率为 98.60%，同比增加 0.18 个百分点（参见图 4 - 28）。

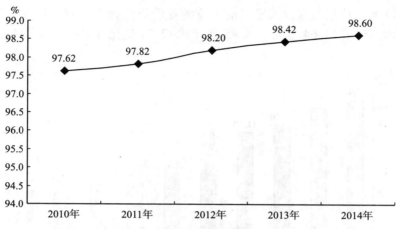

图4-28 2010~2014年中国电视节目综合人口覆盖率

2. 电视节目制作概况

2014年，全国共生产制作电视节目327.74万小时，同比下降3.54%（参见图4-29）。

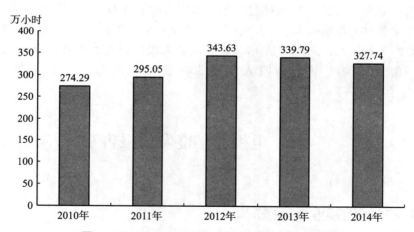

图4-29 2010~2014年中国电视节目制作时间

其中，制作新闻资讯类电视节目91.83万小时，占全年制作电视节目时间的比重为28.02%；制作专题服务类电视节目84.83万小时，占比25.88%；制作综艺类电视节目46.84万小时，占比14.29%；制作影视剧类电视节目11.67

万小时，占比 3.56%；制作广告类电视节目 51.03 万小时，占比 15.57%（参见表 4 – 5 和图 4 – 30）。

表 4 – 5 　　　　　　　　2014 年全国电视节目按类别制作时间情况

制作电视节目类别	时间（万小时）	占全年制作电视节目时间比重（%）
制作新闻资讯类电视节目	91.83	28.02
制作专题服务类电视节目	84.83	25.88
制作综艺类电视节目	46.84	14.29
制作影视剧类电视节目	11.67	3.56
制作广告类电视节目	51.03	15.57
制作其他类电视节目	41.54	12.68
全年制作电视节目时间合计	327.74	100.00

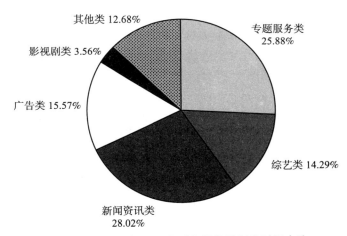

图 4 – 30　2014 年不同类别电视节目制作时间占比

3. 电视节目播出概况

2014 年，中国电视节目播出时间达到 1747.61 万小时，同比增长 2.46%（参见图 4 – 31）。

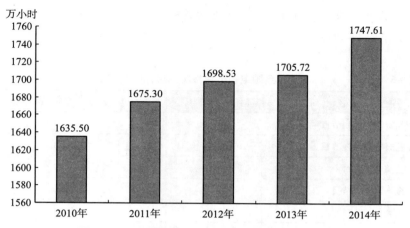

万小时

图 4 – 31　2010～2014 年中国电视节目播出时间

其中，综艺类电视节目播出 143.67 万小时，占全年广播节目播出时间的比重为 8.22%；专题服务类电视节目播出 219.64 万小时，占比 12.57%；新闻资讯类广播节目播出 244.38 万小时，占比 13.98%；影视剧类电视节目播出 742.70 万小时，占比 42.50%；广告类电视节目播出 203.26 万小时，占比 11.63%（参见表 4 – 6 和图 4 – 32）。

表 4 – 6　　　　　　　　　　2014 年全国电视节目按类别播出时间情况

制作电视节目类别	时间（万小时）	占全年电视节目播出时间比重（%）
播出新闻资讯类节目	244.38	13.98
播出专题服务类节目	219.64	12.57
播出综艺类节目	143.67	8.22
播出影视剧类节目	742.70	42.50
播出广告类节目	203.26	11.63
播出其他类节目	193.96	11.10
全年公共电视节目播出合计	1747.61	100.00

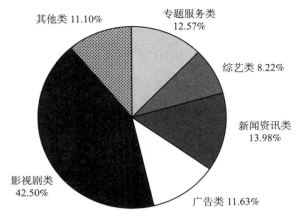

图 4 – 32　2014 年不同类别电视节目播出时间占比

4.2.2　电视节目制作与播出情况

1. 电视节目制作时间

（1）专题服务类电视节目制作时间。

2014 年，全国共制作专题服务类电视节目 84.83 万小时，同比下降 0.68%；占全国电视节目制作时间的比重为 25.88%，同比增加 0.74 个百分点（参见图 4 – 33）。

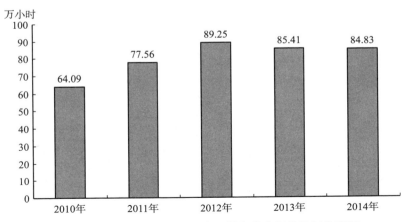

图 4 – 33　2010 ~ 2014 年中国专题服务类电视节目制作时间

（2）新闻资讯类电视节目制作时间。

2014年，全国共制作新闻资讯类电视节目91.83万小时，同比增长5.94%；占全国电视节目制作时间的比重为28.02%，同比增加2.51个百分点（参见图4－34）。

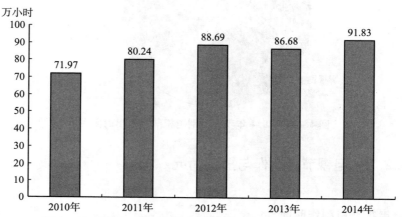

图4－34　2010～2014年中国新闻资讯类电视节目制作时间

（3）综艺类电视节目制作时间。

2014年，全国共制作综艺类电视节目46.84万小时，同比增长0.73%；占全国电视节目制作时间的比重为14.29%，同比增加0.61个百分点（参见图4－35）。

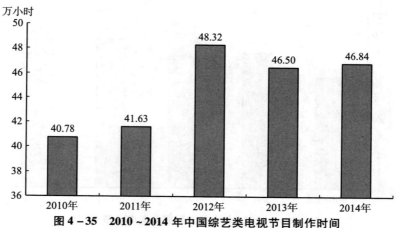

图4－35　2010～2014年中国综艺类电视节目制作时间

（4）影视剧类电视节目制作时间。

2014 年，全国共制作影视剧类电视节目 11.67 万小时，同比下降 41.97%；占全国电视节目制作时间的比重为 3.56%，同比减少 2.36 个百分点（参见图 4 – 36）。

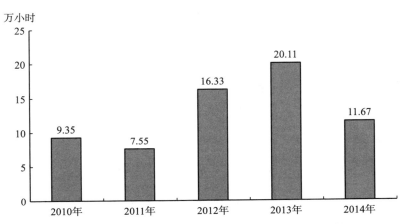

图 4 – 36　2010～2014 年中国影视剧类电视节目制作时间

（5）广告类电视节目制作时间。

2014 年，全国共制作广告类电视节目 51.03 万小时，同比下降 5.95%；占全国电视节目制作时间的比重为 15.57%，同比减少 0.41 个百分点（参见图 4 – 37）。

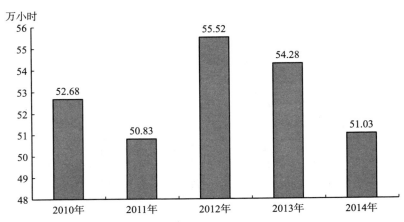

图 4 – 37　2010～2014 年中国广告类电视节目制作时间

（6）其他类电视节目制作时间。

2014年，全国共制作其他类电视节目41.54万小时，同比下降11.24%；占全国电视节目制作时间的比重为12.68%，同比减少1.09个百分点（参见图4-38）。

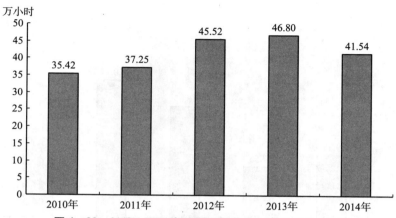

图4-38 2010~2014年中国其他类电视节目制作时间

2. 电视节目播出时间

（1）专题服务类电视节目播出时间。

2014年，全国共播出专题服务类电视节目219.64万小时，同比增长4.15%；占全国电视节目播出时间的比重为12.57%，比上年增加0.21个百分点（参见图4-39）。

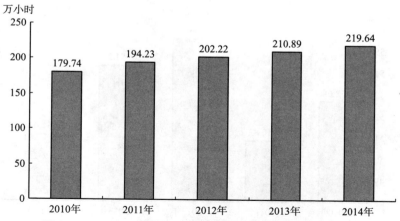

图4-39 2010~2014年中国专题服务类电视节目播出时间

（2）新闻资讯类电视节目播出时间。

2014 年，全国共播出新闻资讯类电视节目 244.38 万小时，同比增长 3.89%；占全国电视节目播出时间的比重为 13.98%，同比增加 0.19 个百分点（参见图 4 - 40）。

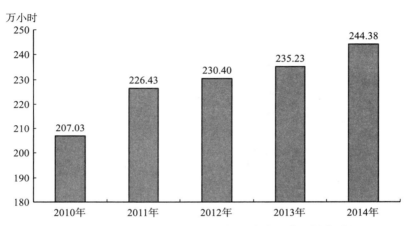

图 4 - 40　2010 ~ 2014 年中国新闻资讯类电视节目播出时间

（3）综艺类电视节目播出时间。

2014 年，全国共播出综艺类电视节目 143.67 万小时，同比增长 1.18%；占全国电视节目播出时间的比重为 8.22%，同比减少 0.1 个百分点（参见图 4 - 41）。

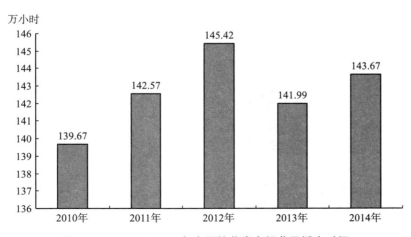

图 4 - 41　2010 ~ 2014 年中国综艺类电视节目播出时间

（4）影视剧类电视节目播出时间。

2014 年，全国共播出影视剧类电视节目 742.70 万小时，同比增长 0.83%；占全国电视节目播出时间的比重为 42.50%，比上年减少 0.68 个百分点（参见图 4 - 42）。

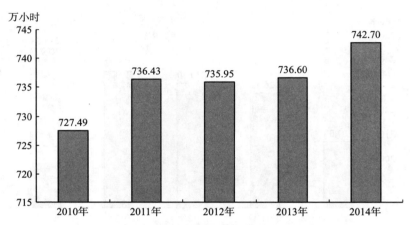

图 4 - 42   2010 ~ 2014 年中国影视剧类电视节目播出时间

（5）广告类电视节目播出时间。

2014 年，全国共播出广告类电视节目 203.26 万小时，同比增长 4.18%；占全国电视节目播出时间的比重为 11.63%，同比增加 0.19 个百分点（参见图 4 - 43）。

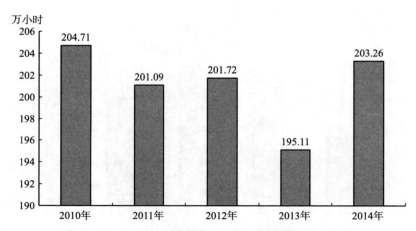

图 4 - 43   2010 ~ 2014 年中国广告类电视节目播出时间

（6）其他类电视节目播出时间。

2014 年，全国共播出其他类电视节目 193.96 万小时，同比增长 4.34%；占全国电视节目播出时间的比重为 11.10%，同比增加 0.2 个百分点（参见图 4-44）。

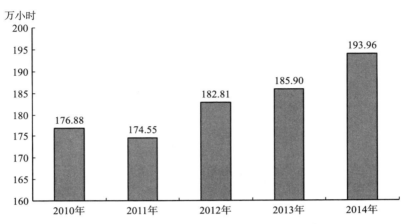

图 4-44　2010～2014 年中国其他类电视节目播出时间

4.2.3　电视剧发展情况

1. 电视剧制作机构

截至 2014 年年底，全国共有持《电视剧制作许可证（甲种）》机构 133 家，比上一年减少 4 家。首都广播电视节目制作业协会成员的电视剧产量占全国总量的 70% 以上。

2. 电视剧制作概况

2014 年全国电视剧的制作量与播出量持续理性回落，电视剧产业进入了提质升级期。电视剧产量总体平稳，全年全国共计生产完成并获准发行剧目 429 部 15983 集，比 2013 年略有下降（参见图 4-45）。

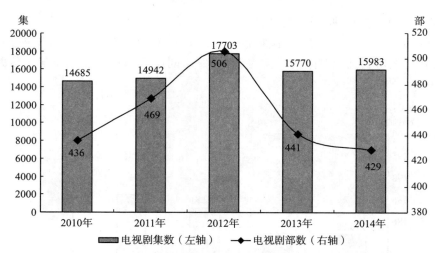

图 4 - 45　2010 ~ 2014 年全国生产完成并获得发行许可证的电视剧数量

3. 电视剧制作题材

从题材构成情况来看，2014 年共生产现实题材剧目 243 部 8335 集，分别占比 56.65%、52.15%，其中当代题材 234 部 8024 集，现代题材 9 部 311 集；历史题材剧目共计 178 部 7383 集，分别占比 41.49%、46.19%，其中近代题材 132 部 5304 集，古代题材 46 部 2079 集；重大题材共计 8 部 265 集，分别占比 1.86%、1.66%（参见表 4 -7 ~ 表 4 -9）。

表 4 -7　　　　　　　　2014 年中国电视剧生产题材构成情况

题材	部数（部）	部数占比（%）	集数（集）	集数占比（%）
现实题材	243	56.65	8335	52.15
历史题材	178	41.49	7383	46.19
重大题材	8	1.86	265	1.66
合计	429	100.00	15983	100.00

表 4 -8　　　　　　　　2014 年现实题材电视剧构成情况

题材	部数（部）	集数（集）
当代题材	234	8024
现代题材	9	311
现实题材合计	243	8335

表 4 - 9   2014 年历史题材电视剧构成情况

题材	部数（部）	集数（集）
近代题材	132	5304
古代题材	46	2079
历史题材合计	178	7383

　　总局设立了电视剧剧本扶持引导转向资金，资助优秀电视剧剧本创作。
2014 年，共有 21 部电视剧剧本获得总局转向资金扶持，其中《生死三八线》、
《历史转折中的邓小平》等红色及战争题材电视剧占大多数（参见表 4 - 10）。

表 4 - 10   2014 年优秀电视剧暨剧本扶持项目

类别	序号	作品名称
一类	1	《生死三八线》
	2	《抗倭英雄戚继光》
	3	《东方战场》
	4	《东北抗联》
二类	5	《历史转折中的邓小平》
	6	《开国元勋朱德》
	7	《十送红军》
	8	《舰在亚丁湾》
	9	《红流》
	10	《为了明天》
	11	《领袖》
	12	《向幸福前进》
	13	《海棠依旧》
	14	《8848》
	15	《大平原》
	16	《草帽警察》
	17	《岁月如金》
	18	《守望正义》
	19	《青年医生》
	20	《青春之花，爱的守则》
	21	《平凡的世界》

4.2.4 电视广告

2014 年，全国电视广告收入为 1116.19 亿元，同比下降 0.27%，受网络视听业务快速增长、新兴媒体广告业务分流等因素的影响，近五年电视广告收入的增幅逐渐收窄，并于 2014 年首次出现负增长（参见图 4－46）。

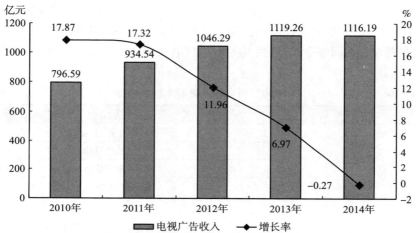

图 4－46 2010～2014 年全国电视广告收入及增长情况

从全国电视广告收入分地区来看，2014 年，电视广告收入排名前 3 位的地区分别为湖南省、江苏省和北京市，广告收入分别达到 90.37 亿元、82.18 亿元和 78.17 亿元（参见图 4－47）。

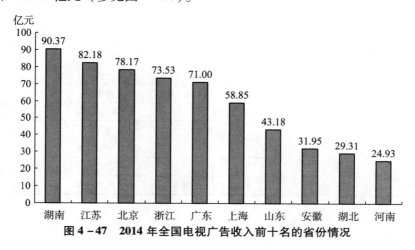

图 4－47 2014 年全国电视广告收入前十名的省份情况

　　从全国电视广告收入分级构成情况来看，2014 年中央直属电视广告收入占比 27.23%，省级收入占比 54.06%，地市级收入占比 14.51%，县级收入占比 4.20%。省级优势进一步扩大，对电视广告总收入的贡献同比增加了 2.27 个百分点（参见图 4 - 48）。

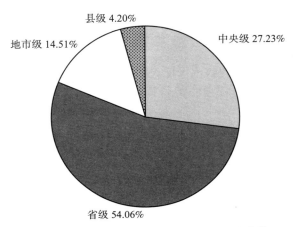

图 4 - 48　2014 年全国电视广告收入分级构成情况

　　2014 年，在大型季播节目的引领下，一线省级卫视成为广告增长最快的平台。以湖南卫视、江苏卫视、浙江卫视为代表的一级梯队广告增长势头良好。不少节目已经跨入了"亿元俱乐部"，取代电视剧成为广告收入的"顶梁柱"。《爸爸去哪儿 2》仅冠名费一项收入就达 3.12 亿元，广告总收入 13 亿元。从已公开的 2014 年综艺节目独家冠名情况来看，前十名集中在湖南卫视、江苏卫视、浙江卫视、中央电视台、东方卫视等 5 家强势平台，其中湖南卫视独占 4 席；前十名独家冠名费总收入高达 18.96 亿元（参见表 4 - 11）。

表 4 - 11　　　　　　　　2014 年全国综艺节目独家冠名费排行榜前十名

排名	节目名称	播出频道	冠名费（亿元）
1	《爸爸去哪儿 2》	湖南卫视	3.12
2	《中国好声音 3》	浙江卫视	2.50
3	《非诚勿扰》	江苏卫视	2.40
4	《我是歌手 2》	湖南卫视	2.35
5	《快乐大本营》	湖南卫视	1.93
6	《天天向上》	湖南卫视	1.58

续表

排名	节目名称	播出频道	冠名费（亿元）
7	《梦想星搭档1》	中央电视台	1.35
8	《我要上春晚》	中央电视台	1.31
9	《奔跑吧兄弟》	浙江卫视	1.30
10	《中国梦之声》	东方卫视	1.12
总计			18.96

　　电视剧具有相对稳定的收视保证，剧场冠名曝光频次较高，投资回报情况较好，一直是广告吸附力较强的黄金资源。2014年部分省级卫视剧场冠名价格情况参见表4-12。

表4-12　　　　　　　　2014年部分省级卫视剧场冠名价格对比

频道	剧场名称	冠名类型	冠名费（万元/年/家）
湖南卫视	金鹰独播剧场	独家冠名	32000
	钻石独播剧场	独家冠名	12000
江苏卫视	幸福剧场	冠名	16000
东方卫视	梦想剧场	独家冠名	8000
浙江卫视	中国蓝剧场	冠名	13200
安徽卫视	海豚第一剧场	独家冠名第1集	4980
		独家冠名第2集	5380
		独家冠名第3集	3580
	海豚星光剧场	冠名	4760
天津卫视	快乐生活剧场	独家冠名第1集	3380
		独家冠名第2集	3580
		独家冠名第3集	2400
山东卫视	天秤剧场	独家冠名第1集	4500
		独家冠名第2集	5000
		独家冠名第3集	4000
四川卫视	合家欢剧场	冠名第1集	9052
		冠名第2集	8197
		冠名第3集	6129
江西卫视	独播剧场	冠名第1集	5000
		冠名第2集	6000
		总冠名	8500

频道	剧场名称	冠名类型	冠名费（万元/年/家）
重庆卫视	传奇剧场	冠名第 1 集	1400
		冠名第 2 集	1500
		冠名第 3 集	1450
广东卫视	活力剧场	冠名第 1 集	1680
		冠名第 2 集	1680
		冠名第 3 集	1080

4.3 电影制作与发行业年度发展报告

4.3.1 电影制作业运营情况

1. 电影生产

2014 年，电影创作生产力保持活跃状态。全国电影产量小幅下降，生产各类电影 758 部，较上年减少 66 部。其中故事影片 618 部，动画影片 40 部，纪录影片 25 部，科教影片 52 部，特种影片 23 部。按比重来看，故事片占比最大，为 81.53%；其次为科教影片，为 6.86%；排在第三位的是动画影片，为 5.28%（参见图 4-49 和图 4-50）。

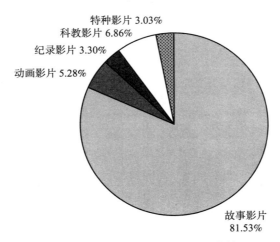

图 4-49 2014 年中国电影题材分布情况

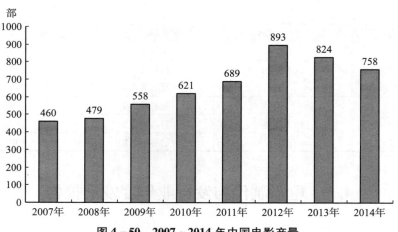

图4-50　2007~2014年中国电影产量

（1）故事片产量。

故事片一直是中国产量最多的影片，其中 2006 年产量突破 300 部，2007 年达到 402 部，2010 年突破 500 部，2011 年达到 558 部。2012 年全国生产故事影片 745 部（含电影频道出品的数字电影 92 部）。2013 年，国产故事片产量发生了首次下降，减少了 107 部。2014 年，国产故事片产量为 618 部，减少了 20 部（参见图 4-51）。

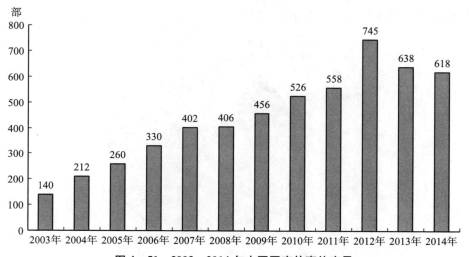

图4-51　2003~2014年中国国产故事片产量

（2）动画片产量。

2014 年，全国生产动画影片 40 部，同比增加 11 部，占全国电影产量的 5.28%（参见图 4 – 52）。

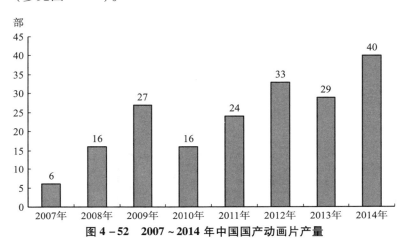

图 4 – 52 2007 ~ 2014 年中国国产动画片产量

（3）纪录片产量。

2004 年以来，中国纪录片的产量均不高，均低于 20 部。其中，2009 年由于处于建国 60 周年，纪录片产量有所增加，为 19 部；2010 年较上年减少 3 部，为 16 部，与 2007 年持平。2011 年，中国纪录片的产量有所突破，达到 26 部。2012 年制作纪录片影片 15 部，较 2011 年有所下降。2014 年中国内地纪录片产量为 25 部，较上年增加 7 部（参见图 4 – 53）。

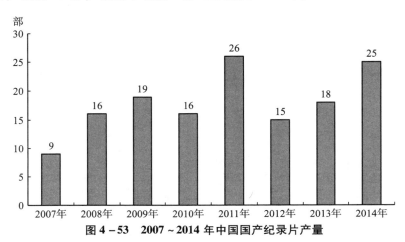

图 4 – 53 2007 ~ 2014 年中国国产纪录片产量

（4）科教片产量。

从 2007 年以来科教片的产量来看，2007 年以来均在 30～40 部之间；2009 年大幅增加，为 52 部，同比增长 33.33%。2010 年较上年增加 2 部，为 54 部；2011 年较上年有大幅度增加，达到 76 部。2013 年，我国科教片产量为 121 部，较上年增加 47 部，为近年来最大值；2014 年为 52 部，较上年大幅减少（参见图 4－54）。

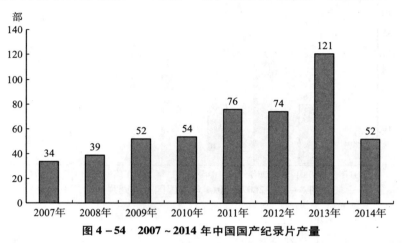

图 4－54　2007～2014 年中国国产纪录片产量

（5）特种片产量。

2011 年，中国国产特种影片产量为 5 部，较上年减少 4 部；2012 年特种影片产量增长较快，为 26 部。2013 年，我国特种片产量为 18 部，较上年减少 8 部；2014 年，我国特种片产量为 23 部，较上年增加 5 部（参见图 4－55）。

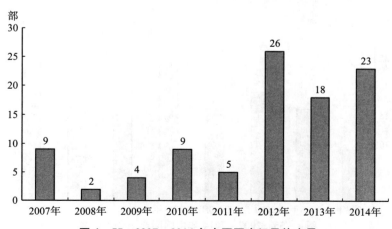

图 4－55　2007～2014 年中国国产纪录片产量

2. 合拍影片

2014 年，合拍影片数量较多，在中国电影合作制片公司立项的影片共 77 部，较 2013 年的 55 部增长 40%。大制作影片较多，如中法合拍的《勇士之门》、中美合拍的《长城》《第七子》《魔兽》《像素大反攻》《猎杀原型》，中韩合拍的《鸣梁海战 2》等。送审并通过审查的有 43 部，涉及法国、马来西亚、新加坡、韩国、英国、澳大利亚、美国、加拿大、萨摩亚独立国等 9 个国家，以及中国香港特区、中国澳门特区、中国台湾地区 3 个地区。

内地与香港合拍数量稳定，合拍模式转变。内地与香港合拍片数量占立项总数的 60% 左右，同比下降 2%；审查通过 32 部，占审查通过部数的 74.42%，同比增长 6.42%。

大陆与台湾合拍片也有一定的发展，完成并审查通过的合拍片有 5 部，其中《痞子英雄 2》票房过 2 亿元，打破了大陆与台湾合拍片的票房纪录。

4.3.2　电影票房

1. 全国电影票房

2014 年，全国电影票房达到 296.39 亿元，同比增长 36.15%。自 2002 年中国电影产业改革以来，票房连续 12 年年均增长率保持在 30% 左右。中国内地电影票房约相当于北美地区（美国和加拿大）票房的 1/2，全球总票房收入的 13%，继续保持全球第二的位置，中国电影市场对世界电影市场格局的贡献和影响越来越大。从发展趋势来看，中国电影市场与北美地区的差距越来越小，与排在第三名以后国家的优势在进一步扩大（参见图 4-56）。

2. 国产电影票房

2014 年，电影放映市场总体呈平稳上升态势。国产电影票房收入 161.55 亿元，占总票房的 54.51%，继续保持过半份额（参见表 4-13）。

表 4-13　　　　2007~2014 年国产电影和进口电影市场份额情况

年份	2007	2008	2009	2010	2011	2012	2013	2014
国产片票房（亿元）	18.01	25.63	35.15	57.34	70.31	82.73	127.67	161.55
进口片票房（亿元）	15.26	17.78	26.91	44.38	60.84	88.00	90.02	134.84
国产片票房比例（%）	54.13	59.04	56.64	56.37	53.61	48.46	58.65	54.51

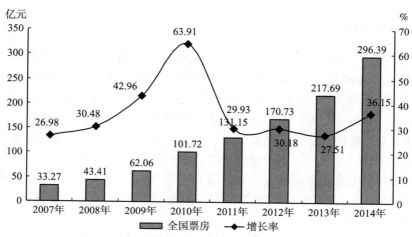

图4-56　2007~2014年全国电影票房及增长率

2014年有66部票房过亿的影片，其中有36部国产影片，30部进口影片。票房排名前10位的影片中，国产影片占5部，票房均超过6亿元（参见表4-14和表4-15）。

表4-14　　　　　　　　　　　　2014年票房收入排名前十位的影片

排名	片名	票房收入（亿元）	影片类型
1	《变形金刚4：绝迹重生》	19.76	进口
2	《心花路放》	11.70	国产
3	《西游记之大闹天宫》	10.45	国产
4	《X战警：逆转未来》	7.25	进口
5	《美国队长2：冬日战士》	7.22	进口
6	《猩球崛起：黎明之战》	7.06	进口
7	《星际穿越》	6.99	进口
8	《爸爸去哪儿》	6.96	国产
9	《分手大师》	6.67	国产
10	《后会无期》	6.30	国产

表4-15　　　　　　　　　　2014年票房收入排名前十位的国产影片

排名	片名	票房收入（亿元）	观影人次（万人）
1	《心花路放》	11.70	3403
2	《西游记之大闹天宫》	10.45	2492

续表

排名	片名	票房收入（亿元）	观影人次（万人）
3	《爸爸去哪儿》	6.96	2189
4	《分手大师》	6.67	2006
5	《后会无期》	6.30	1968
6	《匆匆那年》	5.68	1638
7	《澳门风云》	5.25	1623
8	《小时代3》	5.22	1653
9	《一步之遥》	4.92	1169
10	《同桌的你》	4.56	1389

　　国产影片在重要档期表现突出。春节档国产影片票房14.34亿元，市场份额95.6%，《大闹天宫》《爸爸去哪儿》《前任攻略》《澳门风云》等电影贡献突出；五一档票房3.78亿元，市场份额75.2%；暑期档票房40.76亿元，市场份额57.5%；国庆档票房12.4亿元，市场份额99.3%（参见表4－16）。

表4－16　　　　　　　　　　　2014年国产影片重要档期表现

档期	票房收入（亿元）	市场份额（%）
春节档	14.34	95.6
五一档	3.78	75.2
暑期档	40.76	57.5
国庆档	12.40	99.3

3. 进口电影票房

　　2014年，进口片排名前10位的影片票房收入共计74.07亿元，占全国总票房的24.99%。2014年好莱坞最具影响力的前30位影片中有18部被引进到中国，另外还有2013年生产的《冰雪奇缘》和《霍比特人2》公映，这20部影片在中国合计产生票房97.13亿元，占中国2014年总票房的32.77%。其中《星际穿越》在中国的票房收入为6.99亿元，约占该片全球票房5.95亿美元的19%（参见表4－17）。

表 4-17   2014 年票房收入排名前十位的进口影片

排名	片名	票房收入（亿元）	上映时间
1	《变形金刚 4：绝迹重生》	19.76	2014 年 6 月 27 日
2	《X 战警：逆转未来》	7.25	2014 年 5 月 23 日
3	《美国队长 2：冬日战士》	7.22	2014 年 4 月 4 日
4	《猩球崛起：黎明之战》	7.06	2014 年 7 月 11 日
5	《星际穿越》	6.99	2014 年 11 月 12 日
6	《银河护卫队》	5.93	2014 年 10 月 10 日
7	《超凡蜘蛛侠 2》	5.91	2014 年 5 月 4 日
8	《哥斯拉》	4.81	2014 年 5 月 16 日
9	《霍比特人：史矛革之战》	4.63	2014 年 2 月 21 日
10	《敢死队》	4.48	2014 年 9 月 1 日

4. 动画电影票房

动画电影票房成绩大幅提升。受 2013 年国家新闻出版广电总局出台的《推动国产动画电影发展的九条措施》引导，2014 年共上映 34 部国产动画电影，累计产出票房 10.87 亿元。在国家政策的扶持下，制作技术和艺术质量明显提高，优秀作品不断涌现，如《秦时明月之龙腾万里》《潜艇总动员》《绿林大冒险》《龙之谷》《熊出没》等（参见表 4-18）。

表 4-18   2014 年主要动画电影票房情况

排名	片名	票房（万元）	观影人次（万人）	上映时间
1	《熊出没之夺宝熊兵》	24642.63	713.99	2014 年 1 月 17 日
2	《喜洋洋与灰太狼之飞马奇遇记》	8487.05	279.85	2014 年 1 月 16 日
3	《神秘世界历险记 2》	6246.28	213.56	2014 年 8 月 8 日
4	《秦时明月之龙腾万里》	6017.93	168.94	2014 年 8 月 8 日
5	《神笔马良》	5873.94	178.12	2014 年 7 月 25 日
6	《龙之谷》	5727.69	161.49	2014 年 7 月 31 日
7	《潜艇总动员 4：章鱼奇遇记》	4827.57	146.97	2014 年 5 月 30 日
8	《洛克王国 3：圣龙的守护》	4779.51	140.12	2014 年 7 月 10 日
9	《猪猪侠之勇闯巨人岛》	4505.97	148.30	2014 年 5 月 31 日
10	《麦兜·我和我的妈妈》	4403.17	141.39	2014 年 10 月 1 日

5. 全国电影票房地区分布

2014 年，票房收入前十位的省（区、市）的票房收入均超过 10 亿元，合计 198.99 亿元，占总票房的 67.14%。广东省票房保持领先，超出排名第二位的江苏省 48.18%（参见表 4–19）。与 2013 年相比，地区票房排名变化不大，北京与浙江、河南与福建排名位置互换，河南进入票房排名前十位。中西部省份票房增幅较大，青海高达 63.61%，河北为 54.76%，西藏为 54.07%，安徽为 53.48%，河南为 48.96%。

表 4–19　　　　　　　　**2014 年票房前十位省（区、市）**

排名	地区	票房收入（亿元）	同比增长（%）
1	广东省	41.43	39.80
2	江苏省	27.96	39.81
3	浙江省	23.74	32.10
4	北京市	22.89	23.41
5	上海市	20.29	29.65
6	四川省	15.66	38.55
7	湖北省	14.35	34.10
8	辽宁省	11.15	34.92
9	山东省	10.95	47.18
10	河南省	10.58	48.96

6. 全国观影人次

2014 年，全国观影人次继续快速增长，达 8.3 亿人次，同比增长 34.52%。就观影人次的地区分布情况而言，广东为 11166 万人次，是首个过亿人次省份，同比增幅为 38.71%。中西部省（区、市）观影人次增长较快，排名前 5 位的依次为西藏（69.39%）、青海（60.82%）、安徽（55.05%）、河北（51.99%）、河南（47.10%）。

电影平均票价为 35.24 元，3D、IMAX、中国巨幕等高新格式影片增多、票价较高，促使平均票价比 2013 年上涨 0.33 元。

4.3.3 院线和影院情况

1. 总体概况

2014年，全国银幕总数、增速均达新高，城市放映终端建设成效突出。2014年，全国共有城市院线47条，新增北京华夏星火和新疆华夏天山2条院线；新增银幕5397块，共有23592块银幕；新增影院1015家（参见表4-20）。

表4-20 2006~2014年中国电影市场影院和银幕增长情况

年份	院线数（条）	银幕数（块）	新增影院（家）	新增银幕（块）
2006	33	3034	182	366
2007	34	3527	102	493
2008	34	4097	118	570
2009	37	4723	142	626
2010	38	6256	313	1533
2011	39	9286	803	3030
2012	45	13118	646	3832
2013	45	18195	1048	5077
2014	47	23592	1015	5397

2. 城市院线集中度情况

城市院线继续保持"一超多强"局面。龙头院线万达继续扩大规模，年度票房达42.28亿元，占全国市场的14.20%，放映场次263.19万场，观影人次1.017亿人次。中影星美院线、广东大地电影院线、上海联合电影院线、广州金逸珠江院线和中影南方新干线院线年度票房均超过19亿元，观影人次均超过5000万。浙江时代院线、中影数字院线、浙江横店院线、北京新影联院线年度票房收入均在10亿~12亿元。十强院线票房同比均有明显增长（参见表4-21）。

城市院线集中度进一步提高，竞争激烈。票房排名前十位的院线，票房总和达到197.22亿元，占全国城市院线票房总额的66.93%。

表 4 – 21   2014 年票房收入前十位的电影院线

院线名称	票房		放映场次		观影人次		影院	
	收入（亿元）	增长率（%）	场次（万场）	增长率（%）	人次（万人次）	增长率（%）	影院数量（座）	增长率（%）
万达院线	42.08	33.11	263.19	23.91	10174	30.77	182	28.17
星美院线	24.47	33.12	257.70	42.01	6892	24.47	286	24.89
大地电影院线	23.51	47.83	394.16	42.22	7622	23.51	491	28.87
上海联合院线	22.74	20.80	185.32	14.68	6151	22.74	223	7.21
广州金逸珠江院线	20.83	35.13	204.48	28.26	5468	32.85	227	37.58
中影南方电影新干线	19.84	28.55	246.05	30.03	5581	29.97	276	34.63
浙江时代院线	11.95	31.82	155.70	33.81	3392	31.78	166	16.90
中影数字院线	11.04	47.10	170.37	37.87	3311	46.44	279	40.20
横店电影院线	10.60	36.23	176.82	37.61	3334	36.98	180	36.36
北京新影联院线	10.16	16.03	88.1	2.44	2598	13.75	100	3.09
合计	197.22	—	2141.89	—	54523	—	2410	—

3. 影院建设规模

2014 年，银幕数继续快速增长。全国共有影院 5158 家，其中新增城市影院 1015 家，平均日增约 3 家影院。银幕总数达到 23592 块，继续保持银幕总数全球第二大国的优势，银幕数是美国的 60% 左右，日本的 7 倍左右。银幕建设速度继续加快，新增银幕 5397 块，同比增长 29.66%，平均每天新增 14.79 块（参见图 4 – 57）。

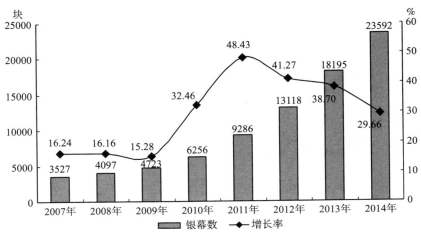

图 4 – 57　2007 ～ 2014 年全国银幕增长情况

新增银幕以中西部地区、县级城市为主。各地县级城市数字影院建设继续加快。全国县级城市拥有数字银幕7204块，占银幕总数的30.53%。重庆、河北、浙江等10省（区、市）实现了县城数字影院全覆盖。在经济条件相对好的中西部省区，影院建设逐步在乡镇展开。

4. 影院票房规模

影院票房规模不断扩大。2014年，票房在5000万元以上的影院有37家，票房在3000万~5000万元的影院有128家，票房在2000万~3000万元的影院有200家，分别比2013年增加13家、26家、70家（参见表4-22）。

表4-22　　　　　　　**2014年全国城市院线影院票房结构**

票房范围	影院数（家）	票房合计（万元）
5000万元以上	37	229199
3000万~5000万元	128	484180
2000万~3000万元	200	479803
1000万~2000万元	605	844070
500万~1000万元	696	503664

4.3.4　电影发行业运营情况

1. 电影发行

2014年中国电影发行企业市场份额中，中影以发行和投资电影270部位居第一，占有市场份额三成以上。其次是华影公司，以发行和投资电影114部位居第二，获得票房收入87.45亿元，在市场上也占有较大比重。总体来看，目前我国电影发行市场集中度较高（参见表4-23）。

表4-23　　　　　　　**2014年中国主要电影发行企业情况分析**

发行公司	发行和投资电影（部）	票房（亿元）	代表电影
中影股份	270	—	《白日焰火》《西游记之大闹天宫》《心花怒放》《一步之遥》
华影公司	114	87.45	《智取威虎山》《窃听风云3》《催眠大师》《白发魔女传》《痞子英雄：黎明升起》
上影发行	42	—	《京城81号》《闺蜜》

续表

发行公司	发行和投资电影（部）	票房（亿元）	代表电影
光线影业	12	31.1	《爸爸去哪儿》《分手大师》《匆匆那年》
博纳影业	12	30	《窃听风云 3》《后会无期》《白发魔女传之明月天国 3D》《智取威虎山 3D》
乐视影业	13	24	《熊出没之夺宝奇兵》《小时代 3：刺金时代》
万达影业	11	13.2	《北京爱情故事》《催眠大师》《一生一世》
华谊兄弟	9	10	《喜羊羊与灰太狼之飞马奇遇记》《前任攻略》《人间·小团圆》《微爱》
恒业电影	4	7.5	《闺蜜》《京城 81 号》《王牌》

　　2011 年，国内电影发行企业总数为 250 家左右，90% 以上是民营企业。数据显示，有超过 1/2 的发行公司未能实现连续 2 年作业。年业务量在 2 部以上、拥有持续经营能力的企业 34 家，数量是近年来首次大幅度提升，其中两家国有企业，中影和华夏的业务量分别达到 134 部和 62 部。民营企业中仅有博纳影业发行影片达到 10 部以上，绝大部分企业集中在 2～10 部之间。

　　2013 年，国有集团出品或参与出品的影片共约 70 部，以民营集团为第一出品方的影片 207 部。其中，中影集团参与出品和发行 25 部影片，华谊电影制作及发行 6 部影片，博纳影业共发行 11 部影片。2014 年，我国电影发行民营电影公司发展势头较高，其中光线影业、乐视影业、万达影业、华谊兄弟、博纳影业等五大民营电影公司发行影片为国产片市场贡献了 59% 的票房，是国内影视的中流砥柱（参见图 4－58）。

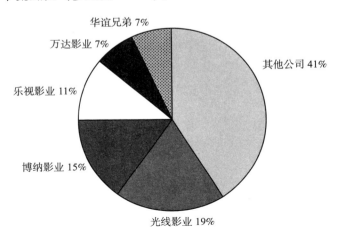

图 4－58　2014 年中国五大民营电影公司票房占国产片比

2. 电影营销

电影营销的作用日益被市场重视，营销模式也随之推陈出新。2014 年，中国电影营销费用达 36 亿元，占全国总票房的 12%，同比增长 24%。

第5章 文化艺术服务市场
年度发展报告

5.1 文艺演出市场①

5.1.1 演出市场经济规模

1. 总体经济规模

2012 年演出市场总收入 355.9 亿元，按与 2012 年同项统计，2013 年演出市场总收入 323.74 亿元，同比下降 9.0%。

作为演出市场的经济规模还应涵盖剧场全年补贴收入和娱乐演出收入，2013 年剧场全年补贴收入 44.76 亿元，娱乐演出收入 94.50 亿元，2013 年演出市场总体经济规模为 463.00 亿元。

在 2013 年演出市场总体经济规模中，票房收入 168.79 亿元（含旅游演出分账收入），农村演出收入 18.93 亿元，衍生产品及赞助收入 25.60 亿元，娱乐演出收入 94.50 亿元，演出经营主体配套设施及其他服务收入 58.31 亿元，政府补贴收入 96.87 亿元。扣除旅游演出票房分账部分，2013 年演出票房收入为 131.08 亿元，与 2012 年相比，票房收入下降 2.9%，其他收入下降 9.6%（参见表 5-1）。

---

① 该部分数据来自中国演出行业协会发布的《2013 中国演出市场年度报告》。部分数据因四舍五入的原因，存在着与分项合计不等的情况。

表 5 – 1   **2013 年演出市场各类收入情况**

类别	收入（亿元）	占比（%）
票房收入（含旅游演出分账收入）	168.79	36.46
农村演出收入	18.93	4.09
衍生产品及赞助收入	25.60	5.53
娱乐演出收入	94.50	20.41
演出经营主体配套设施及其他服务收入	58.31	12.59
政府补贴收入	96.87	20.92
合计	463.00	100.00

注：2013 年演出市场收入较往年新增剧场全年政府补贴收入和娱乐演出收入，本节中与 2012 年演出市场收入比较时采用同比计算，不包含上述两项新增统计收入。

2. 演出票房收入

2013 年，演出票房收入包括专业剧场演出，大型演唱会、音乐节演出，旅游演出，演艺场馆演出的票房收入。其中，专业剧场演出 7.43 万场，票房收入 65.37 亿元；大型演唱会、音乐节演出 0.14 万场，票房收入 21.36 亿元；旅游演出 9.6 万场，票房收入 61.20 亿元（含分账收入 37.71 亿元）；演艺场馆演出 54.9 万场，票房收入 20.86 亿元。具体情况见表 5 – 2。

表 5 – 2   **2013 年演出票房收入分布**

类别	演出场次（万场）	票房收入（亿元）	占演出票房比重（%）
专业剧场演出	7.43	65.37	38.73
大型演唱会、音乐节演出	0.14	21.36	12.65
旅游演出	25.60	61.20	36.26
演艺场馆演出	9.60	20.86	12.36
合计	42.77	168.79	100.00

其中，专业剧场演出按照演出场次来看，包括话剧演出 1.12 万场，戏曲演出 1.53 万场，音乐会、音乐剧等演出 1.51 万场，舞蹈演出 0.62 万场，曲艺杂技演出 0.85 万场，儿童剧演出 1.23 万场，综艺及其他演出 0.57 万场（参见表 5 – 3）。

表 5 - 3   2013 年专业剧场演出场次分类情况

类别	场次（万场）	占比（%）
话剧	1. 12	15. 07
戏曲	1. 53	20. 59
音乐会、音乐剧等	1. 51	20. 32
舞蹈	0. 62	8. 34
曲艺杂技	0. 85	11. 44
儿童剧	1. 23	16. 55
综艺及其他	0. 57	7. 67
合计	7. 43	100. 00

3. 农村演出收入

2013 年，农村演出收入包括送戏下乡演出和农村商业性演出。其中，送戏下乡演出 5. 34 万场，惠民演出补贴 2. 96 亿元；农村商业性演出 93. 96 万场，演出收入 15. 97 亿元（参见表 5 - 4）。

表 5 - 4   2013 年农村演出收入分布

类别	演出场次（万场）	演出收入/补贴（亿元）
送戏下乡演出	5. 34	2. 96
农村商业性演出	93. 96	15. 97
合计	99. 30	18. 93

4. 演出周边产品及赞助收入

2013 年，演出衍生品收入 3. 09 亿元，演出赞助收入 22. 51 亿元（参见表 5 - 5）。

表 5 - 5   2013 年演出周边产品及赞助收入分布

类别	演出收入（亿元）
演出衍生品	3. 09
演出赞助	22. 51
合计	25. 60

5. 演出经营主体配套设施及其他服务收入

2013 年，剧场物业及配套服务收入 14.77 亿元；演艺场馆票房外其他收入 38.43 亿元；舞美企业非演出活动设备租赁及服务收入 5.11 亿元（参见表 5 –6）。

表 5 –6　　　　　　2013 年演出经营主体配套设施及其他服务收入分布

类别	演出收入（亿元）
剧场物业及配套服务	14.77
演艺场馆票房外其他收入	38.43
舞美企业非演出活动设备租赁及服务	5.11
合计	58.31

6. 政府补贴收入

2013 年，政府补贴收入情况为：补贴国有文艺表演团体 47.97 亿元；补贴民营文艺表演团体 1.52 亿元；补贴国有演出经纪机构 2.05 亿元；补贴民营演出经纪机构 0.57 亿元；补贴专业剧场 44.76 亿元（参见图 5 –1）。

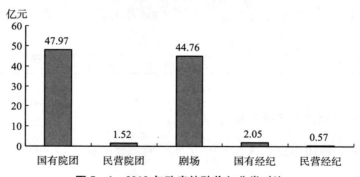

图 5 –1　2013 年政府补贴收入分类对比

5.1.2　演出经营主体经营状况

1. 文艺表演团体

2013 年，全国文艺表演团体总收入 189.60 亿元，比 2012 年下降 39.6%。

其中国有文艺表演团体 1422 家，收入 78.54 亿元；民营文艺表演团体 10953 家，收入 111.06 亿元（参见表 5-7 和表 5-8）。

表 5-7　　　　　　　　2013 年全国文艺表演团体收入情况

类型	收入（亿元）
商业演出	114.70
企事业包场	20.04
政府补贴（含惠民演出）	52.45
赞助	2.41
合计	189.60

表 5-8　　　　　　　　2013 年全国文艺表演团体收入情况对比

机构性质	国有（亿元）	民营（亿元）
商业演出	25.47	89.23
企事业包场	2.47	17.57
政府补贴（含惠民演出）	50.06	2.39
赞助	0.54	1.87
总计	78.54	111.06

2. 演出经纪机构

（1）总体情况。

2013 年，全国演出经纪机构总数仍保持增长态势，机构总数为 4046 家，其中国有演出机构 591 家，民营演出机构 3455 家。数据显示，国内演出机构总数持续上升但是从业人数比 2012 年下降 15%，这表明受市场整体环境影响，演出经纪机构通过精简结构应对市场变化（参见表 5-9）。

表 5-9　　　　　　　　2013 年全国演出经纪机构情况

机构性质	机构数量（家）
国有	591
民营	3455
总计	4046

2013 年，全国演出经纪机构总收入为 113.49 亿元，其中自主创作或拥有

版权类演出收入为 57.35 亿元，中介类演出收入为 50.43 亿元，演出衍生产品收入为 3.09 亿元，政府拨款 2.62 亿元（参见表 5 - 10）。

表 5 - 10　　　　　2013 年演出经纪机构总收入构成

类型	收入（亿元）	占比（%）
自主创作或拥有版权类（自营类）	57.35	50.53
中介类	50.43	44.44
演出衍生产品	3.09	2.72
政府拨款	2.62	2.31
合计	113.49	100.00

（2）自营类演出收入。

在演出经纪机构自主创作或拥有版权类演出收入中，国有演出经纪机构收入为 8.62 亿元，民营演出经纪机构收入为 48.73 亿元（参见图 5 - 2）。

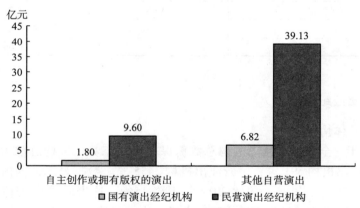

图 5 - 2　2013 年演出经纪机构自营类演出收入分布

（3）中介类演出收入。

在中介类演出收入中，2013 年演出经纪机构的企事业包场演出和赞助收入为 18.10 亿元（参见图 5 - 3）。

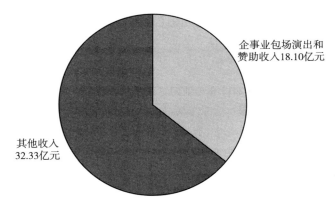

图 5 - 3　2013 年演出经纪机构中介类演出收入分布

（4）演出衍生产品收入。

2013 年，演出经纪机构衍生产品收入 3.09 亿元，同比上升 50% 以上，其中民营演出经纪机构收入 3.03 亿元，占 98.1%；国有演出经纪机构收入仅为 0.06 亿元，占 1.9%（参见图 5 - 4）。

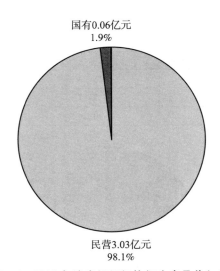

图 5 - 4　2013 年演出经纪机构衍生产品收入分布

3. 专业剧场

2013 年，全国剧场总数为 2132 家，其中以艺术类演出为主的专业剧场 1279 家，约占剧场总数的 60%，其余约 40% 的剧场中约有 20% 改为旅游演出剧场或娱乐演艺场馆，20%转作其他用途或闲置。

2013 年，全国专业剧场总收入 133.35 亿元，其中演出收入 73.82 亿元，政府补贴 44.76 亿元，配套设施及其他服务收入 14.77 亿元（参见表 5－11）。

表 5－11　　　　　　　　　2013 年专业剧场总收入构成

类型	收入（亿元）	占比（%）
演出	73.82	55.36
政府补贴	44.76	33.56
配套设施及其他服务	14.77	11.08
合计	133.35	100.00

4. 舞美工程企业

2013 年，全国专业从事舞美工程的企业约 400 家，年总收入为 30.34 亿元，其中演出舞美工程收入为 25.23 亿元，占总收入的 83.16%；演出以外其他工程及租赁收入 5.11 亿元，占总收入的 16.84%。演出工程收入中包括剧场舞美工程收入 8.05 亿元和临建舞台工程收入 17.18 亿元（参见表 5－12 和图 5－5）。

表 5－12　　　　　　　　2013 年舞美工厂企业总收入构成

类型	收入（亿元）	占比（%）
演出舞美工程	25.23	83.16
其他工程及租赁	5.11	16.84
合计	30.34	100.00

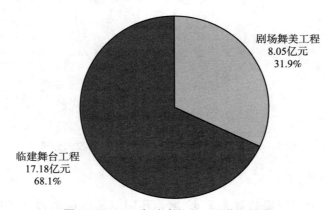

图 5－5　2013 年演出舞美工程收入构成

5.1.3　主要艺术门类演出市场

1. 音乐类演出市场

（1）总体情况。

2013 年，国内音乐类演出总场次 1.65 万场，票房总收入达 43.06 亿元，占演出市场票房总收入的 32.8%，居各类型演出票房收入首位。

其中在专业剧场内举办的音乐类演出共 1.51 万场，票房收入 21.7 亿元，占国内音乐类票房总收入的比重达到 50%；大型户外演唱会 1250 余场，票房收入 16.86 亿元，占比 39%；大型音乐节约 150 场，票房收入 4.5 亿元，占比 11%（参见表 5 - 13 和图 5 - 6）。

表 5 - 13　　　　　　　　2013 年音乐类演出情况

类型	演出场次（万场）	票房收入（亿元）
专业剧场音乐类	1.51	21.70
大型户外演唱会	0.13	16.86
大型音乐节	0.01	4.50
合计	1.65	43.06

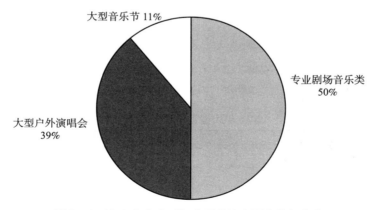

图 5 - 6　2013 年专业剧场音乐类演出票房收入分布

（2）演唱会市场。

2013 年，国内演唱会市场仍保持良好的发展趋势，仅大型户外演唱会收入就占全国票房总收入的 12.8%；地域发展不均衡现象进一步缩小，一线城市与二三线城市演唱会票价无明显差异，2013 年演唱会平均票价 513 元，与2012 年基本持平，上座率达到 60%，较 2012 年小幅上升。

（3）音乐会市场。

2013 年，音乐会演出整体呈下降态势。虽然 2013 年音乐会平均票价为313 元与 2012 年基本持平，但全年平均上座率同比下降 20% 以上，这一局面主要是受国内演出市场整体环境变化、政府及企事业单位包场、团购和赞助大幅减少等原因造成（参见图 5－7）。

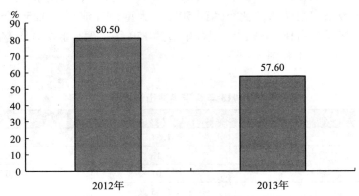

图 5－7　2012～2013 年音乐会上座率对比

（4）音乐节市场。

据不完全统计，2013 年国内大型音乐节场次约为 150 场，总收入达到 6.5亿元，其中赞助及其他周边收入约为 2 亿元。音乐节总场次与 2012 年基本持平（参见表 5－14）。

表 5－14　　　　　2013 年大型音乐节收入分布

收入类别	金额（亿元）
票房收入	4.5
赞助及其他周边收入	2.0
合计	6.5

2. 舞蹈类演出市场

2013 年，在专业剧场举办的舞蹈类演出共 6200 余场，票房总收入为 7.18

亿元。舞蹈类演出平均票价为 249 元，上座率为 59%。与 2012 年相比，舞蹈类演出呈下滑趋势，总场次及上座率均有所下降。

与演出市场的其他艺术门类相比，舞蹈演出市场发展依旧不容乐观，场次数量和所占比例均处于较低水平。2013 年舞蹈类演出总场次仅占专业剧场演出场次的 8.3%，位列最末（参见表 5 - 15）。

表 5 - 15 　　　　　　　　2013 年专业剧场舞蹈类演出总体情况

指标	数量
演出场次（万场）	0.62
占专业剧场演出场次比例（%）	8.3
平均票价（元）	249
上座率（%）	59

3. 戏剧类演出市场

（1）话剧演出市场。

2013 年，在专业剧场举办的话剧演出 1.12 万场，占专业剧场演出总场次的 15.1%；平均票价 252 元；票房收入 15.94 亿元。与 2012 年相比，话剧演出的平均票价上升了约 30%，上座率达到 70%（参见表 5 - 16）。

表 5 - 16 　　　　　　　　2013 年专业剧场话剧演出情况

指标	数量
演出场次（万场）	1.12
占专业剧场演出场次的比例（%）	15.1
平均票价（元）	252
票房收入（亿元）	15.94
上座率（%）	70

（2）戏曲演出市场。

2013 年，我国戏曲演出的场次约为 50 万场，超过 80% 的戏曲演出是在农村进行的。其中在专业剧场内的戏曲演出 1.53 万场，平均票价 181 元，票房收入 9.08 亿元（参见表 5 - 17）。

表 5 – 17   2013 年专业剧场戏曲演出情况

指标	数量
演出场次（万场）	1. 53
占专业剧场演出场次的比例（%）	20. 6
平均票价（元）	181
票房收入（亿元）	9. 08

4. 曲艺、杂技类演出市场

2013 年，全国专业剧场曲艺、杂技类演出总场次 0. 85 万场，占专业剧场演出场次的 11. 4%，平均票价 180 元，票房收入 6. 22 亿元，上座率为 51. 1%（参见表 5 – 18）。

表 5 – 18   2013 年专业剧场曲艺、杂技类演出情况

指标	数量
演出场次（万场）	0. 85
占专业剧场演出场次的比例（%）	11. 4
平均票价（元）	180
票房收入（亿元）	6. 22
上座率	51. 1

5.1.4   专项演出市场

1. 农村演出市场

（1）总体情况。

2013 年，全国农村地区演出市场持续繁荣，全年演出场次 99. 3 万场，观众超过 2 亿人次。

（2）农村演出市场特点。

①演出主体呈多元化格局。活跃在农村舞台的演出团体大致可以分为三种类型，即国有文艺表演团体、民营专业剧团和业余剧团。

国有文艺表演团体在农村市场的演出多以"三下乡"惠民演出的方式进行，政府对每场演出予以补贴，农民免费观看。这些团体的演出质量高，演出

内容丰富,但演出场次少,约占农村演出市场份额的 5%。

民营专业剧团是农村演出市场的重要演出队伍,主要以戏曲、歌舞、曲艺、杂技类的团体为主。这类演出团体既有一定的专业演员队伍,也有较为灵活的运营方式,加之较低的演出价格,广受农村市场欢迎,约占市场份额的35%。同时,农村演出收入也成为大量民营专业剧团的主要收入来源。

业余剧团在农村演出市场所占的比例最高,约为 60%。这类团体结构较为松散,人员流动大,节目质量良莠不齐,但因其低廉的演出价格和贴近群众的演出内容,成为各地农村演出市场最庞大的演出队伍。

②商业化模式与城镇演出有明显差异。农村演出市场"随行就市"的价格机制已基本形成。在广大农村地区,演出价格完全由市场调节,并因"农忙""农闲"的季节不同呈现淡旺季。没有政府补贴的商业演出一般每场收费在 1000 ~ 3000 元之间。一些演出质量较好的专业剧团,演出价格可达到 10000元以上。

农村商业演出的运营方式仍以私人雇请为主,随着农村经济的发展,逢年过节村民出资邀请演出团的情况也逐渐增多,农村演出市场的体量逐年增大。在演出市场体量增大的同时,以演出为主业的农村文化户的数量和收入都得以快速增长。

③政府"三下乡"活动对激活和净化农村演出市场起到积极作用。2013年,各级政府开展"三下乡"活动的力度持续增大。2013 年,各级政府组织的"送戏下乡"演出 5.34 万场,政府补贴 2.96 亿元。其中国有文艺表演团体补贴 2.09 亿元,民营文艺表演团体补贴 0.87 亿元(参见表 5 – 19)。

表 5 – 19　　　　　　　2013 年"送戏下乡"政府补贴场次及投入情况

机构性质	场次(万场)	补贴(亿元)
国有文艺表演团体	3.77	2.09
民营文艺表演团体	1.57	0.87
合计	5.34	2.96

2. 旅游演出市场

旅游演出是近十年来旅游市场和演出市场的热点,各地纷纷启动旅游演出项目,发展速度迅猛。年接待游客 3000 万以上的杭州、桂林、成都等地,年接待游客 1000 万左右的拉萨、丽江、三亚等地,年接待游客 100 万 ~ 300 万的山西平遥、天津盘山、四川阆中等地，均有新的旅游演出项目推出，旅游演出的地点从早期的一线旅游景点延伸到全国各地的各个景区。据不完全统计，目前全国各地投资 200 万元以上的旅游演出项目达到 300 个以上。演出类型主要有剧场驻场演出、实景演出、主题公园演出三种类型。旅游演出单位被分账后演出场次及收入情况见表 5-20。

表 5-20　　　　　　　　　2013 年旅游演出场次及投入情况

类型	场次（万场）	票房收入（亿元）
剧场驻场旅游演出	6.13	14.05
实景演出	1.61	4.90
主题公园演出	1.86	4.54
合计	9.60	23.49

2013 年，旅游演出市场年收入在 1000 万元以上和 101 万~500 万元之间的占比较大，分别为 38.4% 和 38.5%；收入在 100 万元以下的占比 15.4%；收入在 501 万~1000 万元之间的占比最少，为 7.7%（参见图 5-8）。

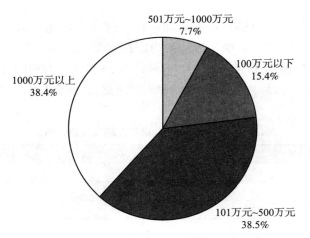

图 5-8　2013 年旅游演出年收入情况统计

3. 网络演出市场

2013 年，网络演出主要有四种类型：一是演出节目经过拍摄和后期制作放在网络上播出；二是现场演出通过网络进行直播；三是以网络春晚为代表的、通过网民参与策划制作演出内容的互动式模式；四是以网民群体为基础，自主在线演出模式。前两种是传统演出利用网络拓展传播渠道，后两种则是网络平台对自身内容的运作与创新。

5.1.5　演出市场演员从业情况

按照演出行业内不同演员的就业形态划分，演员分为国有院团演员、民营院团演员、签约演员、个体演员四种类型。

1. 国有院团演员

2013 年，全国国有院团的各艺术门类专业演员约 14 万人，此外，改制后划转到各地文化馆或其他机构的专业演员约 10 万人。

在国有院团的演员当中，约 60% 属于编制内，40% 采取聘用制。编制内比例随院团层级递增，中直院团编制内的比例最高，市县院团则比例最低。改制划转其他机构的演员则大都属于编制内演员。

2. 民营院团演员

民营院团的演员基本分为两种类型：一是从国有院团退休或院团撤销后进入民营团体的；二是从社会招聘的，院团和演员之间为合同制。目前全国民营院团演员总数约有 20 万人，这些演员中来自原国有院团的约占总数的 20%，是一些优秀民营院团演出的中坚力量。

3. 签约演员

（1）签约经纪公司。

演员通过签约经纪公司的方式获得演出机会并收取演出费用。社会认知度较高的一些演艺明星中，除少量国有院团和部队院团演员外，大都是签约经纪公司的演员。签约经纪公司的演员在全国约有 2 万人，并主要集中在北上广等一线城市。

（2）签约驻场演出。

近十年来逐年递增的娱乐演出和旅游演出拥有大量的签约演员，演员类型以舞蹈、杂技、武术、曲艺为主，签约时长大都为 6 个月至 2 年，大型旅游演出或经营规模较大的连锁娱乐演出场所与演员的签约时长可达到 3 ~ 10 年。这些演员大都来自全国各地的艺术学校或原国有院团，在娱乐演出和旅游演出中担任班底演员。据统计，这类演员全国约有 15 万人。

（3）签约制作团队。

签约制作团队的演员大都为临时性合约，主要是为某一个剧节目的演出签订合约，演员和制作团队之间没有临时合约外的其他约束。这类演员有一部分是国有院团的在职人员，一部分是其他行业的从业人员或无固定从业单位的个体演员。由于这类演员的从业状态非固定，难以估算从业人数。

4. 个体演员

个体演员指未在文艺表演团体担任专职演员、未签约任何经纪机构或演出团队，以演出为职业的演出从业人员。个体演员是演出行业内分布最广、人数最多的从业形态。近二十年来，由于演出市场的逐步放开，艺术院校数量和招生人数逐年扩大，个体演员人数迅速上升。根据对个体演员主要从业地点的调研了解，目前在全国各娱乐演出场所（歌舞厅、酒吧、餐厅、茶楼等）流动演出的个体演员超过 50 万人。

5.2 艺术品市场[①]

5.2.1 艺术品市场概况

2013 年，我国艺术品市场的整体成交较 2012 年有所回升，市场交易总额为 2003 亿元，同比增长 12%。2013 年，国内画廊、艺术经纪、艺术博览会、拍卖市场、艺术品出口、艺术品网上交易的原创艺术品交易额为 1003 亿元，同比增长 5%。

2013 年，我国画廊、艺术经纪、艺术博览会一级市场的交易额为 475 亿元，同比增长 3%；艺术品拍卖市场成交额为 438 亿元，与 2012 年基本持平；艺术品出口额为 60 亿元，同比增长 76%；艺术品网上交易额为 30 亿元，同比增长 67%；此外，现当代原创工艺美术品（工艺画、陶瓷、玉器、珠宝首饰、家具、织锦、刺绣、编织、地毯、壁毯、漆器、金属等）的交易额为 800 亿

---

① 该部分数据来自文化部文化市场司主编的《2013 中国艺术品市场年度报告》，人民美术出版社 2014 年版。部分数据因四舍五入的原因，存在着与分项合计不等的情况。

元，同比增长 23%；艺术授权品、艺术复制品、艺术衍生品的交易额为 200 亿元，同比增长 11%（参见表 5 – 21）。

表 5 – 21　　　　　　　　　2013 年艺术品市场总体情况

市场分类	金额（亿元）	较 2012 年增减（%）
画廊、艺术经济、艺术博览会	475	3
艺术品拍卖（原创艺术品）	438	0
艺术品出口	60	76
艺术品网上交易	30	67
小计	1003	5
现当代原创工艺美术品	800	23
艺术授权品、艺术复制品、艺术衍生品	200	11
总计	2003	12

5.2.2　艺术品市场影响力分析

1. 在文化产业中的地位

艺术品市场经过近十年的增长，成交额基本呈现稳步上升的走势。艺术品市场不仅在整个文化市场也在整个文化产业中的地位越来越重要。根据目前已经公布的文化产业数据，2013 年我国图书、期刊、报纸、音像制品的营业收入达 18246.4 亿元，2013 年我国数字出版产业总收入达 2540.35 亿元，2013 年动漫产业产值达 870 亿元，2013 年中国电影票房达 217.69 亿元，2013 年演出市场的总经济规模 463 亿元。而我国艺术品市场在 2013 年的交易额达到 2003 亿元，在图书、期刊、报纸、音像制品和电子出版物、数字出版、电影、动漫、网络音乐、网络游戏、演艺、艺术品 9 大类中排名第三位。

2. 在文化市场中的地位

艺术品市场既是文化市场重要的组成部分，同样也承担着文化传承、推广和传播中国优秀文化艺术的重任。

目前，国内共有 3366 家专业画廊，共举办艺术展览 20000 余次，印制展览画册 20000 余种。画廊在经营艺术品的过程中，用举办展览、出版等方式也在积极从事对于文化艺术的推广和交流。画廊也成为除了美术馆、博物馆之外重要的向大众普及现当代艺术创作发展。2013 年，国内的 321 家拍卖公司共举办 677 场拍卖会，共计上拍 51 万余件艺术品。拍卖市场多年来的繁荣发展使更多人意识到文化艺术品具有的历史价值、艺术价值、收藏价值，在更多的人加入到收藏艺术品行列中的这个过程中，艺术品市场也在无形中传播着和弘扬着中国文化艺术的价值。

3. 在文化贸易中的地位

据文化部发布的《2013 年全国文化发展统计公报》，2013 年全国文化系统批准对外文化交流项目 2159 起，66338 人次参加。这也是文化"走出去"政策大方向的具体体现。对外文化贸易是推动中华文化"走出去"的新方式和新模式，是建立可持续的对外文化交流、对外文化宣传的重要手段，关系到国家软实力的提升和国际影响力的营造，正成为我国文化"走出去"的主流形式。

各国之间的艺术品进出口贸易额是文化贸易和文化交流的重要内容。2013 年我国艺术品、收藏品及古董进出口额有大幅度提升。进口额由 2012 年的 8766.48 万美元增至 7.7 亿美元，同比增长 778.35%，出口额由 2012 年的 5.35 亿美元增至 10.41 亿美元，增幅约为 94.58%。艺术品贸易顺差接近 16 亿元人民币。进出口总额由 6.23 亿美元增至 18.12 亿美元，增幅约为 190.85%。

所以，越来越多的艺术机构和艺术家在国际舞台上的亮相，艺术贸易顺差的增长都是我国经济发展和综合国力实力的具体体现。

4. 在世界艺术品市场中的地位

2013 年中国艺术品市场的交易总额达到 2003 亿元，同比增长 12%。欧洲美术基金会的统计数据显示，2013 年中国艺术品市场的成交额为 114 亿欧元，同比增长 8%，所占全球艺术品市场交易总额的份额为 24%，蝉联了全球艺术品交易第二大国的位置。中国艺术品市场已经成为全球艺术品市场向前发展的决定性力量之一，地位正从新兴艺术品市场逐渐变成全球艺术品市场新的交易中心转变。中国艺术品市场在全球艺术品市场全球化的竞争中保持着领先地位。

5.2.3 艺术品市场经营主体分析

1. 画廊

（1）画廊概况。

截至2013年，中国内地的专业画廊共有3366余家，主要分布在东部省市，而中西部省市的画廊数量较少，发展相对缓慢。全国共有8个省、直辖市、自治区的专业画廊数量超过100家，其中北京市631家、广东省518家、山东省545家、上海市218家、安徽省124家、福建省127家、江苏省107家、天津市153家（参见表5-22）。

表5-22　　　　　　　截至2013年专业画廊数超过100家地区分布

地区	数量（家）	占全国专业画廊比重（%）
北京市	631	18.75
广东省	518	15.39
山东省	545	16.19
上海市	218	6.48
安徽省	124	3.68
福建省	127	3.77
江苏省	107	3.18
天津市	153	4.55
合计	2423	71.98

在262家画廊①中，2013年退出经营的画廊有55家，其中北京29家、上海14家、成都2家、广州1家、台湾8家、香港1家。尽管有不少画廊退场，但是，2013年国内新开设的画廊有127家，可见仍有很多从业者对于画廊行业的发展很有信心（参见表5-23）。

---

① 数据来源于2014年3月艺术品市场研究中心对全国262家画廊进行的调研。

表 5 - 23 　　　　　　　　　2013 年退出经营的画廊地区分布

地区	数量（家）
北京市	29
上海市	14
成都市	2
广州市	1
台湾	8
香港	1
合计	55

（2）画廊经营情况。

根据 2013 年画廊调研数据，年艺术品销售额在 1000 万元以上的画廊占被调研画廊总数的 23.4%，销售额在 100 万～1000 万元之间的画廊比例为 63.3%，是被调研画廊年销售额最为集中的区间，而 2012 年多数画廊的年度销售额主要集中在 50 万～500 万元之间。其中年艺术品销售额在 500 万～1000 万元之间的画廊比重增长最显著，从 2012 年的 10% 上升到 2013 年的 25%（参见图 5 -9）。

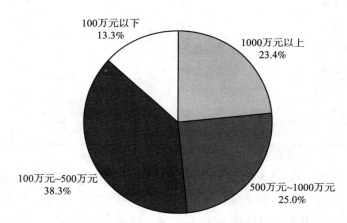

图 5 - 9　2013 年画廊艺术品销售额分布区间

（3）画廊经营方式。

在 121 家被调研的画廊中有 20 家运用电商运营，占 16.5%。而运用微博、微信等自媒体进行宣传的画廊有 55 家，占 45.5%（参见图 5 -10）。

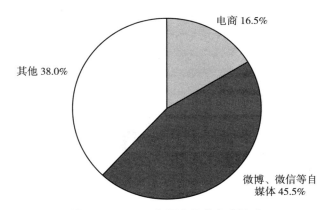

图 5 – 10　2013 年画廊经营方式构成

（4）藏家分布情况。

59% 在北京经营的画廊的主要购买者是国内的藏家。但也有少数具有国际藏家资源的画廊，他们销售作品的 80% 都被来自瑞士、美国和印度尼西亚等国的藏家购藏。数据显示，国内画廊的藏家群体构成较为平均，内地藏家占比 39%，国外藏家占比 27%，中国港澳台地区藏家占比 34%。藏家所在行业上，IT 业和金融业的藏家最多，占藏家总人数的 33%，其他则多集中在时尚业、设计业、艺术经营机构、政府部门与教育业等（参见图 5 – 11 和图 5 – 12）。

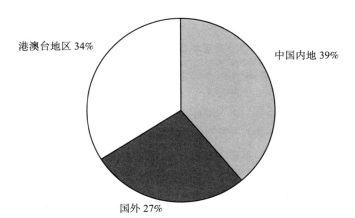

图 5 – 11　2013 年国内画廊藏家地域分布

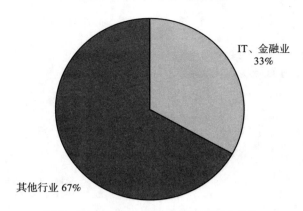

图5－12　2013年国内画廊藏家行业分布

2. 艺术品拍卖市场

2013年，我国艺术品拍卖市场行情平缓回升。全年共有321家拍卖公司举办了677场拍卖会，共计上拍511797件艺术品，成交243641件，总成交率为48%，总成交金额为438.07亿元①，与2012年的442.03亿元相比基本持平。其中，中国书画、油画及当代艺术品等纯美术品成交额为330.71亿元，同比增长9%。此外，网络拍卖和微信拍卖的迅速发展成为拍卖市场的新亮点（参见表5－24）。

表5－24　　　　　　　　　　2013年艺术品拍卖市场情况

项　目	数值
拍卖公司数（家）	321
拍卖场次（场）	677
上拍量（件）	511797
成交量（件）	243641
成交率（%）	48
成交金额（亿元）	438.07

其中，齐白石的中国画成交总额为17.45亿元，拍卖第一；其次是张大千的中国画，成交总额16.26亿元；排名第三的是黄胄的中国画，成交总额为

---

① 该组数据未统计港澳台地区，2013年港澳台地区文物艺术品拍卖成交总额为187.45亿元人民币。

10.49 亿元，其余艺术家的作品成交总额均位于 10 亿元以下（参见表 2 - 25）。

表 5 - 25　　　　　　　　2013 年中国艺术家成交额前十排名

排名	艺术家	成交总额（元）	类别
1	齐白石	1745017300	中国画
2	张大千	1626108400	中国画
3	黄胄	1049352300	中国画
4	徐悲鸿	882856500	中国画/油画
5	陆俨少	854605400	中国画
6	黄宾虹	671548700	中国画
7	傅抱石	625619800	中国画
8	吴昌硕	559491900	中国画
9	李可染	503885500	中国画
10	范曾	488612300	油画

从拍卖公司成交额的排名情况来看，排名第一的是北京保利国际拍卖有限公司，共计上拍 37901 件艺术品，成交 24675 件，成交总额为 65.46 亿元；其次是中国嘉德国际拍卖有限公司，成交额为 59.01 亿元；北京匡时国际拍卖有限公司排名第三，成交额为 34.55 亿元（参见表 5 - 26）。

表 5 - 26　　　　　　　2013 年中国艺术品拍卖公司成交额排名

排名	公司名称	场次（场）	专场数量（场）	成交总额（元）	场次总上拍量（件）	场次总成交量（件）
1	北京保利国际拍卖有限公司	9	156	6545875000	37901	24675
2	中国嘉德国际拍卖有限公司	7	145	5900872000	34378	25121
3	北京匡时国际拍卖有限公司	3	58	3455159000	8037	5759
4	北京瀚海拍卖有限公司	7	66	1686536000	14137	9753
5	西泠印社国际拍卖有限公司	3	50	1497316000	8059	6818
6	上海朵云轩拍卖有限公司	4	45	1090513000	9724	7529
7	上海嘉禾拍卖有限公司	5	23	953315100	4161	3666
8	北京荣宝拍卖有限公司	4	30	816198900	5531	3876
9	北京歌德拍卖有限公司	3	21	617386400	2586	1713
10	北京九歌国际拍卖股份有限公司	3	25	606490500	3468	1029

从成交价格来看，2013 年成交价格在 100 万 ~ 1000 万元之间的中端拍品数量与 2012 年相比有 19. 86% 的增长，远远高于拍卖市场的总体增幅。而成交价格在 1000 万元及以上高端拍品的成交量与成交额在 2013 年都是下降的。市场中端价位的拍品成为稳定拍卖市场平稳发展的重要支撑力量，显示参与拍卖市场的藏家对作品的购藏态度更为理性。

同时，网络拍卖逐渐兴起。2013 年通过中国拍卖行业协会网络拍卖平台共举行了 3097 场网上艺术品拍卖会，成交额高达 92. 79 亿元，是 2012 年的 7 倍。

3. 艺术品博览会

从成交额来看，2013 年纯艺术类博览会的交易额稳中有升。2013 艺术北京博览会交易额达 1. 2 亿元人民币；2013 上海艺术博览会吸引了 6 万观众到场参观，交易额达到了 1. 4 亿元人民币；第 18 届广州国际艺术博览会，吸引了 10 多万名观众前来参观，现场交易额超过 3 亿元。而综合型艺术类博览会成交状况更为可观，第八届北京国际文化创意产业博览会成交额为 1190 亿元人民币，同比增长 9. 3%；北京国际顶级生活品牌（奢侈品）博览会的交易额更是高达 9. 2 亿元人民币。

从博览会类型来看，呈现出日益多元化和丰富的特征。数据显示，北京地区 2013 年举办的 21 个艺术类博览会中，纯艺术类博览会仅有 4 家；综合类博览会有 6 家，占总量的 29%；其中以高端奢侈品类为主打的博览会出现明显增长趋势，2013 年共有不同规模的 6 家珠宝博览会，此外有 5 家以艺术设计、古董、奢侈品、工艺品等为主体的非纯艺术类博览会。

4. 艺术投资基金

2013 年国内艺术投资基金发展态势明显放缓。在 2013 年全球发行的 44 只艺术品基金中有 21 只是在中国发行的，这些艺术品基金大部分选择的投资标的是现代绘画或当代艺术作品。

5. 艺术品信托

2013 年有 29 款艺术品信托要到期兑付，涉及资金额达 26. 42 亿元。上半年有 10 款艺术品信托面临兑付期，涉及资金金额 8. 8 亿元人民币，下半年有 19 款艺术品信托密集到期，涉及资金金额 17. 62 亿元人民币。因此，2013 年被称为"艺术品信托退出之年"，也是艺术品信托"兑付"的困难之年。

据不完全统计，2013 年只有 4 家信托公司新发行了 13 款艺术品信托产品。

其中仅有 7 款艺术品信托产品公开了相关发行信息，该 7 款产品的合计发行规模为 6 亿多元。自 2012 年起，艺术品信托市场的参与度和整体规模就开始呈现下降趋势。2013 年艺术品信托市场持续低迷，参与的信托公司较上年减少 8 家，降幅高达 66.67%。发行的产品数量也骤减了 21 款，降幅为 61.76%（参见表 5-27 和表 5-28）。

表 5-27　　　　　　　　　2013 年全国艺术品信托发行情况

项目	2013 年	2012 年	增减幅度（%）
参与机构数量（家）	4	12	-67.67
发行数量（款）	13	34	-61.76
发行规模（万元）	未知	334634	—
平均期限（月）	未知	22.8	—
平均收益率（%）	未知	9.89	—

表 5-28　　　　　　　　　2013 年 7 家艺术品信托发行情况

项目	2013 年
发行规模（万元）	60043
平均期限（月）	34.29
平均收益率（%）	10.69

5.2.4　艺术品市场经营产品分析

1. 艺术原创作品

（1）总体概况。

中国书画、油画和当代艺术品是原创艺术作品交易的主要类型。2013 年国内一级市场、二级市场中的原创艺术作品交易额达到 1003 亿元。2013 年国内拍卖市场共上拍 511797 件艺术品，成交 243641 件，总成交金额为 438.07 亿元。其中，2013 年中国书画作品的上拍量为 312037 件，成交量为 146090 件，成交率为 47%，成交金额 297.12 亿元，所占市场份额为 68%，同比增长 6%；油画和当代艺术品的上拍量为 13403 件，成交 8060 件，成交率为 60%，成交金额 33.59 亿元，所占市场份额为 8%，同比增长 1%。瓷器杂项类上拍量 186357 件，成交 89491 件，成交率为 48%，成交金额 107.37 亿元，所占市场份额为 24%，这也是瓷器杂项近五年来所占市场份额首次低于 30%（参见表 5 - 29 和图 5 - 13）。

表 5 - 29　　　　2013 年中国艺术品拍卖市场分类市场成交数据

类别	上拍量（件）	成交量（件）	成交金额（元）
中国书画	312037	146090	29711531600
油画及当代艺术	13403	8060	3358792500
瓷器杂项	186357	89491	10736693500
总计	511797	243641	43807017600

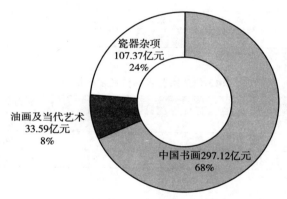

图 5 - 13　2013 年中国艺术品拍卖市场成交份额

　　在价格方面，2013 年我国艺术品拍卖的拍品均价出现回落，各类拍品均价为 18 万元，同比有 10% 的下降。中国书画、油画及当代艺术两部分拍品均价皆超过 20 万元，基本上与 2012 年持平。在高价方面，2013 年仅有 1 件拍品的成交价格突破亿元，而 2012 年有 4 件。2013 年国内拍卖市场上唯一一件成交价格过亿元的拍品是在北京保利 2013 年秋季拍卖会上以 1.288 亿元成交的黄胄 1981 年作的《欢腾的草原》（参见表 5 - 30）。

表 5 - 30　　　　　2013 年中国艺术品拍卖成交价格前十位

排名	作品名称	估价（万元）	成交价（万元）	拍卖公司	时间
1	黄胄 1981 年作《欢腾的草原》（镜心）	1500	12880	北京保利	2013 - 12 - 02

续表

排名	作品名称	估价（万元）	成交价（万元）	拍卖公司	时间
2	清乾隆紫檀高浮雕九龙西番莲纹顶箱式大四件柜	咨询价	9315	北京保利	2013 - 06 - 04
3	赵无极 1957 年作《抽象》	3500～4500	8968	苏富比北京	2013 - 12 - 01
4	黎雄才 1984 年作《长青不老松》（镜心）	800～1200	8960	北京荣宝	2013 - 03 - 20
5	靳尚谊 1983 年作《塔吉克新娘》	1600～2000	8510	中国嘉德	2013 - 11 - 16
6	齐白石丙戌（1946 年）作《高立千年》（立轴）	3000～5000	8050	上海朵云轩	2013 - 07 - 06
7	吴作人 1977 年作《战地黄花分外香》	咨询价	8050	中国嘉德	2013 - 05 - 10
8	唐寅 1508 年作《松崖别业图》（手卷）	2800～4800	7130	北京保利	2013 - 06 - 03
9	张大千甲申（1944 年）作《红拂女》（镜心）	1200～2200	7130	中国嘉德	2013 - 05 - 10
10	清乾隆御制白玉交龙钮"自强不息"宝玺	咨询价	6670	中国嘉德	2013 - 05 - 12

（2）中国书画。

从书画、油画及当代艺术、瓷器杂项三大分类市场来看，书画品的各项市场交易数据在 2013 年依旧保持领先地位。

2013 年中国书画市场成交金额 297.12 亿元，同比增长 8.67%。2013 年中国书画成交价格在亿元以上的拍品只有 1 件，2012 年则有 3 件；成交价在5000 万元以上的拍品有 13 件，相比 2012 年的 18 件少了 5 件，相比 2011 年的 33 件则有 61% 的减少。在中国书画作品拍卖成交价排行前 100 位中，2013 年排行第 100 位的作品成交价为 2070 万元，相比 2012 年排行第 100 位的作品成交价 1782.5 万元有所提高，但与 2011 年的 3220 万元仍存在差距（参见表 5 - 31）。

表 5 – 31   2013 年中国艺术品拍卖市场书画市场情况

项目	2013 年
成交额（亿元）	297.12
成交价在亿元以上的拍品（件）	1
成交价在 5000 万元以上的拍品（件）	13
排行第 100 位作品成交价（万元）	2070

　　从作品类型来看，近现代书画成交金额为 179.74 亿元，占中国书画成交额的 60%；当代书画成交额为 70.76 亿元，占比 24%；古代书画成交额为 46.62 亿元，占比 16%（参见表 5 – 32 和图 5 – 14）。

表 5 – 32   2013 年中国艺术品拍卖市场书画市场成交数据

类别	上拍量（件）	成交量（件）	成交金额（元）
古代书画	35413	15119	4661729500
近现代书画	169701	74656	17974120100
当代书画	106923	56315	7075682000
总计	312037	146090	29711531600

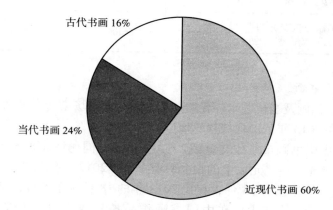

图 5 – 14　2013 年书画市场成交份额

　　①古代书画。2013 年古代书画的成交额出现小幅增长，全年古代书画成交额为 46.62 亿元，同比增长 6%，占书画市场的份额为 16%，与 2012 年相比保持不变。2013 年未有成交价超过亿元的古代书画，价格最高的是唐寅 1508 年作的《松崖别业图》（手卷），以 7130 万元成交。从作品均价来看，古

代书画拍品成交均价在 2013 年略有下降，2013 年古代书画成交均价为 30.83 万元，同比下降 6.63%（参见表 5 - 33）。

表 5 - 33   2013 年古代书画市场情况

项目	2013 年	较 2012 年增减（%）
成交额（亿元）	46.62	6.00
占书画市场的份额（%）	16	0
作品均价（万元）	30.83	- 6.63

2013 年，古代书法作品成为古代书画板块新的增长点。2013 年春拍，中国嘉德"中国古代书法"专场，98 件拍品的成交额达 4968.12 万元。秋季拍卖，文徵明行书《杂咏》以 5117.50 万元高价成交，成为"大观——古代书画珍品之夜"成交价格最高的一件，而同场上拍的另外 9 件古代书法作品全部成交，成交额达到 7038 万元。2013 年，北京匡时推出的两个"古代书法"专场的成交额达到 2.54 亿元，占北京匡时春秋两季大拍成交额的 7%。可见，中国古代书法作品行情在 2013 年有所升温（参见表 5 - 34）。

表 5 - 34   2013 年中国古代书画成交价格前十位

排名	作品名称	估价（元）	成交价（元）	拍卖公司	时间
1	唐寅 1508 年作《松崖别业图》（手卷）	28000000 ~ 48000000	71300000	北京保利	2013 - 06 - 03
2	乾隆 1744 年作《御临唐寅·文徵明兰亭书画合璧》（手卷）	25000000 ~ 35000000	54625000	北京保利	2013 - 12 - 03
3	文徵明 行书《杂咏》（手卷）	22000000 ~ 28000000	51175000	中国嘉德	2013 - 11 - 16
4	沈周《仿梅道人山水树石册》（册页）（十开）	28000000 ~ 38000000	50600000	北京保利	2013 - 12 - 03
5	董邦达《葛洪山八景》（册页）（八开）	7500000 ~ 10000000	50600000	中国嘉德	2013 - 11 - 16
6	赵孟頫《秋江待别图》（镜片）	5000000 ~ 8000000	50255000	上海嘉泰	2013 - 07 - 04
7	陈洪绶《花鸟草虫册》（册页）（十二开）	35000000 ~ 40000000	45770000	上海朵云轩	2013 - 12 - 22

续表

排名	作品名称	估价（元）	成交价（元）	拍卖公司	时间
8	马远《松岩观瀑图》（镜心）	18000000 ~ 28000000	40825000	北京保利	2013 - 12 - 03
9	王翚 1715 年作《南溪高逸图》（手卷）	25000000 ~ 30000000	40250000	北京匡时	2013 - 12 - 03
10	龚贤《别馆高居图》（立轴）	12000000 ~ 15000000	37375000	中国嘉德	2013 - 05 - 10

②近现代书画。近现代书画市场的行情仍然是书画市场乃至整个艺术品拍卖市场行情走势的风向标。2013 年近现代书画上拍量为 169701 件，成交 74656 件，成交率为 44%，成交额为 179.74 亿元，尽管同比 2011 年的 388 亿元仍有较大差距，但同比 2012 年的 173.67 亿元有 3.50% 的增长（参见表 5-35）。

表 5-35　　　　　　　　　2013 年近现代书画市场情况

项目	2013 年
上拍量（件）	169701
成交量（件）	74656
成交率（%）	44
成交额（亿元）	179.74
成交额占书画市场的份额（%）	60
作品均价（万元）	24.08

2013 年只有黄胄的《欢腾的草原》的成交价格突破亿元大关，是 2013 年唯一一件成交价超过亿元的书画作品。而近现代书画市场的领军人物齐白石、张大千在 2013 年都没有作品价格突破亿元。2013 年齐白石成交价格最高的作品是以 8050 万元成交的 1946 年作品《高立千年》（立轴），2013 年张大千成交价格最高的作品是以 7130 万元成交的 1944 年创作的《红拂女》（镜心）（参见表 5-36）。

表 5-36　　　　　　　2013 年中国近现代书画成交价格前十位

排名	作品名称	估价（元）	成交价（元）	拍卖公司	时间
1	黄胄 1981 年作《欢腾的草原》（镜心）	15000000	128800000	北京保利	2013 - 12 - 03

续表

排名	作品名称	估价（元）	成交价（元）	拍卖公司	时间
2	黎雄才 1984 年作《长青不老松》（镜心）	8000000 ~ 12000000	89600000	北京荣宝	2013 - 03 - 30
3	齐白石 丙戌（1946）年作《高立千年》（立轴）	30000000 ~ 50000000	80500000	上海朵云轩	2013 - 07 - 06
4	张大千 甲申（1944 年）作《红拂女》（镜心）	12000000 ~ 22000000	71300000	中国嘉德	2013 - 05 - 10
5	李可染 戊辰（1988 年）作《江山胜境图》（立轴）	26000000 ~ 36000000	52325000	北京传是	2013 - 12 - 12
6	黄胄 1962 年作《巡逻图》（镜心）	22000000 ~ 25000000	45425000	北京匡时	2013 - 12 - 04
7	陆俨少《杜陵诗意》（册页）	15000000 ~ 20000000	44850000	南京经典	2013 - 07 - 28
8	张大千 1948 年作《唐人秋猎图》（镜心）	22000000 ~ 28000000	42550000	北京保利	2013 - 06 - 02
9	黄胄 1972 年作《幸福一代》（镜心）	22000000 ~ 25000000	40250000	北京匡时	2013 - 12 - 04
10	潘天寿《西子湖中所见》（镜心）	12000000 ~ 15000000	40250000	中国嘉德	2013 - 11 - 16

2013 年近现代书画市场热点艺术家是"边疆画派"的代表大家——黄胄。2013 年 12 月 2 日，北京保利秋季拍卖设立"黄胄美术基金会推荐专场"，作品《欢腾的草原》以 1300 万元起拍，最终以 1.288 亿元高价成交，创出黄胄作品的拍卖成交价格新高，也成为 2013 年书画作品拍卖最高价。在北京匡时秋季拍卖会上，黄胄的两件作品《巡逻图》和《幸福一代》分别以 4542.50 万元和 4025 万元成交，进一步夯实了黄胄作品在 2013 年的市场行情。

③当代书画。随着藏家收藏趣味的变化和当代书画自身学术价值的凸显，当代书画逐渐成为画廊、拍卖公司、学术界以及收藏界共同关注的焦点，因此，当代书画的市场行情近年来一直稳步增长。

2013 年当代书画上拍 106923 件，成交 56315 件，成交量同比增长 22%，成交率 53%，成交额为 70.76 亿元，同比增长 27%。相比古代书画和近现代书画，当代书画整体平均价格仍然偏低，2013 年当代书画成交作品均价为 12.56 万元，同比增长 4.23%，但相比古代书画 30.83 万元的均价和近现代书画 24.08 万元的均价仍有差距（参见表 5 - 37）。

表 5 – 37   2013 年当代书画市场情况

项目	2013 年
上拍量（件）	106923
成交量（件）	56315
成交率（%）	53
成交额（亿元）	70.76
成交额占书画市场的份额（%）	24
作品均价（万元）	12.56

当代书画所占书画市场的份额每年都在增加，2010 年，当代书画成交额仅占书画市场的 9%，2011 年上升到 13%，2012 年占 20%，2013 年占书画市场成交额的份额达到 24%。当代书画在书画市场的地位越来越重要，也是对书画市场稳定发展提供了可持续的动力（参见图 5 – 15）。

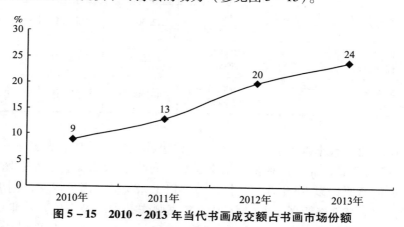

图 5 – 15   2010 ~ 2013 年当代书画成交额占书画市场份额

2013 年未有成交价超过亿元的当代书画，价格最高的是黄永玉作的《田家梅》（镜心），以 6325 万元成交；其次是刘文西作的《等幸福渠》（镜心），以 4060 万元成交，其余成交价均低于 2000 万元（参见表 5 – 38）。

表 5 – 38   2013 年中国当代书画成交价格前十位

排名	作品名称	估价（元）	成交价（元）	拍卖公司	时间
1	黄永玉《田家梅》（镜心）	25000000 ~ 32500000	63250000	北京盈时	2013 – 12 – 06
2	刘文西《等幸福渠》（镜心）	25000000 ~ 35000000	40600000	中国嘉德	2013 – 11 – 16

续表

排名	作品名称	估价（元）	成交价（元）	拍卖公司	时间
3	籍忠亮《谁主沉浮》（软片）	15000000 ~ 15000000	19000000	北京中嘉	2013 - 12 - 01
4	陈佩秋《万紫千红》（手卷）	咨询价	17825000	上海嘉禾	2013 - 12 - 21
5	刘大为 2011 年作《丰乐行》（镜心）	11000000 ~ 15000000	16675000	北京保利	2013 - 12 - 01
6	2002 年作《日出东南隅》（镜心）（设色纸本）	14000000 ~ 18000000	16100000	北京九歌	2013 - 09 - 04
7	范曾 2004 年作《广陵散》（镜心）	12000000 ~ 16000000	15755000	北京银座	2013 - 09 - 04
8	刘大为《秋郊饮马图》（镜心）（设色纸本）	10000000 ~ 12000000	14950000	北京九歌	2013 - 09 - 04
9	杨佴旻《太行的早晨》（镜心）	3000000 ~ 4000000	12650000	北京保利	2013 - 12 - 01
10	姜宝林《窄路》（镜心）	3500000 ~ 5500000	12075000	中国嘉德	2013 - 05 - 12

（3）油画及当代艺术。

2013 年油画及当代艺术在 2012 年行情大幅调整的基础上实现止跌回升。2013 年以经营当代艺术为主的画廊年销售额在 1000 万元以上占调研画廊总数的 23.40%；年销售额在 500 万 ~1000 万元之间的画廊比例从 2012 年的 10% 上升到了 2013 年的 25%，增长了 15%，反映出油画及当代艺术在一级市场的交易有所回暖（参见图 5 - 16）。

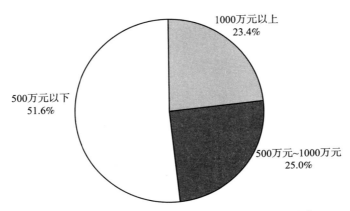

图 5 - 16　2013 年主营当代艺术的画廊年销售额分布

在拍卖市场，2013 年油画及当代艺术上拍 13403 件，成交 8060 件，成交率为 60%，成交金额为 33.59 亿元，同比增长 15.23%，所占市场份额为 8%，同比增长 1%。而以拍卖成交单价来看，2013 年油画和当代艺术作品成交均价为 42 万元，尽管相比 2011 年的 79 万元尚有差距，但同比 2012 年的 40 万元有 5% 的增长（参见表 5－39）。

表 5－39　　　　2013 年中国艺术品拍卖市场油画及当代艺术市场情况

项目	2013 年
上拍量（件）	13403
成交量（件）	8060
成交率（%）	60
成交额（亿元）	33.59
作品均价（万元）	42

2013 年，带动市场的高价成交作品的数量在 2013 年同样有所增长，2013 年在拍卖市场中成交价格超过千万元的作品有 37 件，与 2012 年相比多了 10 件。2013 年油画和当代艺术拍卖成交价超过千万元的作品中，有 22 件是 20 世纪油画和写实油画，这部分高价拍品总成交额达到 7.95 亿元，同比 2012 年 21 件成交价格超过千万作品拍出 5.17 亿元的成交额增长了 54%。

在 2013 年中国艺术品拍卖市场成交价格前十位中，有 3 件是 20 世纪早期油画家和写实油画家的作品。第三代写实油画艺术家靳尚谊在 1983 年创作的《塔吉克新娘》在中国嘉德 2013 年秋季拍卖会上以 8510 万元高价成交；在 2013 年苏富比北京首场拍卖会上，赵无极 1958 年创作的《抽象》以 8968 万元高价成交，另一件他于 1991 年创作的《抽象山水 27.08.91》以 4484 万元成交（参见表 5－40）。

表 5－40　　　　　　2013 年中国油画及当代艺术成交价格前十位

排名	作品名称	估价（元）	成交价（元）	拍卖公司	时间
1	赵无极 1958 年作《抽象》	35000000 ~ 45000000	89680000	苏富比北京	2013－12－01
2	靳尚谊 1983 年作《塔吉克新娘》	16000000 ~ 20000000	85100000	中国嘉德	2013－11－16
3	吴作人 1977 年作《战地黄花分外香》	咨询价	80500000	中国嘉德	2013－05－10

排名	作品名称	估价（元）	成交价（元）	拍卖公司	时间
4	赵无极 1991 年作《抽象山水 27.08.91》	4000000 ~ 6000000	44840000	苏富比北京	2013 – 12 – 01
5	靳尚谊 1999 年作《髡残》	22000000 ~ 28000000	39100000	北京保利	2013 – 06 – 01
6	方力钧 1997 年作《1997.1》	25000000 ~ 30000000	28750000	北京保利	2013 – 12 – 01
7	靳尚谊 1996 年作《孙中山》	12000000 ~ 15000000	23000000	北京保利	2013 – 06 – 01
8	曾梵志 2000 年作《面具系列》	16000000 ~ 22000000	22770000	北京保利	2013 – 12 – 01
9	王沂东 2010 年作《春袭羽萍沟》	18000000 ~ 22000000	20700000	北京保利	2013 – 12 – 01
10	王沂东 2004 年作《纯真年代》	15000000 ~ 18000000	19550000	北京保利	2013 – 12 – 01

2. 艺术收藏品

艺术收藏品，不仅专指目前我国艺术品市场中流通交易的古董杂项，还包括现当代具有原创性的工艺美术品，其主要类型包括陶瓷、玉器、珠宝、名石、古籍、家具等。我国艺术收藏品的内容广、品类多、受众多，在我国艺术品市场中占有重要地位。

瓷器杂项是我国艺术品市场中的主要交易品种。在 2013 年我国艺术品拍卖市场中，瓷器杂项作品上拍 186357 件，成交 89491 件，成交率 48%，成交金额 107.37 亿元，所占拍卖市场的份额为 24%（参见表 5 – 41 和表 5 – 42），这是瓷器杂项近五年来首次所占拍卖市场份额在 30% 以下。在 2013 年国内艺术品拍卖市场成交价前 100 位中，瓷器杂项作品有 21 件，相比 2012 年的 33 件有一定的减少。

表 5 – 41　　　　　**2013 年中国艺术品拍卖市场瓷器杂项市场情况**

项目	2013 年
上拍量（件）	186357
成交量（件）	89491
成交率（%）	48
成交额（亿元）	107.37
占拍卖市场份额（%）	24

表 5 - 42　　　　　　2013 年中国艺术品拍卖市场瓷器杂项市场成交数据

类别	上拍量（件）	成交量（件）	成交金额（元）
陶瓷	23389	10825	2348027100
玉器	28779	13797	1391511900
古籍善本	20047	11362	740652900
鼻烟壶	5134	1820	108593000
佛教文物	4613	2343	745669800
竹木牙角器	8880	3560	361703300
古典家具	5103	2322	745670600
珠宝翡翠	11838	4491	978470600
邮品钱币	35065	16383	295373800
工艺品杂项	23610	12345	1859057500
钟表	2654	1153	128171700
文玩	17026	8999	102453170
设计	219	91	9259600
总计	186357	89491	10736693500

　　2013 年瓷器杂项市场中，行情表现较好的是玉器、佛教文物和古典家具，而古籍善本、工艺品杂项、珠宝翡翠和钟表的市场行情下滑。其中玉器的成交额达到 13.92 亿元，成交额同比增长 18%，所占的市场份额为 13%，同比增长了 4.54%；佛教文物的成交额达到 7.46 亿元，同比增长 75.94%，所占的市场份额为 7%，同比增长了 4%；古典家具的成交额 7.46 亿元，同比增长 4%，所占的市场份额为 7%，同比增长了 1.87%。

　　尽管瓷器的成交额达到 23.48 亿元，仍是所有品类中成交额最高，但同比下降 17%；古籍善本的成交额达 7.41 亿元，同比下降 17%；工艺品杂项的成交额 18.59 亿元，同比下降 11%。珠宝翡翠和钟表两类拍品在 2013 年拍卖成交额 11.06 亿元，同比下降 66.38%；珠宝翡翠和钟表两类所占市场份额也下滑到 10%，市场份额同比有 13.61% 的下降（参见图 5 - 17）。

　　2013 年瓷器杂项成交价格前十位被古典家具、玉器、珠宝翡翠、文玩、古籍善本占据。而没有一件是瓷器。古典家具占据 3 席，北京保利 2013 春拍中上拍的清乾隆紫檀高浮雕九龙西番莲纹顶箱式大四件柜以 9315 万元的高价位列瓷器杂项类拍卖成交价榜首。中国嘉德 2013 春拍上拍的清乾隆御制白玉交龙钮"自强不息"宝玺以 6670 万元成交，排名第二（参见表 5 - 43）。

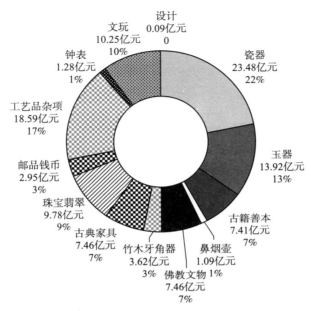

图 5 - 17　2013 年中国瓷器杂项市场成交份额

表 5 - 43　　　　　　　　　　　　2013 年中国瓷器杂项成交价格前十位

排名	作品名称	估价（元）	成交价（元）	拍卖公司	时间
1	清乾隆 紫檀高浮雕 九龙西番莲纹顶箱式大四件柜	咨询价	93150000	北京保利	2013 - 06 - 04
2	清乾隆 御制白玉交龙钮"自强不息"宝玺	咨询价	66700000	中国嘉德	2013 - 05 - 12
3	满绿镶钻翡翠项链	咨询价	40250000	北京艺融	2013 - 11 - 28
4	十全十美 10.10 克拉方形彩粉钻	30000000 ~ 36000000	39100000	北京银座	2013 - 12 - 02
5	清乾隆 清宫花梨木雕花鸟纹落地罩	咨询价	39100000	北京保利	2013 - 06 - 04
6	玻璃种翡翠蛋面项链	咨询价	36800000	北京艺融	2013 - 11 - 28
7	郭懋介作 田黄石山居即景薄意摆件	咨询价	36800000	福建东南	2013 - 10 - 27
8	清嘉庆 "嘉庆御笔之宝"交龙钮碧玉宝玺	咨询价	34500000	中国嘉德	2013 - 05 - 12
9	顾炎武（书）《五台山记》	180000 ~ 220000	31625000	中国嘉德	2013 - 05 - 10
10	明 金丝楠架几案	28000000 ~ 28000000	31360000	北京中嘉	2013 - 07 - 07

3. 艺术复制品

2013 年国内艺术复制品、艺术授权品、艺术衍生品的交易额约为 200 亿元，同比增长 11%。

2013 年国内艺术复制品的市场仍以艺术精品复制品为主流，原作价值、原作社会知名度、复制技艺和复制数量，是艺术复制品收藏价值的四个要素。国内的艺术品复制通常用三种技术方法：传统手工艺复制、机械复制和数码复制。其中细分的话，传统手工艺复制主要有铜版复制、木版水印复制、石版复制、珂罗版以及手工临摹复制五种；而机械复制主要是以丝网版画的技术复制艺术品原作。数码复制是随着印刷科技的发展而出现的，主要通过数码技术喷绘完成复制。

以目前国内艺术品复制行业发展最集中的北京为例，2013 年北京市实际运营的艺术复制品公司有 40 家，比上年同期相比增加 7 家。按复制的内容分类，其中纯粹做书画复制的企业 8 家，纯粹做油画复制的企业 4 家，书画油画兼做的企业 25 家，专门复制艺术工艺品的企业有 3 家。目前艺术复制品行业中，复制对象主要是书画、油画及艺术工艺品，其重点在书画与油画领域，2013 年油画复制企业增加 3 家，书画油画兼做的复制企业增加 4 家。从企业经营范围中看，大部分企业既做书画也做油画，单一生产的企业相对较少（参见表 5 - 44）。

表 5 - 44   2013 年北京艺术复制品行业企业划分

项目	2013 年	占比（%）
纯粹做书画复制企业（家）	8	20.00
纯粹做油画复制企业（家）	4	10.00
书画油画兼做企业（家）	25	62.50
专门复制艺术工艺品企业（家）	3	7.50
总计	40	100.00

4. 艺术授权产品

艺术授权产品是艺术品市场中的重要品类。一般而言，艺术授权是授权者将所代理的艺术家作品著作权等，以合同的形式授予被授权者，被授权者按合同规定从事生产、销售或提供某种服务等经营性活动，并向授权者支付相应权利金。国际通行的艺术授权形式主要有三种：产品授权、数字授权和原作复制授权。其中，产品授权指将艺术品的形象印制在各种普通产品上，使之成为具有艺术特色的艺术衍生品，从而在销售中获得更高的附加价值。数字授权指通过拍摄艺术原作获得艺术品的数字化图片或形象数据，然后将这些图片应用于各种电子产品之上，用于装饰或各种电子媒体的展示使用。而原作复制授权则是指获得对艺术品进行原尺寸仿真复制并销售的权利。

据欧洲艺术基金会报告测算，2013 年中国内地的艺术衍生品市场潜力在 300 亿美元以上。另据 2013 年国家文物局的最新调查显示，国内衍生品产值超过 500 万元的博物馆仅有北京故宫博物院和上海博物馆两家，这和台北故宫博物院一年 600 万元衍生品营业额、英国 TATE 博物馆商店 3 亿～5 亿元年销售额、美国大都会博物馆商店 5 亿～7 亿元年销售额相比，差距甚远。这说明国内艺术衍生品市场处于起步阶段。

北京目前是国内艺术品授权发展比较集中和快速的地区。北京的艺术品授权产品主要以开发艺术衍生品及原作复制品为主。北京艺术授权产品多由博物馆、美术馆和一些专门的艺术品开发公司及商店承担销售，其比例依次为 46.15% 和 35.90%，而画廊的参与度相比之下并不高，仅为 17.95%（参见图 5－18）。

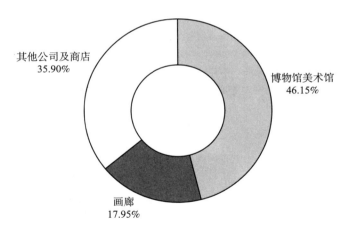

图 5－18　2013 年北京艺术授权产品行业分布

5. 艺术品电商

2013 年，艺术品电子商务发展迅猛。对应国内艺术品市场发展的现状，目前在国内的电子商务平台交易艺术品更适合销售消费类的艺术品，尽管纯艺术品或者更高品质的艺术品也可以在电子商务平台上交易，短期内国内的艺术品的收藏和投资仍会以实体的市场交易如画廊市场和拍卖市场为主。

5.2.5 艺术品市场购买力分析

1. 艺术收藏

艺术收藏是艺术品购买力的重要体现，主要由公共收藏、企业收藏和私人收藏三部分构成。

（1）公共收藏。

①公立美术馆收藏（参见表5-45）。

表5-45　　　　　　　　　2013年公立美术馆艺术收藏情况

机构	藏品数	藏品门类
中国美术馆	10 余万件	藏品门类涉及中国画、油画、版画、雕塑、年画、连环画、漫画、水彩水粉、漆画、素描速写、摄影、书法、外国美术作品、民间美术（风筝、陶瓷、服饰、玩具、剪纸、皮影、面具、木偶）。藏品以20世纪，尤其是新中国成立之后的作品为主，民间美术作品约占到藏品总数的40%
中央美术学院美术馆	1.3 万余件	藏品门类涉及中国画、书法、雕刻、油画、版画、雕塑、书法、水粉水彩、素描速写、装置、漆画、摄影、影像、设计、民间美术（剪纸、服饰、年画）、外国美术（油画、版画、水粉水彩、素描速写、摄影）等。该馆每年新增的馆藏主要以该学院毕业生作品为主
中华艺术宫	1.5 万余件	藏品涵盖了中国画、油画、版画、雕塑、水彩画、年画、连环画、宣传画、漫画、民间美术、书法、摄影、工艺美术等多种类型，基本囊括了20世纪以来以上海为中心的中国美术发展的重要流派与艺术家的作品，还有部分国际艺术品收藏。该馆馆藏以年均5%，约450件的增量稳步扩充
北京画院美术馆	5000 余件	藏品主要是以陈列艺术大师齐白石的作品为特色，以收藏、研究近现代京派绘画为方向，是藏有齐白石作品最多的美术馆，共有齐白石画作2000余件
广东美术馆	30000 余件	藏品门类涉及中国画、油画、版画、雕塑、陶艺、水彩画、粉彩画、丙烯画、装置艺术、综合媒材、摄影、影像、漆画、漫画、插图、连环画、素描、海报、装帧设计、民间工艺、书法、文献资料

续表

机构	藏品数	藏品门类
关山月美术馆	近 3000 件，其中关山月作品 813 件	馆藏门类涉及中国画、油画、版画、雕塑、摄影、设计等，藏品定位为关山月一生各个时期的重要作品的收藏、关山月同时代的艺术作品收藏、岭南画派艺术作品收藏、国内外设计艺术作品收藏、当代其他艺术种类作品收藏五个方向，以岭南画派收藏为核心
江苏美术馆	万余件	藏品以近现代美术品为主，收藏包括了中国画、油画、版画、水彩画、书法、民间艺术等，初步形成明清书画、现代中国画、近现代书法、中国新兴版画、全国水彩画、江苏水印版画、国外版画等 10 个专题系列。未来收藏方向为近现代中国画大师作品和国家评审体系之内的当代获奖作品，尤其是以年轻人的获奖作品为主要收藏方向
陕西省美术博物馆	4000 余件	藏品门类涉及中国画、油画、版画、雕塑、水彩水粉、工艺、书法、篆刻、年画、拓片、民间艺术品等，藏品以陕西和中国西部地区的现当代美术精品和文献资料为重点，着力构建陕西和西部文化的收藏特色
湖北美术馆	千余件	藏品门类涉及中国画、油画、版画、雕塑等约 10 门类。未来的收藏方向以湖北近现代及当代美术品为主，藏品媒材以绘画、雕塑为主体，兼收藏具有美术史意义的各美术品类以及有关的美术图书和文献资料

②民营美术馆收藏。2013 年国家对于民营美术馆的发展出台了多项支持政策，这也使国内民营美术馆的发展呈现蓬勃的发展态势。据统计，2013 年全国注册民营美术馆的数量已经有 1000 余家，这些民营美术馆主要集中在北京、上海、广东等东部发达省市。

（2）企业收藏。

2013 年国内企业收藏资金规模继续增长，整体规模大约在 600 亿元左右，年增长率为 33%。企业进行艺术收藏使企业成为艺术市场中越来越重要的购买力量之一。据《中国机构收藏调查报告白皮书》的数据，企业藏家购买力在 2013 年整个艺术品市场买方市场所占的份额高达 60%，这些企业主要来自北京和上海，企业已经日渐成为市场中重要的买方力量。收藏范围上，国内企业收藏目前仍以书画和瓷器杂项等传统艺术品为主（占比 82%），当代艺术品的收藏比例随着当代艺术市场的调整而有所下降（占比 8%），国际艺术品的收藏比例有所上升（占比 10%）（参见图 5 - 19）。

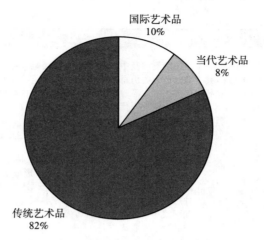

图 5 - 19   2013 年国内企业收藏范围分布

（3）私人收藏。

2013 年，我国私人收藏对于艺术市场的参与度继续提升。继承、购买、馈赠是私人收藏建立的主要方式。从国内私人收藏来看，购买还是最普遍的手段。

胡润百富榜 2013 年财富报告的数据显示，国内的财富人群仍然集中在我国经济发达的东部沿海地区。北京、广东、上海、浙江和江苏这五个省市的财富人群相对集中，从投资尤其是对艺术品的私人收藏来看，这五个省市相较其他地区也更加普遍。2013 年的财富人群的投资方式仍主要集中在房地产、股票、固定收益、黄金和艺术品上，2013 年财富人群的投资在艺术品方面占比21%，同比增长了 15%。

①收藏偏好。2013 年，国内的财富人群中有 65% 的人喜爱收藏，同比增长 1%。从收藏偏好上来看，手表、汽车的收藏比例有下降趋势，而书画、酒、瓷器杂项、当代艺术品、四合院及老洋房的收藏比例有所上升。

在艺术品收藏领域，古代书画、玉器、瓷器杂项和当代艺术品仍是财富人群在 2013 年最喜欢的四个门类。从 2011 年至 2013 年财富人群在收藏品类比例上的变化可以看出他们在收藏偏好上的改变。2011 年在收藏偏好上手表占57%、古代书画占 19%、酒占 17%、瓷器杂项占 6%、当代艺术品占 9%、车占 15%。2013 年，财富人群对于手表的收藏热情有明显下降，占比仅占34%，同比下降 10%。古代书画的占比同比增长 1 个百分点，占比 32%。酒的比例提升较为明显，占比达 29%，同比增长 6 个百分点。瓷器杂项占比上升至18%，同比增长 5 个百分点。当代艺术品占比提升至 16%，同比增长 3%。对于豪华汽车的喜好比例下降到 8%，是自 2011 年以来最低的一次。四合院或者老洋房占比 9%，同比增长了 4 个百分点。值得注意的是，2013 年财富人群在收藏品类方面新增了玉器，他们对于玉器的喜好程度从玉器所占 20% 的比例就能看出来，这是 2013 年国内私人收藏的新变化（参见表 5 – 46）。

表 5 – 46　　　　　　　　　2013 年财富人群喜欢的收藏品类　　　　　　　　　单位：%

项目	2013 年	2012 年	2011 年
手表	34	44	57
古代书画	32	31	19
酒	29	23	17
玉器	20	NA	NA
瓷器杂项	18	13	6
当代艺术	16	13	9
四合院或者老洋房	9	5	NA
车	8	10	15

②收藏途径。在收藏的途径上，近六成财富人群选择自行购买艺术品，25% 的富豪选择通过拍卖公司购买艺术品，另有 16% 的富豪选择通过经纪人或委托代理人购买艺术品（参见图 5 – 20）。

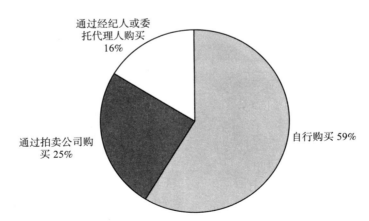

图 5 – 20　2013 年财富人群购买艺术品途径

③在国际收藏界地位。2013 年美国《艺术新闻》杂志夏季刊登了全球 200 位最有影响力的收藏家名单，其中有 17 位是亚洲藏家，有 5 位中国的收藏家

入选。5 位中国私人藏家入选全球最具影响力的收藏家的名单，充分说明中国艺术品收藏家在全球艺术品收藏圈开始占有一席之地，也充分表明中国的私人收藏在藏品的品质上、藏品的规模上、收藏的影响力上已经达到国际水准，获得了国际收藏界的肯定。

2. 艺术品消费

2013 年，国内艺术品的消费时代已经来临。艺术品消费人群购买的艺术品并不以稀缺性的艺术资源为主。艺术品消费反映了更为大众化的审美需求和社会需要，艺术品消费是艺术收藏的重要基础，也是促进文化产业发展的要素之一。

2013 年，消费者对于艺术品原作的消费继续发展，并且消费的价格水平有所提高。以运营三年的"青年艺术 100"为例，2013 年度"青年艺术 100"项目于 2013 年 8 月在北京 798 艺术区举行，展出了 120 位中韩青年艺术家的 360 余件作品，1 万元以下的作品占 14.40%，1 万 ~2 万元的作品占 18.50%，2 万 ~3 万元的作品占 16.40%，3 万 ~4 万元的作品占 11.70%，4 万 ~5 万元的作品占 12.00%，5 万 ~6 万元的作品占 7.30%，6 万 ~10 万元的作品占 15.20%，10 万元以上的作品占 4.50%。73% 的参展作品的价格都在 5 万元以下（参见图 5 -21）。

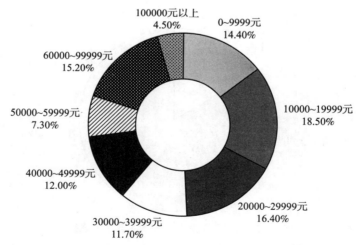

图 5 -21 2013 年度"青年艺术 100"北京启动展参展作品价格区间

从销售的情况来看，1 万元以下的作品售出比例占 20.82%，1 万～2 万元的作品占 20.82%，2 万～3 万元的作品占 10.36%，3 万～4 万元的作品占 15.64%，4 万～5 万元的作品占 13.00%，5 万～6 万元的作品占 0.65%，6 万～10 万元的作品占 13.85%，10 万元以上的作品占 4.86%。从销售的数据看，有 80.64% 作品的售价都在 5 万元以下。5 万元及以下正成为很多艺术品原作消费者较为容易接受的价格（参见图 5－22）。

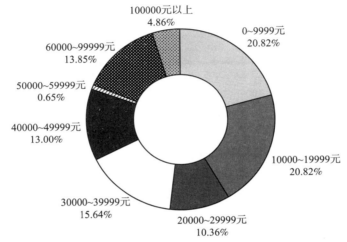

图 5－22　2013 年度"青年艺术 100"北京启动展已售作品价格区间

3. 艺术品进出口

2013 年中国艺术品进口额占全球艺术品进口总额的 6%，而出口额占全球艺术品出口总额的比例为 4%。这两项数据说明我国艺术品跨国交易并不活跃。

（1）进口。

2013 年我国艺术品进口额增长迅速，进口额增长到 7.71 亿美元，同比增长 778.35%，占全球艺术品进口总额的 5%，进出口贸易差额有所缩小（参见图 5－23）。

2013 年北京、上海、广州三个口岸的艺术品、收藏品及古董进口额共达到 3.16 亿美元，占全国进口额的 41%。而北京口岸艺术品、收藏品及古董的进口额占全国艺术品、收藏品及古董进口总额的 23.20%，领先全国其他进出口岸。其中油画、粉画及其他手绘画原件进口额占北京艺术品、收藏品及古董总进口额的 79.30%。

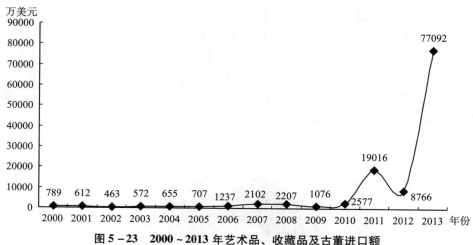

图 5 - 23　2000 ~ 2013 年艺术品、收藏品及古董进口额

（2）出口。

我国相关政策规定 1911 年之前的艺术品不得出口，这就使得我国出口的艺术品主要以当代绘画为主。中国当代艺术的崛起也使我国的艺术品出口额逐年增长，除了 2009 年略有回落之外，2010 ~ 2013 年我国艺术品出口额大幅提升，2013 年的出口额达 10 亿美元，同比增长 95%（参见图 5 - 24）。

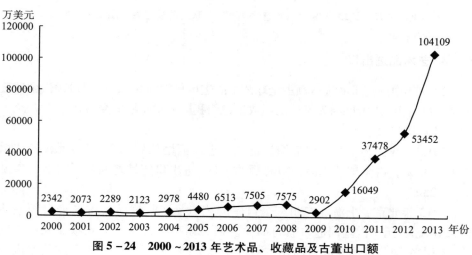

图 5 - 24　2000 ~ 2013 年艺术品、收藏品及古董出口额

另外，北京、上海、广州是我国艺术品、收藏品及古董出口的三个重要口岸。尤其近几年三个口岸的艺术品出口额增速非常快。2013 年北京、上海、广州三个口岸的艺术品、收藏品及古董出口总额达到 2.53 亿美元，占全国艺术品、收藏品及古董出口总额的 24%。北京口岸艺术品、收藏品及古董的出口额占全国艺术品、收藏品及古董出口总额的 14.80%。其中，油画、粉画及其他手绘画原件出口额占北京艺术品、收藏品及古董总出口额的 91.90%，同比增长了 49.20%。

我国的艺术品出口目的地主要是日本和欧美等发达国家。其中日本是我国艺术品最大的出口国。我国艺术品出口目的国家和地区前 10 位依次是日本、欧盟、加拿大、英国、荷兰、中国香港特区、法国、美国、德国和瑞士。

（3）进出口。

从艺术品、收藏品及古董来看，2013 年我国艺术品、收藏品及古董进出口额有大幅度提升。进口额由 2012 年的 8766.48 万美元增至 7.7 亿美元，同比增长 778.35%；出口额由 2012 年的 5.35 亿美元增至 10.41 亿美元，增幅约为 94.58%。艺术品贸易顺差达 2.70 亿美元。进出口总额由 6.23 亿美元增至 18.12 亿美元，增幅约为 190.85%。从 2000 年以后艺术品进出口情况来看，进口额、出口额和进出口额的增长幅度很快，尤其 2013 年的增速最快（参见表 5 –47 和图 5 –25）。

表 5 –47　　　　　　　　2013 年我国艺术品、收藏品及古董进出口额

项目	2013 年	2012 年
进口额（亿美元）	7.71	0.88
出口额（亿美元）	10.41	5.35
贸易顺差（亿美元）	2.70	4.47
进出口总额（亿美元）	18.12	6.23

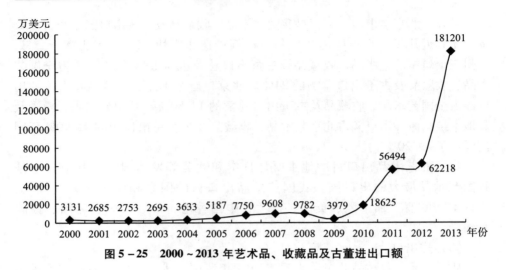

图 5 – 25　2000～2013 年艺术品、收藏品及古董进出口额

第6章 新媒体产业年度发展报告

6.1 数字网络文化

6.1.1 数字媒体

1. 数字报纸①

2014年，数字报纸（不含手机报）收入为10.5亿元，较2013年的11.6亿元减少1.1亿元，降幅9.48%（参见图6-1）。

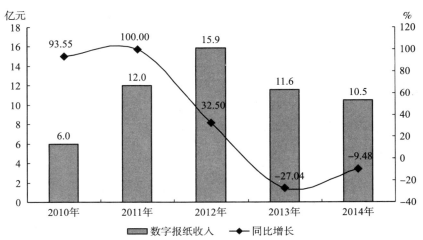

图6-1 2010~2014年中国数字报纸收入及增长情况

①该部分数据来自《2014~2015中国数字出版产业年度报告》，www.epuber.com/p/43。部分数据因四舍五入的原因，存在着与分项合计不等的情况。

2. 数字图书①

2014 年，电子图书（含网络原创出版物）收入为 45 亿元，2006 年为 1.5 亿元，8 年间增加了 29 倍。虽然与纸版图书销售收入相比依然很少，但从 2012 年开始，呈现快速增长态势，年均增长幅度达 20.5%（参见图 6-2）。

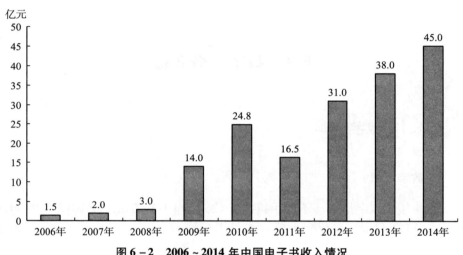

图 6-2　2006～2014 年中国电子书收入情况

3. 数字期刊②

2014 年，互联网期刊收入 14.3 亿元，较 2013 年的 12.15 亿元增加 2.15 亿元，增幅为 17.70%。互联网期刊收入占数字出版产业收入的比重为 0.42%，较上年减少 0.06 个百分点（参见图 6-3）。

4. 数字电视③

截至 2014 年底，全国有线广播电视用户数达 23458.23 万户，比 2013 年增加超过 560 万户，增长了 2.47%，较 2013 年 6.44% 的增幅减少 3.97 个百分

①②　该部分数据来自《2014～2015 中国数字出版产业年度报告》。部分数据因四舍五入的原因，存在着与分项合计不等的情况。

③　该部分数据来自国家新闻出版广电总局发展研究中心编写的《中国广播电影电视发展报告2015》，社会科学文献出版社 2015 年版。部分数据因四舍五入的原因，存在着与分项合计不等的情况。

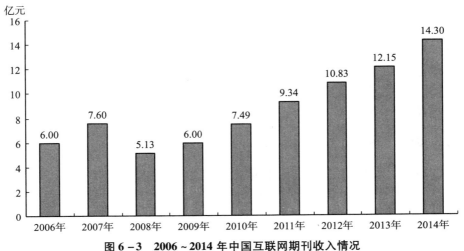

图 6 - 3　2006 ~ 2014 年中国互联网期刊收入情况

点。其中数字电视用户达到 19143.21 万户，同比增长 11.56%，增幅较上年减少
8.41 个百分点。数字电视用户占有线电视用户比重达到 81.61%，在 2013 年
74.93% 的基础上又增加了 6.68 个百分点。付费数字电视用户 4505.41 万户，占
数字电视用户的 23.54%，占比同比增加了 3.12 个百分点（参见图 6 - 4）。

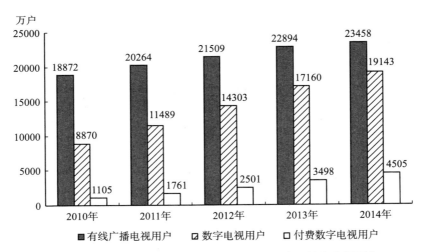

图 6 - 4　2010 ~ 2014 年全国有线广播电视用户、数字电视用户

和付费数字电子用户情况

2014 年，全国有线广播电视网络总收入达到 827.21 亿元，比 2013 年的 754.91 亿元增加 72.30 亿元，同比增长 9.58%。其中，有线电视基本收视费收入 457.39 亿元，比 2013 年的 437.87 亿元增加 19.52 亿元，增幅 4.46%，基本收视费在总收入中的比重进一步降低，从 2013 年的 58.00% 减少到 55.29%。付费数字电视收入 66.51 亿元，比 2013 年的 58.60 亿元增加 7.91 亿元，增长了 13.50%。

5. 数字电影

2014 年，全球共生产了 29 部 3D 商业电影，其中美国 21 部，中国 13 部，印度（《Kochadaiiyaan》）和俄罗斯（《魔鬼的精神》）各 1 部。2014 年，中国已上映的 27 部 3D 电影累计票房达 105 亿元，占电影总票房的 42%，在 3D 电影中一枝独秀[1]。

截至 2014 年年底，全国共有 3D 银幕 21627 块，拥有 3D 银幕的影院数占全国影院总数的 98%；4K 银幕数占数字银幕总数的 4.7%。中国巨幕放映系统已在全国 18 个省的 78 家影城运营，其中新建中国巨幕影厅近 40 个。RealD 3D 影院系统在中国的签约设备总计超过 2550 台。[2]

6.1.2　网络媒体[3]

1. 网络经济发展

（1）网络经济规模。

2014 年，中国网络经济整体规模达 8706.2 亿元，较上年同比增长 56.04%（参见图 6-5）。

---

①　该部分数据来自《2014 全球 3D 电影报告》，www.meeli.cn/haiwaiyingshi/8309.html。部分数据因四舍五入的原因，存在着与分项合计不等的情况。

②　该部分数据来自国家新闻出版广电总局发展研究中心编写的《中国广播电影电视发展报告 2015》，社会科学文献出版社 2015 年版。部分数据因四舍五入的原因，存在着与分项合计不等的情况。

③　除特别标注外，该部分数据来自中国互联网络信息中心发布的《第 35 次 CNNIC 报告：中国互联网发展状况统计报告》。部分数据因四舍五入的原因，存在着与分项合计不等的情况。

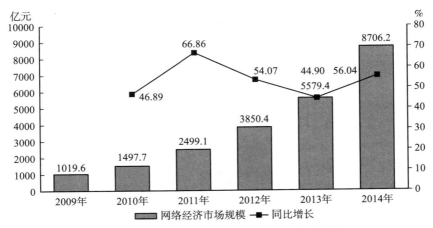

图 6 – 5　2009 ~ 2014 年中国网络经济市场规模

（2）电子商务市场规模。

2014 年，中国电子商务市场交易规模达（包含中小企业 B2B 电子商务、网络购物和在线旅行预订市场规模）达 12.3 万亿元，同比增长 21.78%（参见图 6 – 6）。

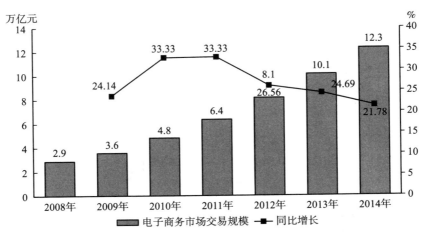

图 6 – 6　2008 ~ 2014 年我国电子商务市场规模变化趋势

①网络购物。截至 2014 年 12 月，我国网络购物用户规模达到 36142 万人，较 2013 年底增加 5953 万人，增长率为 19.7%；我国网民使用网络购物的

比例从 48.9% 提升至 55.7%（参见图 6－7）。

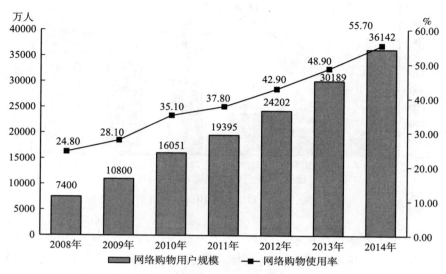

图 6－7　2008～2014 年中国网络购物用户数及使用率

②团购市场。截至 2014 年 12 月，我国团购用户规模达到 1.73 亿人，较 2013 年底增加 3200 万人，增长率为 22.7%。与 2013 年 12 月底相比，我国网民使用团购的比例从 22.8% 提升至 26.6%（参见图 6－8）。

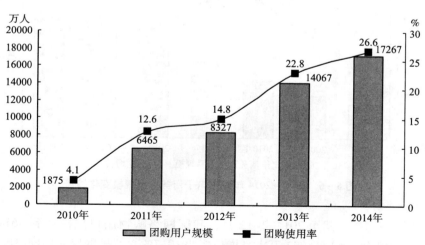

图 6－8　2010～2014 年中国团购用户数及使用率

③网上支付。截至 2014 年 12 月，我国使用网上支付的用户规模达到 3.04
亿人，较 2013 年底增加 4411 万人，增长率为 17.0%。与 2013 年 12 月底相
比，我国网民使用网上支付的比例从 42.1% 提升至 46.9%。与此同时，手机
支付用户规模达到 2.17 亿人，增长率为 73.2%，网民手机支付的使用比例由
25.1% 提升至 39.0%（参见图 6 - 9）。

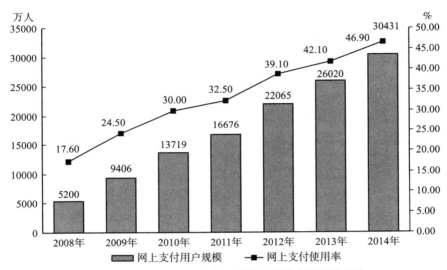

图 6 - 9　2008 ~ 2014 年中国网上支付用户数及使用率

④互联网理财。截至 2014 年 12 月，购买过互联网理财产品的网民规模达
到 7849 万人，较 2014 年 6 月增长 1465 万人。在网民中使用率为 12.1%，较
2014 年 6 月使用率增长 2 个百分点（参见图 6 - 10）。

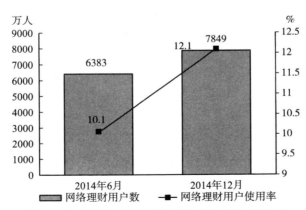

图 6 - 10　2014 年中国互联网理财用户数及使用率

　　⑤旅行预订。截至 2014 年 12 月，在网上预订过机票、酒店、火车票或旅行度假产品的网民规模达到 2.22 亿人，较 2013 年底增长 4096 万人，增长率为 22.7%，网民使用率由 29.3% 提升至 34.2%。在网上预订火车票、机票、酒店和旅行度假产品的网民分别占比 26.6%，13.5%，13% 和 7.6%。与此同时，手机预订机票、酒店、火车票或旅行度假产品的用户规模达到 1.34 亿人，较 2013 年增长 8865 万人，增长率为 194.6%，网民使用率由 9.1% 提升至 24.1%（参见图 6 – 11 和图 6 – 12）。

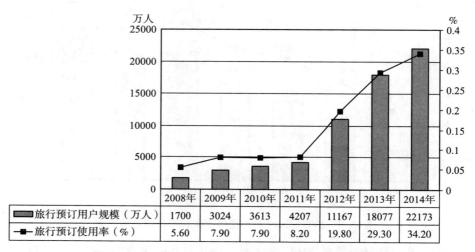

	2008年	2009年	2010年	2011年	2012年	2013年	2014年
旅行预订用户规模（万人）	1700	3024	3613	4207	11167	18077	22173
旅行预订使用率（%）	5.60	7.90	7.90	8.20	19.80	29.30	34.20

图 6 – 11　2008 ~ 2014 年中国旅行预订用户数及使用率

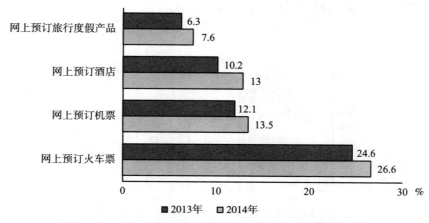

图 6 – 12　2013 ~ 2014 年中国网民各类旅行预订服务使用率

（3）网络广告市场规模①。

2014 年，中国网络广告市场规模达到 1540 亿元，同比增长达到 40.00%，增速较上年小幅下降（参见图 6－13）。

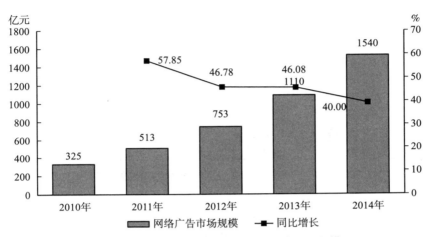

图 6－13　2010～2014 年中国网络广告市场规模

（4）网络游戏市场规模。

①网络游戏用户规模。截至 2014 年 12 月，中国网络游戏用户规模达到 3.66 亿人，网民使用率从 2013 年底的 54.7% 升至 56.4%，增长规模达 2782 万人。手机网络游戏用户规模为 2.48 亿人，使用率从 2013 年底的 43.1% 提升至 44.6%，增长规模达 3288 万人（参见图 6－14）。

②网络游戏付费市场规模②。2014 年，中国网络游戏市场规模达 1108.1 亿元，同比增长 24.28%，其中移动游戏占比 24.9%，首次超过页游（参见图 6－15）。

（5）网络文学市场规模。

截至 2014 年 12 月，我国网络文学用户规模为 2.94 亿人，较 2013 年底增长 1944 万人，年增长率为 7.1%。网络文学使用率为 45.3%，较 2013 年底增长了 0.9 个百分点。

---

①　该部分数据来自艾瑞网（www.iresearch.cn）。部分数据因四舍五入的原因，存在着与分项合计不等的情况。

②　该部分数据来自艾瑞网。部分数据因四舍五入的原因，存在着与分项合计不等的情况。

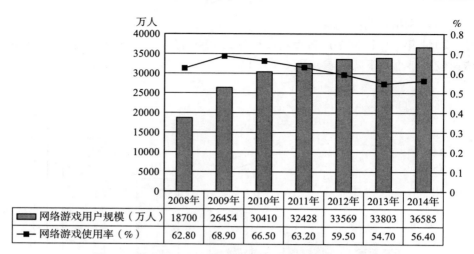

万人	2008年	2009年	2010年	2011年	2012年	2013年	2014年
网络游戏用户规模（万人）	18700	26454	30410	32428	33569	33803	36585
网络游戏使用率（%）	62.80	68.90	66.50	63.20	59.50	54.70	56.40

图 6 - 14 2008 ~ 2014 年中国网络游戏用户数及使用率

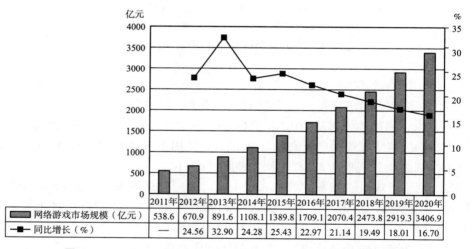

亿元	2011年	2012年	2013年	2014年	2015年	2016年	2017年	2018年	2019年	2020年
网络游戏市场规模（亿元）	538.6	670.9	891.6	1108.1	1389.8	1709.1	2070.4	2473.8	2919.3	3406.9
同比增长（%）	—	24.56	32.90	24.28	25.43	22.97	21.14	19.49	18.01	16.70

图 6 - 15 2011 ~ 2020 年中国网络游戏用户付费市场规模及预测

注：中国网络游戏市场规模统计包括 PC 端游戏、PC 端浏览器游戏、移动端游戏，网络游戏市场规模包含中国大陆网络游戏用户消费总金额，以及中国网络游戏企业在海外网络游戏市场获得的总收入。

2. 网络媒体业发展

（1）新闻网站。

截至 2014 年 12 月，我国网络新闻用户规模达 5. 19 亿人，较 2013 年增加 2762 万人，增长率为 5. 62%，网民中的使用率达 80. 0%。其中，手机网络新闻用户达 4.15 亿人，较 2013 年增加 4888 万人，同比增长 13.34%，手机网民使用率为 74.6%（参见图 6 - 16）。

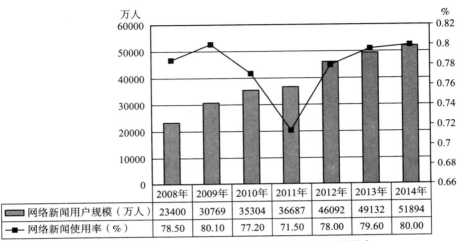

	2008年	2009年	2010年	2011年	2012年	2013年	2014年
网络新闻用户规模（万人）	23400	30769	35304	36687	46092	49132	51894
网络新闻使用率（%）	78.50	80.10	77.20	71.50	78.00	79.60	80.00

图 6 - 16　2008 ~ 2014 年中国网络新闻用户数及使用率

（2）网络视频。

截至 2014 年 12 月，中国网络视频用户规模达 4.33 亿人，较上年年底增加 478 万人，网络视频用户使用率为 66.70%，比上年年底略降，网络视频对新增网民的拉动作用减弱。其中，手机视频用户规模为 3.13 亿人，与 2013 年底相比增长了 6611 万人，增长率为 26.8%（参见图 6 - 17）。

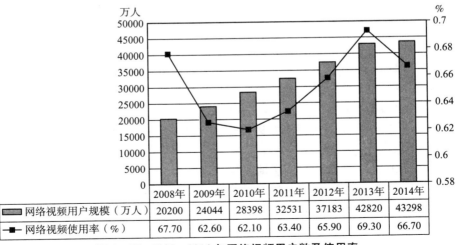

	2008年	2009年	2010年	2011年	2012年	2013年	2014年
网络视频用户规模（万人）	20200	24044	28398	32531	37183	42820	43298
网络视频使用率（%）	67.70	62.60	62.10	63.40	65.90	69.30	66.70

图 6 - 17　2008 ~ 2014 年网络视频用户数及使用率

（3）搜索引擎。

截至 2014 年 12 月，我国搜索引擎用户规模达 5.22 亿人，使用率为80.50%，用户规模较 2013 年增长 3257 万人，增长率为 6.7%；手机搜索用户数达 4.29 亿人，使用率达 77.1%，用户规模较 2013 年增长 6411 万人，增长率为 17.6%（参见图 6-18）。

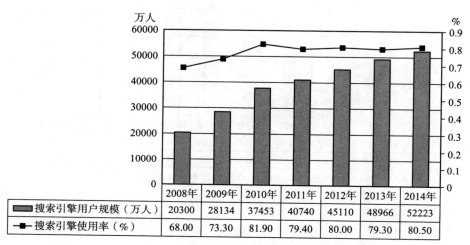

	2008年	2009年	2010年	2011年	2012年	2013年	2014年
搜索引擎用户规模（万人）	20300	28134	37453	40740	45110	48966	52223
搜索引擎使用率（%）	68.00	73.30	81.90	79.40	80.00	79.30	80.50

图 6-18　2008~2014 年中国搜索引擎用户数及使用率

（4）即时通信。

截至 2014 年 12 月，我国即时通信网民规模达 5.88 亿人，比 2013 年底增长了 5561 万人，年增长率为 10.4%。即时通信使用率为 90.6%，较 2013 年底增长了 4.4 个百分点，使用率位居第一（参见图 6-19）。

即时通信服务作为互联网最基础的应用之一，伴随着智能手机的不断普及，在手机端也一直保持着稳步增长的趋势。截至 2014 年 12 月，我国手机即时通信网民数为 5.08 亿人，较 2013 年底增长了 7683 万人，年增长率达17.8%。手机即时通信使用率为 91.2%，较 2013 年底提升了 5.1 个百分点。

（5）微博。

截至 2014 年 12 月，我国微博客用户规模为 2.49 亿人，较 2013 年底减少3194 万人，网民使用率为 38.40%，与上年年底相比下降了 7.1 个百分点。其中，手机微博客用户数为 1.71 亿人，相比 2013 年底下降 2562 万人，使用率为 30.7%（参见图 6-20）。

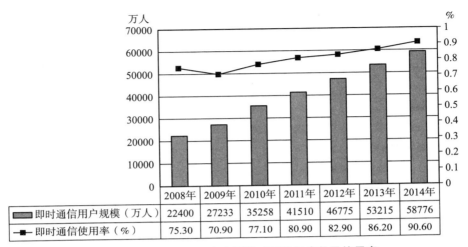

	2008年	2009年	2010年	2011年	2012年	2013年	2014年
即时通信用户规模（万人）	22400	27233	35258	41510	46775	53215	58776
即时通信使用率（%）	75.30	70.90	77.10	80.90	82.90	86.20	90.60

图 6 – 19　2008～2014 年中国即时通信用户数及使用率

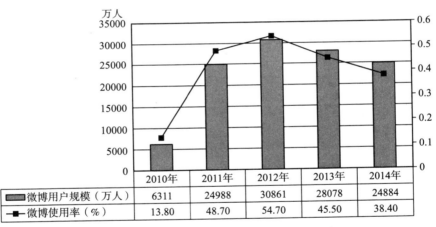

	2010年	2011年	2012年	2013年	2014年
微博用户规模（万人）	6311	24988	30861	28078	24884
微博使用率（%）	13.80	48.70	54.70	45.50	38.40

图 6 – 20　2010～2014 年微博用户数及使用率

（6）博客/个人空间。

截至 2014 年 12 月，我国博客用户规模为 1.09 亿人，较 2013 年底增加 2126 万人，增长率为 24.2%。网民中的使用率为 16.8%，比 2013 年底增长了 2.6 个百分点（参见图 6–21）。

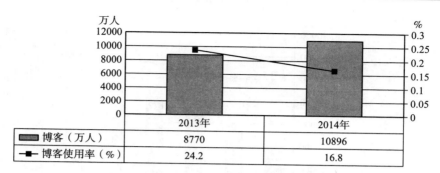

图 6－21　2013～2014 年博客用户数及使用率

（7）数字音乐。

截至 2014 年，我国网络音乐用户规模达 47807 万人，网络音乐使用率为 73.70%（参见图 6－22）。

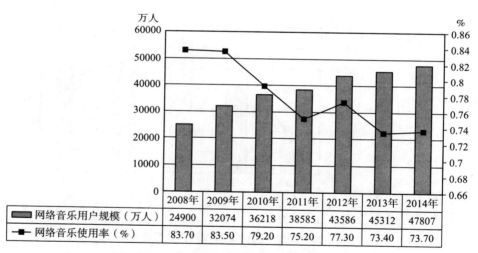

图 6－22　2008～2014 年网络音乐用户数及使用率

6.1.3　移动媒体

1. 移动媒体用户规模

2014 年，我国手机网民规模达 5.57 亿人，较 2013 年增加 5672 万人，同比增长 11.34%，网民中使用手机上网的人群占比由 2013 年的 81.0% 提升至 85.8%。2014 年上半年手机网民增速为 5.4%，下半年为 5.6%，增速未出现明显增长，手机网民即将进入平稳增长阶段。2014 年，根据工信部发布的《通信业主要指标完成情况》显示，2014 年全年移动电话普及率由 90.8% 升至年底的 94.5%，移动电话普及率已基本达到饱和（参见图 6 – 23）。

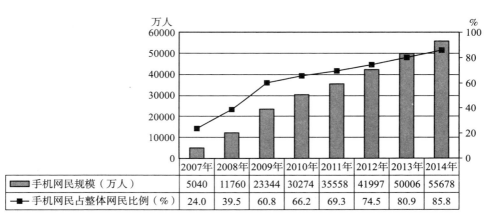

	2007年	2008年	2009年	2010年	2011年	2012年	2013年	2014年
手机网民规模（万人）	5040	11760	23344	30274	35558	41997	50006	55678
手机网民占整体网民比例（%）	24.0	39.5	60.8	66.2	69.3	74.5	80.9	85.8

图 6 – 23 2007～2014 年我国手机网民规模及占网民比例

2. 移动媒体终端

截至 2014 年 12 月，中国网民通过台式电脑和笔记本电脑接入互联网的比例分别为 70.8% 和 43.2%；手机上网使用率为 85.8%，较 2013 年底提高 4.8 个百分点；平板电脑上网使用率达到 34.8%；电视上网使用率为 15.6%（参见图 6 – 24）。

3. 移动媒体市场规模

2014 年，移动互联网市场规模迅猛增加，达到 2134.8 亿元，较上年同期增长 101.43%（参见图 6 – 25）。①

4. 移动媒体产品与服务

（1）移动通信。

截至 2014 年 12 月，我国手机即时通信网民数为 5.08 亿人，较 2013 年底

---

① 该部分数据来自于艾瑞网（www.iresearch.cn）。部分数据因四舍五入的原因，存在着与分项合计不等的情况。

增长了 7683 万人，年增长率达 17.8%。手机即时通信使用率为 91.2%，较 2013 年底提升了 5.1 个百分点（参见图 6 – 26）。

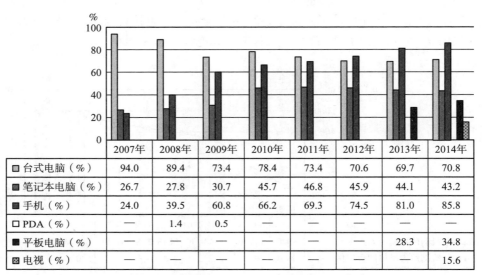

	2007年	2008年	2009年	2010年	2011年	2012年	2013年	2014年
□ 台式电脑（%）	94.0	89.4	73.4	78.4	73.4	70.6	69.7	70.8
■ 笔记本电脑（%）	26.7	27.8	30.7	45.7	46.8	45.9	44.1	43.2
■ 手机（%）	24.0	39.5	60.8	66.2	69.3	74.5	81.0	85.8
□ PDA（%）	—	1.4	0.5	—	—	—	—	—
■ 平板电脑（%）	—	—	—	—	—	—	28.3	34.8
▨ 电视（%）	—	—	—	—	—	—	—	15.6

图 6 – 24　2007 ~ 2014 年我国网民上网设备变化

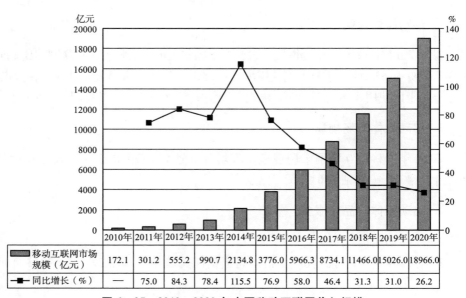

	2010年	2011年	2012年	2013年	2014年	2015年	2016年	2017年	2018年	2019年	2020年
▦ 移动互联网市场规模（亿元）	172.1	301.2	555.2	990.7	2134.8	3776.0	5966.3	8734.1	11466.0	15026.0	18966.0
■ 同比增长（%）	—	75.0	84.3	78.4	115.5	76.9	58.0	46.4	31.3	31.0	26.2

图 6 – 25　2010 ~ 2020 年中国移动互联网收入规模

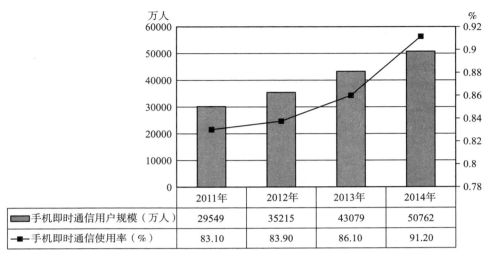

万人	2011年	2012年	2013年	2014年
手机即时通信用户规模（万人）	29549	35215	43079	50762
手机即时通信使用率（%）	83.10	83.90	86.10	91.20

图 6 - 26　2011 ~ 2014 年中国手机即时通信用户数及手机网民使用率

（2）移动搜索。

截至 2014 年 12 月，我国手机搜索用户数达 4.29 亿人，使用率达 77.1%，用户规模较 2013 年增长 6411 万人，增长率为 17.6%。在手机端综合搜索引擎市场中，品牌表现也比较一致，百度搜索以 90.3% 的使用率排名第一，其后分别是搜搜/搜狗搜索和 360 搜索，使用率分别为 29.7% 和 21.9%（参见图 6 - 27）。

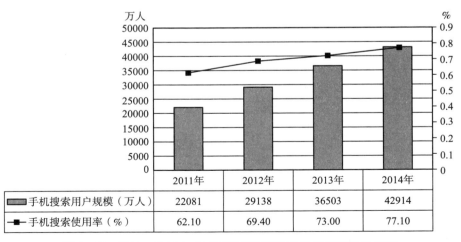

万人	2011年	2012年	2013年	2014年
手机搜索用户规模（万人）	22081	29138	36503	42914
手机搜索使用率（%）	62.10	69.40	73.00	77.10

图 6 - 27　2011 ~ 2014 年中国手机搜索用户数及手机网民使用率

（3）移动微博。

截至 2014 年 12 月，我国手机微博客用户数为 1.71 亿人，相比 2013 年底下降 2562 万，使用率为 30.7%（参见图 6 – 28）。

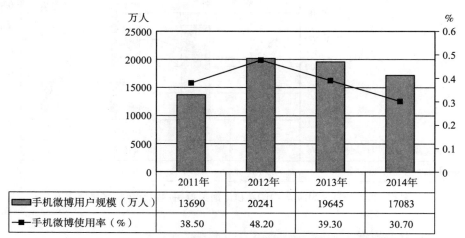

	2011年	2012年	2013年	2014年
手机微博用户规模（万人）	13690	20241	19645	17083
手机微博使用率（%）	38.50	48.20	39.30	30.70

图 6 – 28　2011 ~ 2014 年中国手机微博用户数及手机网民使用率

（4）移动视频。

截至 2014 年 12 月，中国手机视频用户规模为 3.13 亿人，与 2013 年底相比增长了 6611 万，增长率为 26.8%，手机网民使用率为 56.20%，相比 2013 年底增长 6.9 个百分点（参见图 6 – 29）。

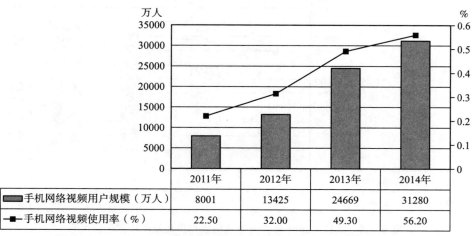

	2011年	2012年	2013年	2014年
手机网络视频用户规模（万人）	8001	13425	24669	31280
手机网络视频使用率（%）	22.50	32.00	49.30	56.20

图 6 – 29　2011 ~ 2014 年中国手机网络视频用户数及手机网民使用率

（5）移动游戏。

截至 2014 年 12 月，中国手机网络游戏用户规模为 2.48 亿人，使用率从 2013 年底的 43.10% 提升至 44.60%，增长规模达 3288 万人，手机端游戏用户成为最核心增长动力的同时也意味着电脑端网络游戏用户向手机端的进一步转化（参见图 6 - 30）。

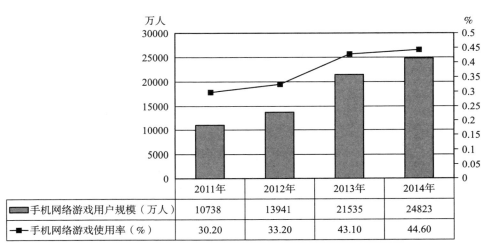

	2011年	2012年	2013年	2014年
手机网络游戏用户规模（万人）	10738	13941	21535	24823
手机网络游戏使用率（%）	30.20	33.20	43.10	44.60

图 6 - 30　2011 ~ 2014 年中国手机网络游戏用户数及手机网民使用率

（6）移动阅读①。

截至 2014 年底，我国已有 5.2 亿网络新闻用户和 2.94 亿网络文学用户，其中使用手机网上看新闻的用户和手机网络文学用户分别达到 4.15 亿和 2.26 亿，市场前景巨大。同时，包括纸质书籍、电脑、手机、平板电脑在内的阅读方式中，手机阅读的使用比例最高，达到 84.6%，远超其他阅读方式。

手机网民在手机端阅读主要以新闻资讯和小说为主，分别占 80.8% 和 48.4%。手机端实时更新的新闻内容大大降低了网民获取新闻所需的成本，而网络小说则填补了网民零碎时间的娱乐需求（参见图 6 - 31）。

---

① 该部分数据来自中国互联网络信息中心发布的《2014 年中国手机网民娱乐行为报告》。部分数据因四舍五入的原因，存在着与分项合计不等的情况。

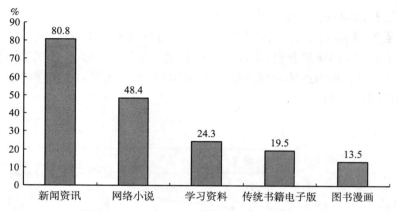

图 6-31　2014 年手机网民在手机端阅读内容

（7）移动音乐①。

2014 年，手机音乐用户规模达到 3.66 亿人，较 2013 年增加 7538 万人；使用率较上年增长了 7.6 个百分点，达到 65.8%，是使用率增幅最大的手机娱乐类应用。

在手机音乐的收听方式上，当前用户主要使用的仍然是将音乐下载到手机中存储后再播放，这种收听方式的比例高达 68.6%，而随着 WiFi 的普及，用户在线直接收听音乐的比例有了很大增长，使用比例达到 47.3%（参见图 6-32）。

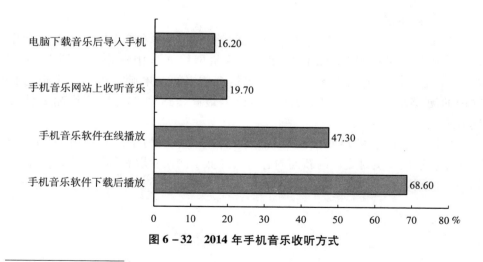

图 6-32　2014 年手机音乐收听方式

---

① 该部分数据来自中国互联网络信息中心发布的《2014 年中国手机网民娱乐行为报告》。

（8）移动购物。

2014 年我国手机网络购物用户规模达到 2.36 亿人，增长率为 63.5%，是网络购物市场整体用户规模增长速度的 3.2 倍，手机购物的使用比例提升了 13.5 个百分点达到 42.4%（参见图 6 – 33）。

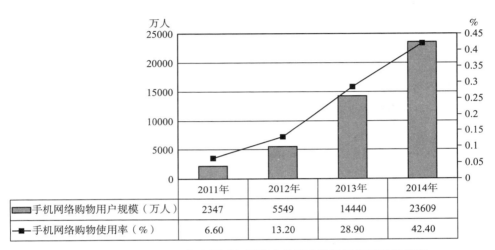

	2011年	2012年	2013年	2014年
手机网络购物用户规模（万人）	2347	5549	14440	23609
手机网络购物使用率（%）	6.60	13.20	28.90	42.40

图 6 – 33　2011～2014 年中国手机网络购物用户数及手机网民使用率

6.2　搜　索　引　擎①

6.2.1　搜索引擎业现状

1. 用户规模

（1）互联网用户规模。

截至 2013 年 12 月，中国网民总数达 6.18 亿人，全年共计新增网民 5358 万人，同比增长了 9.5%。由于网民规模已经超过 6 亿人，网民基数进一步增大，增长率逐渐放缓（参见图 6 –34）。

---

① 该部分数据来自中国互联网络信息中心发布的《2013 中国搜索引擎市场研究报告》。部分数据因四舍五入的原因，存在着与分项合计不等的情况。

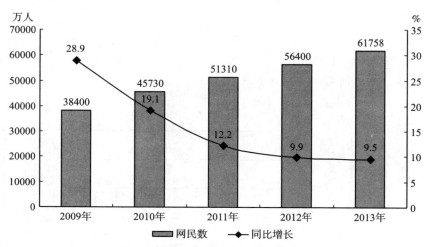

图6-34　2009～2013年中国互联网用户规模及增长情况

（2）搜索引擎用户规模。

截至2013年12月，我国搜索引擎用户规模为4.90亿人，较2012年底增加3856万人，同比增长8.5%。尽管整体搜索引擎用户数呈现稳定增长趋势，但增长速度稍低于整体网民增长，主要因为本年度新增网民主要来自于移动端，而网民移动设备上搜索引擎使用率相对较低（参见图6-35）。

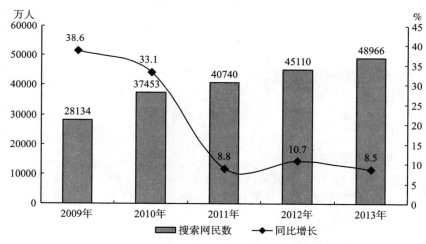

图6-35　2009～2013年中国搜索引擎用户规模及增长情况

2. 搜索引擎市场格局

（1）综合搜索引擎网站知名度①。

2013 年，搜索引擎在搜索网民中的知名度，百度以 99.1% 位居第一；谷歌搜索以 86.8% 的比例位列第二；搜狗搜索（77.3%）、360 搜索（74.5%）、SOSO 搜搜（63.9%）、雅虎搜索（62.8%）分别位列三至六位；其他品牌都在 43% 以下，与前六位品牌差距较大（参见图 6-36）。

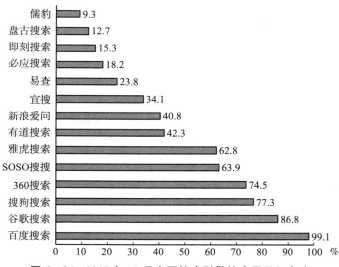

图 6-36 2013 年 12 月主要搜索引擎搜索网民知名度

（2）综合搜索引擎网站渗透率②。

2013 年，搜索引擎在搜索网民中的渗透率方面，百度以 97.6% 的比例位居第一；360 搜索则以 43.1% 名列第二；谷歌搜索（38.8%）、搜狗搜索（34.6%）、SOSO 搜搜（23.7%）分别位列三至五位；其他品牌则都在 10% 以下，与前六位品牌差距较大（参见图 6-37）。

---

① 知名度指在提示情况下，知道某搜索品牌的网民数占整体搜索网民数的百分比。
② 渗透率指过去半年使用过某搜索的网民数占总搜索网民数的百分比。

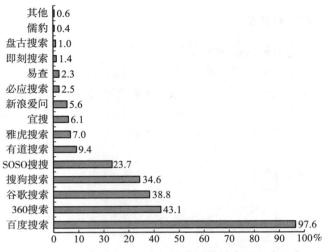

图 6-37　2013 年 12 月主要搜索引擎搜索网民渗透率

（3）综合搜索引擎网站首选率①。

搜索网民中，有 86.7% 的人把百度当成首选搜索引擎，8.8% 的人把 360 搜索当成首选搜索引擎，搜狗搜索则为 2.0%，其他品牌被当成首选搜索引擎的比例均在 2% 以下（参见图 6-38）。

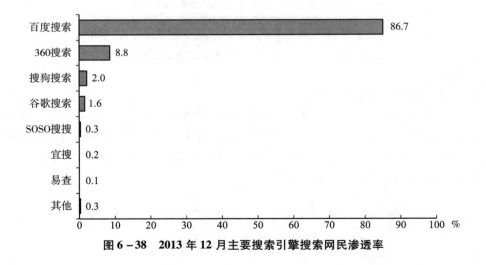

图 6-38　2013 年 12 月主要搜索引擎搜索网民渗透率

---

① 首选率指被搜索网民列为最常用搜索引擎的次数占总体搜索引擎网民数的比例。

3. 网民使用搜索引擎数量

2013 年，整体上网民平均使用搜索引擎数量为 2.7 个，其中在电脑上使用 2.6 个，在手机上使用 1.7 个。近七成搜索网民使用 2 个及以上搜索引擎，仅使用一个的网民仅占 32.3%。分设备来看，在电脑端使用一个搜索引擎的比例为 32.7%，而手机端高达 66.7%。

6.2.2　电脑端搜索引擎发展情况

1. 电脑端搜索引擎市场格局

（1）电脑端搜索引擎市场渗透率。

2013 年，电脑端搜索引擎品牌渗透率前五位排序与整体市场一致，仍然是百度第一，360 搜索、谷歌搜索、搜狗搜索、SOSO 搜索分别位居第二至第五位，但渗透率有一定的差异（参见图 6 - 39）。

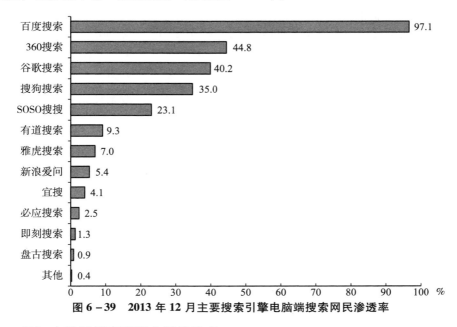

图 6 - 39　2013 年 12 月主要搜索引擎电脑端搜索网民渗透率

（2）电脑端搜索引擎市场首选率。

2013 年，百度在电脑端的首选率为 85.6%，略低于其整体首选率（86.7%），是因为其在手机上的首选率为 89.1%，拉高了整体首选率。360 搜索则相反，在电脑端的首选率为 10.1%，高于其整体市场首选率（8.8%），是因为其在移动端市场首选率相对较低。此外，搜狗和谷歌的首选率分别为 2.3%、1.6%，名列第三、第四位（参见图 6-40）。

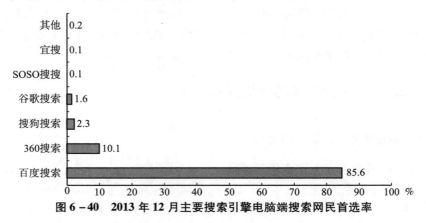

图 6-40　2013 年 12 月主要搜索引擎电脑端搜索网民首选率

（3）电脑端搜索引擎市场前两位选择率。

2013 年，近七成网民同时使用两个及以上的搜索引擎，来满足自己的搜索需求，除了常用（首选）的搜索引擎外，还使用第二个搜索引擎作为补充。

从网民使用的前两个搜索引擎来看，百度覆盖了 96.1% 的电脑端搜索网民；360 凭借较高的第二选择率，也达到了 31.1%；谷歌作为网民的第二选择率较高，达到了 18.3%，整体前两位选择率达到了 19.9%；搜狗搜索首选率高于谷歌，但作为第二选择率不如谷歌，前两位选择率为 12.0%（参见图 6-41）。

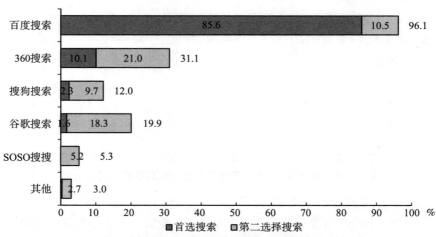

图 6-41　2013 年 12 月电脑端主要搜索引擎前两位选择率

2. 网民电脑端搜索引擎使用行为

（1）使用搜索引擎的渠道。

2013年，在搜索网民使用过的搜索路径中，借助浏览器直接上搜索引擎首页进行搜索的人占了79.1%，是网民最主要的搜索方式；曾经在浏览器地址栏里输入关键词进行过搜索、使用浏览器上的搜索框进行搜索的网民也分别达62.8%、57.1%，表明浏览器上的搜索入口也很重要；此外，一半搜索网民使用过导航网站提供的搜索框，四成网民使用过常访问的网站提供的搜索功能。其他方面，使用过桌面搜索、输入法、聊天工具提供的搜索功能的比例相对较小（参见图6-42）。

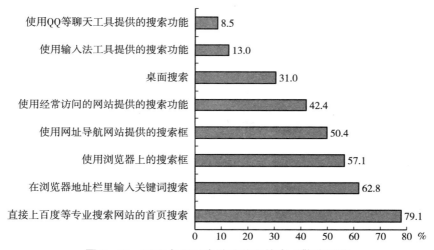

图6-42　2013年网民电脑端使用搜索引擎的渠道

（2）进入搜索主页的渠道。

2013年，在直接进入搜索引擎主页进行搜索的网民中，浏览器默认搜索引擎仍然是最主要的渠道，占比为29.4%，但相比2012年已大幅度减少19.8个百分点。而通过导航网站、浏览器首页搜索框、浏览器首页常用网址进入的比例都有较大幅度增长，分别提升了5个以上百分点（参见图6-43）。

3. 第三代搜索引擎情况

2013年，部分企业推出了结合第三代搜索引擎概念的搜索产品，推出至今

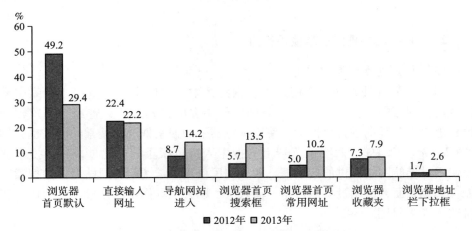

图 6 − 43　2012 ~ 2013 年网民电脑端进入搜索主页的渠道

在搜索网民中的渗透率如图 6 − 44 所示。整体上来讲，第三代搜索引擎还在起步阶段，网民渗透率较低。

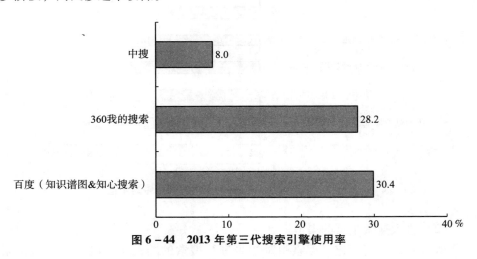

图 6 − 44　2013 年第三代搜索引擎使用率

6.2.3　手机搜索引擎发展情况

1. 手机搜索网民规模

截至 2013 年 12 月，中国手机搜索网民数达 3.65 亿人，较上年同期增长

了 25.3%。手机搜索网民快速增长，是近两年来整体搜索引擎增长的主要动
力（参见图 6 - 45）。

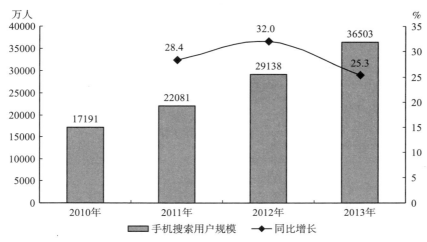

图 6 - 45　2010 ~ 2013 年手机搜索引擎网民规模和增长情况

2. 手机搜索网站的市场格局

（1）手机端搜索引擎市场渗透率①。

2013 年，在手机搜索引擎渗透率方面，百度位居第一，过去半年在手机
上使用百度搜索的手机网民占了 95.2% ；谷歌搜索、360 搜索、搜狗搜索、
SOSO（搜搜）渗透率在 11% ~ 16%。其他搜索引擎在手机端的渗透率都在
5.2% 及以下，与前面的品牌差距较大（参见图 6 - 46）。

（2）手机端搜索引擎市场首选率②。

2013 年，在手机搜索网民中，有 88.7% 的人把百度当着手机端首选搜索
引擎，4.2% 的人把 360 搜索当成手机端首选搜索引擎，谷歌搜索则为 1.8% ，
SOSO 搜索和搜狗搜索均为 1.5% ，除此之外其他品牌被当作首选搜索引擎的
比例均在 1% 以下（参见图 6 - 47）。

---

①　手机搜索引擎渗透率指过去半年在手机上使用过某搜索的网民数占总手机搜索网民数的百分比。

②　手机搜索引擎首选率指被手机搜索网民列为最常见的手机搜索引擎次数占总体手机搜索引擎网
民数的比例。

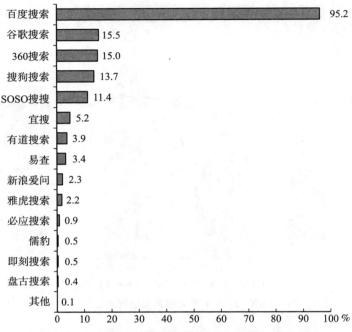

图 6 – 46　2013 年 12 月主要搜索引擎手机端网民渗透率

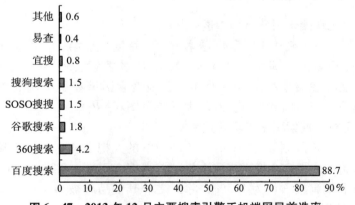

图 6 – 47　2013 年 12 月主要搜索引擎手机端网民首选率

（3）手机端搜索引擎市场前两位选择率。

2013 年，从网民在手机上使用的前两个搜索引擎来看，百度覆盖了 94.0% 的手机搜索网民；360、谷歌、搜狗分别为 10.7%、9.3%、6.7%（参见图 6 – 48）。

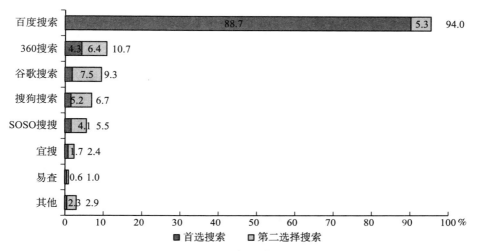

图 6 – 48　2013 年 12 月网民手机端前两位品牌选择率

3. 手机搜索用户行为

（1）手机使用搜索引擎的渠道。

2013 年，手机搜索网民最常进入搜索引擎的渠道依次为：手机浏览器、手机搜索应用（APP）、手机内置搜索框，占比分别为 44.3%、36.9%、18.1%（参见图 6 – 49）。

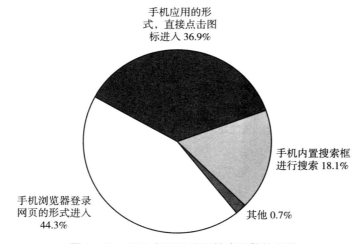

图 6 – 49　2013 年手机使用搜索引擎的渠道

（2）通过浏览器进入搜索引擎的渠道。

2013 年，网民在手机上通过浏览器进入搜索引擎的渠道较为分散，主要为浏览器首页推荐搜索网站、浏览器网址栏输入搜索网址、浏览器网址栏输入搜索引擎中文名称、直接在浏览器上的搜索框里搜索、通过手机浏览器书签打开搜索引擎、选择关键字后使用默认的搜索引擎搜索等，占比在 10% ～ 24%（参见图 6 – 50）。

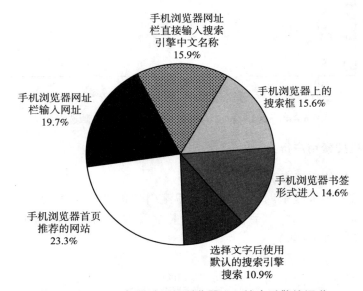

图 6 – 50　2013 年通过手机浏览器进入搜索引擎的渠道

（3）手机搜索输入方式。

2013 年，网民是手机端搜索时使用文字输入方式的占 95.9%，使用二维码输入的占 25.1%，使用语言输入的占 22.1%（参见图 6 – 51）。

（4）网民手机搜索的时间点。

2013 年，网民通过手机在网上搜索信息，最常发生在饭后休息时以及上床后临睡前这两个时间段，使用比例都在 60.7%；其次为坐车途中，使用比例为 56.5%；学习工作时、排队等候时的使用比例也分别达 49.6%、45.9%（参见图 6 – 52）。

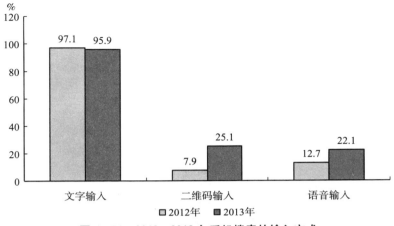

图 6-51　2012～2013 年手机搜索的输入方式

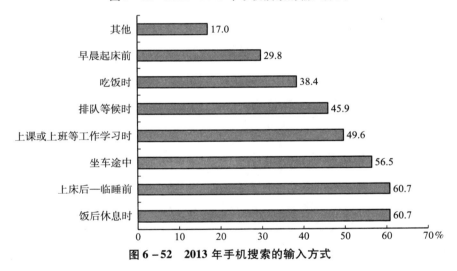

图 6-52　2013 年手机搜索的输入方式

6.3　导　　航①

6.3.1　卫星导航产业规模

2014 年，中国卫星导航产业继续保持稳定增长。据赛迪顾问统计，2014 年

---

① 该部分数据来自赛迪顾问。部分数据因四舍五入的原因，存在着与分项合计不等的情况。

中国卫星导航产业规模为 1827.6 亿元，同比增长 15.8%（参见图 6 - 53）。

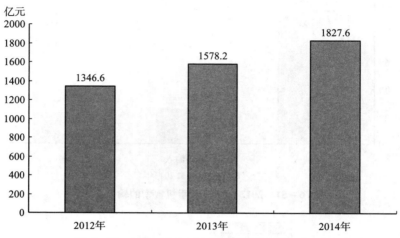

图 6 - 53　2012 ~ 2014 年中国卫星导航产业规模

6.3.2　导航电子地图市场

1. 车载导航地图市场

中国车载导航地图厂商与车厂合作分为两种模式，一种是直接与整车厂合作提供地图数据，以四维图新、高德为主；另一种是与国内车机厂商合作共同向车厂提供硬件 + 软件 + 数据的一体化服务模式，主要以凯立德为代表。2014年，凯立德以 56.6% 的市场占有率稳居中国车载导航地图市场第一，四维图新和高德地图分别位列中国车载导航地图市场的第二位和第三位，其中四维图新占比 16.1%，高德地图占比 8.1%（参见图 6 - 54）。

2. 本地版手机导航客户端市场

2014 年中国本地版手机导航客户端市场，高德地图以 42.5% 的占有率处于领先地位，凯立德位列第二，市场份额为 25.3%（参见图 6 - 55）。

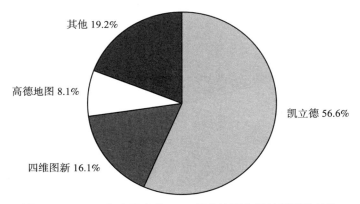

图 6 – 54　2014 年中国车载 GPS 导航地图市场销量品牌结构

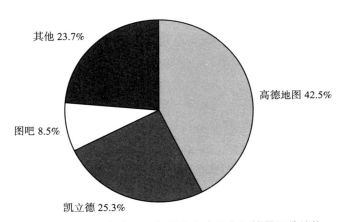

图 6 – 55　2014 年中国手机导航客户端市场销量品牌结构

3. 手机地图/导航客户端市场

2014 年，在中国手机地图/导航客户端市场，百度地图的市场占有率为
40.3％位列第一，高德地图以 29.1％的市场份额排在第二位，凯立德以 9.7％
的市场份额居第三位（参见图 6 – 56）。百度地图拥有庞大的用户基础，在路
线规划查询、导航、定位、使用离线地图、周边查询、实时路况等方面具有较
强的品牌影响力。

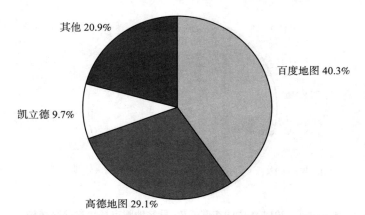

图 6 – 56　2014 年中国手机地图/导航客户端市场销量品牌结构

第7章 休闲旅游产业年度发展报告

7.1 风景区、公园

7.1.1 风景区[①]

从旅游景区数量来看，截至 2012 年底，全国各省、市、自治区中，山东省旅游景区数量最多，达到 547 家，其次是江苏省，景区数量达到 514 家，排在第三的是安徽，景区数量为 397 家，浙江排在第四，景区数量为 325 家，其他省市的旅游景区的企业数量均没有超过 300 家（参见表 7-1）。

表 7-1　　　截至 2012 年底全国各省、市、自治区旅游景区数统计

地区	总数（家）	AAAAA	AAAA	AAA	AA	A
总计	6042	147	1966	2123	1689	117
山东	547	7	146	219	170	5
江苏	514	14	122	142	236	0
安徽	397	6	117	134	139	1
浙江	325	10	135	83	93	4
河北	293	5	113	73	100	2
黑龙江	260	3	43	98	103	13
新疆	259	5	56	94	89	15
湖北	256	7	91	100	55	3

[①] 该部分数据来自于国家旅游局编写的《中国旅游统计年鉴 2013》，中国旅游出版社 2013 年版。部分数据因四舍五入的原因，存在着与分项合计不等的情况。

续表

地区	总数（家）	AAAAA	AAAA	AAA	AA	A
河南	251	8	89	109	45	0
辽宁	240	3	63	119	47	8
四川	232	5	98	55	73	1
内蒙古	215	2	48	89	74	2
湖南	194	5	66	86	35	2
北京	193	7	64	74	36	12
广东	193	7	116	59	11	0
甘肃	177	3	41	54	78	1
陕西	172	5	44	83	37	3
广西	164	3	88	61	12	0
云南	146	6	58	31	45	6
江西	131	4	45	40	42	0
重庆	128	5	50	43	28	2
吉林	121	3	20	42	33	23
福建	97	6	54	18	19	0
山西	95	3	64	7	18	3
贵州	93	2	27	50	14	0
上海	77	3	41	33	0	0
天津	73	2	14	42	15	0
西藏	66	0	11	18	26	11
青海	61	2	17	37	5	0
海南	40	0	15	17	5	0
宁夏	32	3	10	13	6	0

2012 年，各景区接待总人数共计 29.26 亿人次，营业收入 2898.93 亿元，其中门票收入 927.06 亿元（参见表 7-2）。

表 7-2　　　　2012 年全国各省、市、自治区旅游景区基本情况

地区	接待总人数（亿人次）	营业收入（亿元）	门票收入（亿元）
总计	29.26	2898.93	927.06
北京	1.43	71.5	42.59
天津	0.33	38.3	22.48
河北	0.82	74.4	21.63

续表

地区	接待总人数（亿人次）	营业收入（亿元）	门票收入（亿元）
山西	0.31	91.6	14.21
内蒙古	0.30	41.4	10.31
辽宁	0.25	51.1	39.80
吉林	0.48	55.8	11.70
黑龙江	0.85	111.9	16.09
上海	0.71	50.8	17.48
江苏	3.52	174.3	50.69
浙江	2.22	112.7	38.58
安徽	1.80	174.5	61.62
福建	0.62	74.3	15.93
江西	0.90	264.1	79.14
山东	2.71	213.7	71.04
河南	1.64	91.1	29.12
湖北	0.88	137.9	41.06
湖南	0.93	140.8	33.80
广东	1.68	119.2	53.62
广西	0.74	52.5	16.70
海南	0.24	45.6	14.31
重庆	0.61	79.4	23.35
四川	1.71	224.9	66.14
贵州	0.39	84.2	24.76
云南	0.75	13.7	4.01
西藏	0.06	31.6	9.27
陕西	1.03	70.3	40.22
甘肃	0.37	54.1	15.05
青海	0.62	30.7	18.09
宁夏	0.08	33.3	7.53
新疆	0.28	89.3	16.74

7.1.2 公园①

截至 2014 年底，我国有森林公园 3101 处，面积达 1780.54 万公顷。其中国家级森林公园 792 处，面积 1226.10 万公顷；省级森林公园 1428 处，面积 432.13 万公顷；县级森林公园 881 处，面积 122.32 万公顷（参见表 7 - 3 和表 7 - 4）。

表 7 - 3　　　　截至 2014 年全国各省、市、自治区森林公园情况

地区	森林公园总数（处）	国家级森林公园（处）	省级森林公园（处）	县级森林公园（处）
总计	3101	792	1428	881
北京	31	15	16	0
天津	1	1	0	0
河北	101	27	74	0
山西	127	19	51	57
内蒙古	46	22	23	1
内蒙古森工	8	8	0	0
辽宁	70	29	41	0
吉林	48	26	22	0
吉林森工	8	8	0	0
黑龙江	62	32	30	0
龙江森工	41	24	17	0
大兴安岭	2	2	0	0
上海	5	4	1	0
江苏	65	17	48	0
浙江	199	39	80	80
安徽	73	31	42	0
福建	178	30	127	21
江西	175	46	116	13
山东	251	43	76	132
河南	170	28	84	58
湖北	93	34	59	0
湖南	123	51	60	12

① 该部分数据来自于中国森林公园网。部分数据因四舍五入的原因，存在着与分项合计不等的情况。

续表

地区	森林公园总数（处）	国家级森林公园（处）	省级森林公园（处）	县级森林公园（处）
广东	532	25	74	433
广西	56	20	30	6
海南	27	9	16	2
重庆	87	25	61	1
四川	123	33	57	33
贵州	78	22	34	22
云南	41	27	14	0
西藏	9	9	0	0
陕西	87	35	50	2
甘肃	94	21	73	0
青海	18	7	11	0
宁夏	11	4	7	0
新疆	61	19	34	8

表 7 – 4　　　　截至 2014 年全国各省、市、自治区森林公园情况

地区	森林公园面积（公顷）	国家级森林公园面积（公顷）	省级森林公园面积（公顷）	县级森林公园面积（公顷）
总计	17805428.23	12260972.45	4321303.83	1223151.95
北京	96262.87	68441.03	27821.84	0.00
天津	2126.00	2126.00	0.00	0.00
河北	517565.21	298852.31	218712.90	0.00
山西	563114.90	389132.80	128909.19	45072.91
内蒙古	751835.21	512655.79	233809.42	5370.00
内蒙古森工	400927.00	400927.00	0.00	0.00
辽宁	229344.22	140009.32	89334.90	0.00
吉林	2400620.39	1944196.83	456423.56	0.00
吉林森工	89773.04	89773.04	0.00	0.00
黑龙江	540615.62	438752.03	101863.59	0.00
龙江森工	1376817.40	1260145.60	116671.80	0.00
大兴安岭	129972.37	129972.37	0.00	0.00

地区	森林公园 面积（公顷）	国家级森林 公园面积（公顷）	省级森林 公园面积（公顷）	县级森林公园 面积（公顷）
上海	2252.10	1952.10	300.00	0.00
江苏	86314.66	41792.90	44521.76	0.00
浙江	433931.16	222017.92	146076.58	65836.66
安徽	157872.09	108247.94	49624.15	0.00
福建	238714.65	127527.24	87931.82	23255.59
江西	514856.39	377496.88	109556.29	27803.22
山东	418361.10	192038.37	108141.67	118181.06
河南	381235.16	118872.26	165552.44	96810.46
湖北	421110.11	296883.84	124226.27	0.00
湖南	478464.20	267056.55	187745.82	23661.83
广东	1092350.90	206837.23	113424.40	772089.27
广西	260289.19	212646.73	46471.56	1170.90
海南	167120.54	119101.93	46325.94	1692.67
重庆	190875.64	133936.82	56103.75	835.07
四川	766704.75	642144.83	105287.79	19272.13
贵州	264955.35	151908.85	93801.02	19245.48
云南	147651.32	112612.02	35039.30	0.00
西藏	1329608.15	1329608.15	0.00	0.00
陕西	351642.47	185391.77	165252.00	998.70
甘肃	967976.82	434401.45	533575.37	0.00
青海	475078.33	293296.60	181781.73	0.00
宁夏	37629.20	28587.00	9042.20	0.00
新疆	1521459.72	981628.95	537974.77	1856.00

2014 年，我国森林公园收入总额为 30476.72 万元，其中门票收入 5629.02 万元，占总收入的 18.47%；食宿收入 20370.50 万元，占比 66.84%；娱乐收入 2332.01 万元，占比 7.65%；其他收入 2145.19 万元，占比 7.04%（参见图 7 - 1）。

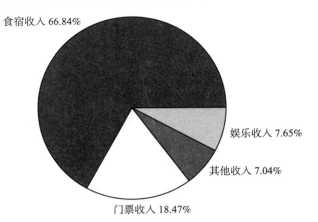

食宿收入 66.84%

娱乐收入 7.65%

其他收入 7.04%

门票收入 18.47%

图 7 - 1　2014 年我国森林公园收入分布

2014 年，我国森林公园旅游总人数为 816.30 万人，其中海外旅游者 4.50 万人，占森林公园旅游总人数的 0.55%。

7.2　旅　行　社[①]

7.2.1　旅行社填报情况

2013 年，全国旅行社季度组织接待和年度财务数据填报率分别为 96.98%、97.94%、97.85%、97.82% 和 96.50%，年度平均填报率为 97.42%，同比提高 0.17 个百分点。31 个省、市、自治区年度平均填报率超过 90%，其中内蒙古、宁夏、黑龙江、兵团 4 个地区年度平均填报率为 100%（参见表 7 -5）。

表 7 -5　　　　　**2013 年全国各省、市、自治区旅行社填报率情况**　　　　单位：%

序号	地区	一季度	二季度	三季度	四季度	财务数据	平均填报率
1	内蒙古	100.00	100.00	100.00	100.00	100.00	100.00
2	宁夏	100.00	100.00	100.00	100.00	100.00	100.00
3	黑龙江	100.00	100.00	100.00	100.00	100.00	100.00

①　该部分数据来自于国家旅游局发布的《2013 年度全国旅行社统计调查情况的公报》。部分数据因四舍五入的原因，存在着与分项合计不等的情况。

续表

序号	地区	一季度	二季度	三季度	四季度	财务数据	平均填报率
4	兵团	100.00	100.00	100.00	100.00	100.00	100.00
5	湖北	100.00	99.72	99.90	99.91	100.00	99.91
6	山东	99.70	99.75	100.00	100.00	100.00	99.89
7	吉林	99.26	99.26	99.82	100.00	100.00	99.67
8	广东	98.20	99.68	100.00	100.00	99.94	99.56
9	湖南	100.00	100.00	100.00	97.53	100.00	99.51
10	甘肃	100.00	99.54	100.00	100.00	97.65	99.44
11	福建	99.48	99.23	99.50	98.72	99.48	99.28
12	陕西	98.77	99.09	100.00	99.85	98.24	99.19
13	北京	100.00	99.48	99.13	99.04	98.17	99.16
14	青海	100.00	100.00	100.00	100.00	94.31	98.86
15	浙江	98.26	99.39	99.50	99.55	96.91	98.72
16	安徽	96.73	98.91	99.31	99.42	97.66	98.40
17	贵州	93.93	98.91	99.27	99.27	99.25	98.13
18	新疆	96.41	97.78	98.73	97.83	97.48	97.65
19	天津	97.40	97.95	98.56	98.69	95.55	97.63
20	辽宁	94.55	99.14	98.36	98.45	97.44	97.59
21	山西	99.75	96.38	94.06	98.73	97.60	97.30
22	重庆	92.37	98.77	100.00	96.43	97.09	96.93
23	江苏	96.42	96.45	95.74	96.38	96.63	96.32
24	河北	92.50	96.21	97.19	99.06	95.29	96.05
25	上海	96.64	95.09	95.09	93.50	94.40	94.94
26	江西	97.01	95.86	95.32	93.75	91.98	94.79
27	广西	92.61	93.01	98.62	95.91	89.07	93.84
28	四川	94.89	91.67	92.70	97.27	92.42	93.79
29	云南	90.46	95.27	92.83	96.14	93.56	93.65
30	海南	91.69	91.69	92.05	94.32	94.55	92.86
31	河南	89.36	95.19	93.44	91.26	81.34	90.12
32	西藏	82.35	87.25	66.67	40.20	55.88	66.47
	全国填报率	96.98	97.94	97.85	97.82	96.50	97.42

注：按地区平均填报率排序。

7.2.2　旅行社规模

1. 旅行社数量

截至 2013 年底，全国旅行社总数为 26054 家（按填报 2013 年第四季度组织接待数据的旅行社数量计算），较 2012 年的 24944 家增加 1110 家，增幅 4.45%（参见图 7-2）。宁夏、兵团、贵州、山西和河南 5 个地区旅行社数量减少，减幅最大的宁夏为 5.94%；其余 27 个地区旅行社数量都有不同程度的增长，增幅最大的重庆为 15.86%，内蒙古、海南、北京和天津 4 个地区增长超过 10%。有 11 个地区旅行社数量超过 1000 家，数量最多的江苏为 2073 家，有 9 个地区旅行社数量少于 500 家，数量最少的兵团为 92 家（参见图 7-2 和表 7-6）。

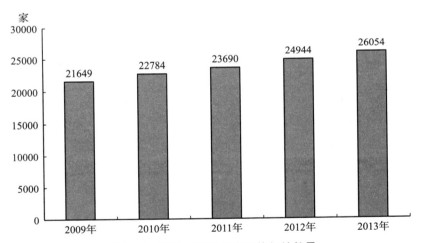

图 7-2　2009~2013 年中国旅行社数量

表 7-6　　　　2012~2013 年全国各省、市、自治区旅行社数量统计

序号	地区	2013 年度（家）	2012 年度（家）	增长率（%）
1	江苏	2073	1996	3.86
2	山东	2001	1963	1.94
3	浙江	1988	1894	4.96
4	广东	1656	1512	9.52

序号	地区	2013 年度（家）	2012 年度（家）	增长率（%）
5	河北	1271	1252	1.52
6	辽宁	1165	1141	2.10
7	北京	1145	1021	12.14
8	上海	1139	1090	4.50
9	河南	1133	1141	-0.70
10	湖北	1058	1041	1.63
11	安徽	1037	986	5.17
12	内蒙古	890	779	14.25
13	山西	788	796	-1.01
14	福建	784	760	3.16
15	湖南	770	723	6.50
16	江西	768	760	1.05
17	陕西	679	644	5.43
18	黑龙江	664	654	1.53
19	云南	622	602	3.32
20	四川	586	534	9.74
21	吉林	553	540	2.41
22	广西	513	510	0.59
23	重庆	504	435	15.86
24	甘肃	431	427	0.94
25	天津	383	344	11.34
26	海南	352	311	13.18
27	新疆	322	303	6.27
28	贵州	273	278	-1.80
29	青海	217	212	2.36
30	西藏	102	99	3.03
31	宁夏	95	101	-5.94
32	兵团	92	95	-3.16
合计		26054	24944	4.45

注：按旅行社数量排序。

2. 旅行社资产

2013 年，全国旅行社资产合计为 1039.77 亿元，同比增长 23.85%，其中负债 697.16 亿元，同比增长 28.01%；所有者权益 342.61 亿元，同比增长 16.16%（参见图 7-3）。

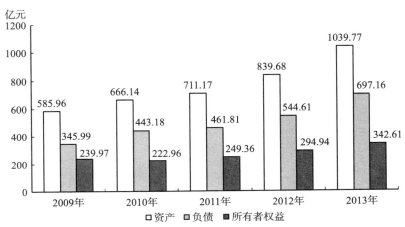

图 7-3　2009~2013 年中国旅行社资产、负债、所有者权益情况

3. 旅行社从业人员

2013 年，全国旅行社直接从业人员 339993 人，同比增长 6.84%，其中大专以上学历 238311 人，同比增长 6.98%（参见图 7-4）。

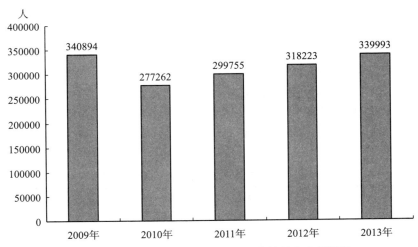

图 7-4　2009~2013 年中国旅行社直接从业人员情况

7.2.3 旅行社经营情况

1. 总体情况

2013 年，全国旅行社营业收入 3599.14 亿元，同比增长 6.65%；营业成本 3434.29 亿元，同比增长 9.32%；营业利润 25.43 亿元，同比增长 3.47%；利润总额 32.72 亿元，同比增长 5.01%；营业税金及附加 14.92 亿元，同比增长 1.42%；所得税 7.45 亿元，同比增长 3.93%；旅游业务营业收入 3189.45 亿元，同比增长 2.99%；旅游业务利润 162.28 亿元，同比增长 9.44%（参见表 7-7）。

表 7-7　　　　　　　　　　2013 年中国旅行社经营情况

指标	2013 年（亿元）	较 2012 年增长（%）
营业收入	3599.14	6.65
营业成本	3434.29	9.32
营业利润	25.43	3.47
利润总额	32.72	5.01
营业税金及附加	14.92	1.42
所得税	7.45	3.93

其中，国内旅游营业收入 1762.11 亿元，占全国旅行社旅游业务营业收入总量的 55.25%；出境旅游营业收入 1157.19 亿元，占比 36.28%；入境旅游营业收入 270.15 亿元，占比 8.47%（参见表 7-8 和图 7-5）。

国内旅游业务利润 88.02 亿元，占全国旅行社旅游业务利润总量的 54.24%；出境旅游业务利润为 59.46 亿元，占比 36.64%；入境旅游业务利润为 14.80 亿元，占比 9.12%（参见表 7-8 和图 7-5~图 7-6）。

表 7-8　　　　　　　　2013 年中国旅行社旅游业务营业收入构成

指标	营业收入（亿元）	同比增长（%）	业务利润（亿元）	同比增长（%）
国内旅游	1762.11	-6.19	88.02	1.15
出境旅游	1157.19	23.62	59.46	33.11

续表

指标	营业收入（亿元）	同比增长（%）	业务利润（亿元）	同比增长（%）
国外旅游	270.15	-4.32	14.80	-10.80
合计	3189.45	2.99	162.28	9.44

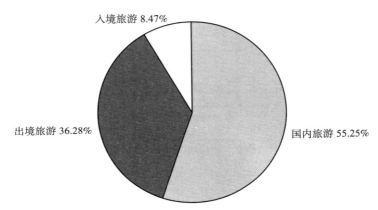

图 7 - 5　2013 年中国旅行社旅游业务营业收入构成

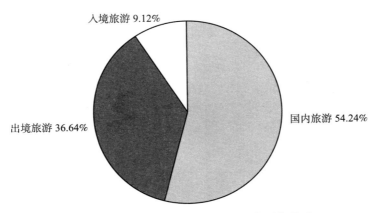

图 7 - 6　2013 年中国旅行社旅游业务利润构成

2. 旅行社营业收入情况

2009～2013 年，中国旅行社营业收入逐年增加。到 2013 年，全国旅行社营业收入达到 3599.14 亿元，同比增长 6.65%（参见图 7-7）。

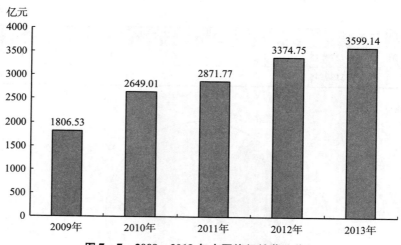

图 7 - 7　2009 ~ 2013 年中国旅行社营业收入

3. 旅行社营业利润情况

2013 年，全国旅行社营业利润为 25.43 亿元，同比增长 3.47%（参见图 7 - 8）。

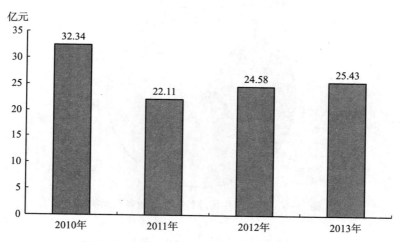

图 7 - 8　2010 ~ 2013 年中国旅行社营业利润

4. 旅行社利润总额情况

2010 ~ 2013 年，中国旅行社利润总额呈波动变化趋势。2013 年，全国旅行社利润总额为32.72亿元，同比增长5.01%（参见图7-9）。

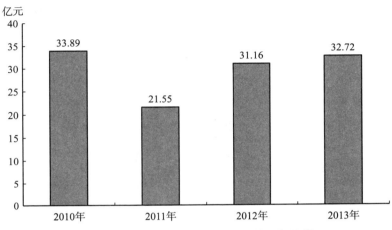

图7-9 2010~2013年中国旅行社利润总额

5. 旅行社旅游业务经营情况

（1）旅游业务营业收入。

2009~2013年，中国旅行社旅游业务营业收入逐年增加。2013年，全国旅行社旅游业务营业收入3189.45亿元，同比增长2.99%（参见图7-10）。

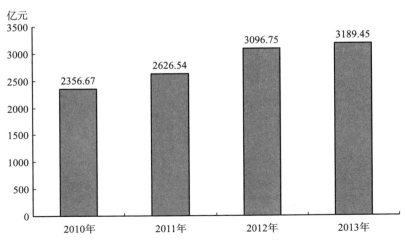

图7-10 2010~2013年中国旅行社旅游业务营业收入

（2）国内旅游业务营业收入。

2013年，全国旅行社国内旅游营业收入1762.11亿元，同比减少6.19%，占全国旅行社旅游业务营业收入总量的55.25%；国内旅游业务利润88.02亿元，同比增长1.15%，占全国旅行社旅游业务利润总量的54.24%（参见图7-11）。

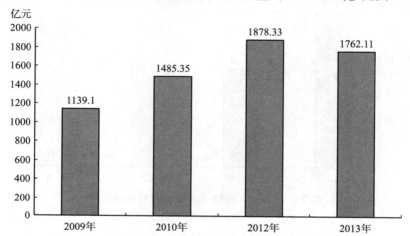

图7-11 2009~2013年中国旅行社国内旅游业务营业收入

（3）出境旅游业务营业收入。

2013年，全国旅行社出境旅游营业收入1157.19亿元，同比增长23.62%，占全国旅行社旅游业务营业收入总量的36.28%；出境旅游业务利润为59.46亿元，同比增长33.11%，占全国旅行社旅游业务利润总量的36.64%（参见图7-12）。

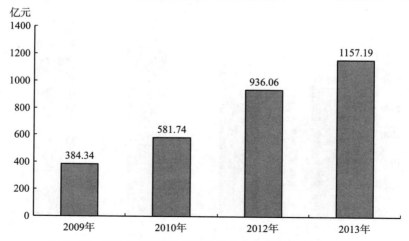

图7-12 2009~2013年中国旅行社出境旅游业务营业收入

（4）入境旅游业务营业收入。

2013 年，全国旅行社入境旅游营业收入 270.15 亿元，同比减少 4.32%，占全国旅行社旅游业务营业收入总量的 8.47%；入境旅游业务利润为 14.80 亿元，同比减少 10.8%，占全国旅行社旅游业务利润总量的 9.12%（参见图 7-13）。

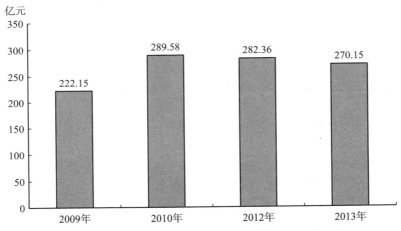

图 7-13　2009～2013 年中国旅行社入境旅游业务营业收入

7.2.4　旅行社组接情况

1. 国内旅游组织、接待情况

2013 年，全国旅行社国内旅游组织 12855.72 万人次、40842.95 万人天，接待 14519.50 万人次、33829.29 万人天，分别同比减少 10.53%、5.94%、10.94% 和 11.92%。

2013 年，旅行社国内旅游组织人次排名前十位的省市依次为广东、浙江、江苏、上海、山东、重庆、福建、湖北、湖南、北京（参见图 7-14 和图 7-15）。

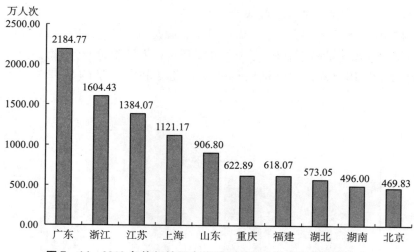

图 7 – 14　2013 年旅行社国内旅游组织人次排名前十位的省市

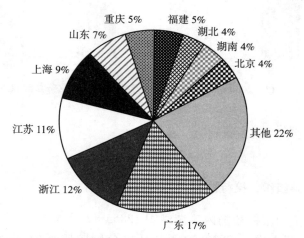

图 7 – 15　2013 年各省份旅行社国内旅游组织人次占比情况

　　2013 年，旅行社国内旅游接待人次排名前十位的省市依次为江苏、广东、浙江、云南、福建、湖北、山东、上海、重庆、湖南（参见图 7 – 16 和图 7 – 17）。

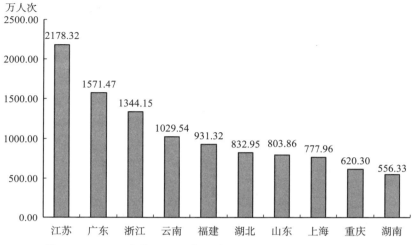

图 7-16 2013 年旅行社国内旅游接待人次排名前十位的省市

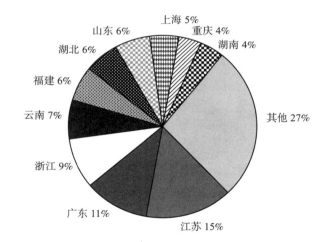

图 7-17 2013 年各省市旅行社国内旅游接待人次占比情况

2. 出境旅游组织情况

2013 年，全国旅行社出境旅游组织 3355.71 万人次、16763.62 万人天，分别同比增长 18.55%、28.74%。

2013 年，旅行社出境旅游组织人次排名前十位的目的地国家和地区依次为中国香港特区、泰国、韩国、中国澳门特区、中国台湾地区、新加坡、马来西亚、日本、越南、法国（参见图 7 - 18 和图 7 - 19）。

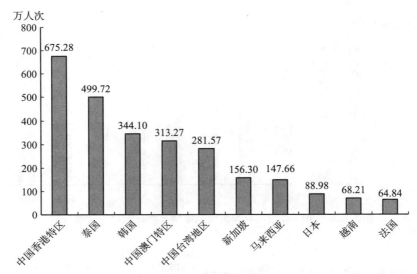

图 7 - 18　2013 年旅行社出境旅游组织人次排名前十位的目的地国家和地区

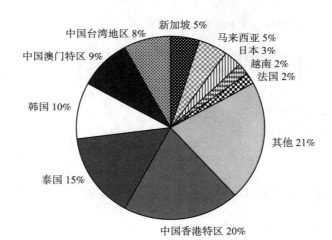

图 7 - 19　2013 年旅行社出境旅游目的地组织人次占比情况

3. 入境旅游外联、接待情况

2013 年，全国旅行社入境旅游外联 1447.52 万人次、6063.22 万人天，接待 2047.15 万人次、6667.75 万人天，分别同比减少 11.93%、11.91%、13.50%、14.21%。

2013 年，旅行社入境旅游外联人次排名前十位的客源地国家和地区依次为中国香港特区、韩国、中国台湾地区、中国澳门特区、俄罗斯、新加坡、美国、马来西亚、泰国、日本（参见图 7 - 20 和图 7 - 21）。

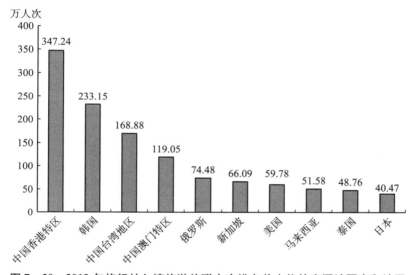

图 7 - 20　2013 年旅行社入境旅游外联人次排名前十位的客源地国家和地区

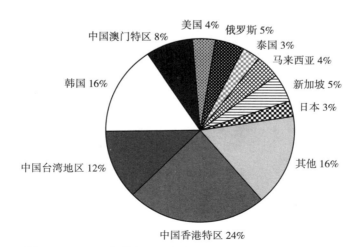

图 7 - 21　2013 年旅行社入境旅游客源地外联人次占比情况

2013 年，旅行社入境旅游接待人次排名前十位的客源地国家和地区依次为中国香港特区、中国台湾地区、韩国、中国澳门特区、美国、俄罗斯、泰国、马来西亚、新加坡、日本（参见图 7－22 和图 7－23）。

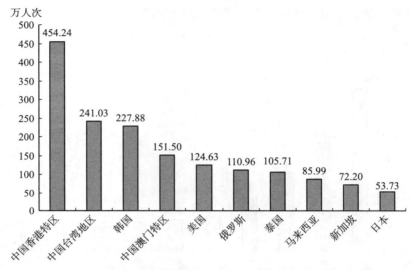

图 7－22　2013 年旅行社入境旅游接待人次排名前十位的客源地国家和地区

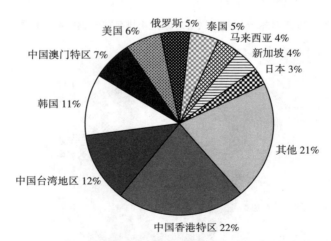

图 7－23　2013 年旅行社入境旅游客源地接待人次占比情况

4. 三大旅游市场比较

（1）三大旅游市场人次数比较。

以国内旅游组织人次、出境旅游组织人次、入境旅游外联人次三项指标数据进行比较，2013 年度全国旅行社国内旅游、出境旅游、入境旅游所占份额分别为 73%、19%、8%，分别同比减少 3 个百分点、增长 4 个百分点、减少 1 个百分点（参见图 7 – 24）。

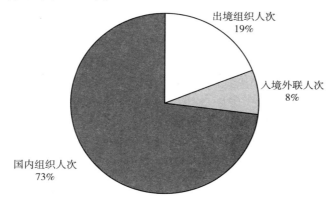

图 7 – 24　2013 年三大旅游市场人次数比较

（2）三大旅游市场人天数比较。

以国内组织人天、出境组织人天、入境外联人天三项指标数据进行比较，2013 年度全国旅行社国内旅游、出境旅游、入境旅游所占份额分别为 64%、26%、10%，分别同比减少 5 个百分点、增长 6 个百分点、减少 1 个百分点（参见图 7 – 25）。

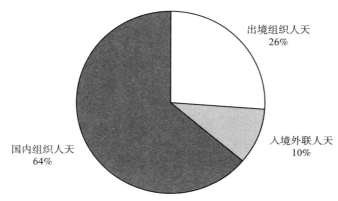

图 7 – 25　2013 年三大旅游市场人天数比较

7.3　娱乐游戏

7.3.1　游乐园

据不完全统计，截至 2012 年我国中型以上的游乐园（场）约有 500 余家，年营业额达 100 亿元人民币以上，全行业共形成产值 1000 多亿元人民币。①

我国主题公园在近些年发展迅速，根据公开资料显示，在亚洲排名前二十的游乐园中，有 11 座在中国，2013 年游览人次为 1.66 亿。根据 AECOM 数据显示，2012～2013 年，我国共有 14 家主题公园开幕，其中 7 家主题公园、7 家水上乐园，而属于华侨城、长隆、方特等主题公园集团旗下的公园有 8 家。

7.3.2　休闲健身娱乐活动

2012 年，我国具有一定规模的健身俱乐部约 3500 家，拥有会员 1300 万左右，我国目前平均 100 万人还不到 1 个（健身俱乐部）；目前中国健身市场规模只有约为 150 亿～200 亿美元。

7.4　健身养生

在中国，健身养生有着悠久的历史和丰富的文化内涵，所谓"养生之道"，注重的不仅是形体的养护，更重视精神心理方面的调摄。改革开放以来，经济快速发展，在物质财富的积累日渐丰厚的同时，人们也越来越关注养生文化，尤其是中国的高净值人群，有 88% 的高净值人群愿意投资健康。高净值人群最青睐的娱乐方式是旅游，其次是看书和品茶；首选的养生方式是健康饮

---

① 该部分数据来自于中国游艺机游乐园协会编写的《中国游艺机游乐园协会年鉴 2009－2012》。部分数据因四舍五入的原因，存在着与分项合计不等的情况。

食和运动，其次是定期体检。①

　　据不完全统计，截至 2011 年我国健康产业的产值达到 5600 亿元人民币，生产企业有近 1700 家，销售企业约 25000 家，总体的销售规模达到 900 亿元人民币。②

---

① 该部分资料来源于胡润研究院与中国长白山保护开发区管理委员会联合发布的《2014 中国高净值人群养生白皮书》。部分数据因四舍五入的原因，存在着与分项合计不等的情况。

② 该部分资料来源于搜狐健康网。部分数据因四舍五入的原因，存在着与分项合计不等的情况。

第8章 文化用品市场年度发展报告

8.1 笔墨纸张

8.1.1 经营概况①

1. 总体情况

截至 2014 年，我国文教办公用品制造业规模以上企业数量达到了 728 家。资产总额达到了 519.34 亿元，同比增长 17.84%，行业整体资产负债率为 48.92%。2014 年，实现销售收入 868.81 亿元，同比增长 17.33%；实现利润总额 51.31 亿元，同比增长 14.19%（参见表 8-1）。

表 8-1   2013～2014 年中国文教办公用品制造行业经营规模情况

指标	2013 年	2014 年	同比增长（%）
企业个数（家）	680	728	7.06
资产总计（万元）	4407237.70	5193432.80	17.84
负债合计（万元）	2269810.10	2540796.70	11.94
销售收入（万元）	7405095.70	8688066.50	17.33
利润总额（万元）	449372.60	513124.00	14.19
产品销售利润（万元）	889257.60	1000829.30	12.55

---

① 该部分数据来源于国家统计局，由前瞻产业研究院整理。部分数据因四舍五入的原因，存在着与分项合计不等的情况。

2. 销售收入情况

2010～2014 年，我国文教办公用品业销售收入逐年上升。2014 年，我国文教办公用品制造业规模以上企业实现销售收入 868.81 亿元，同比增长 17.33%（参见图 8-1）。

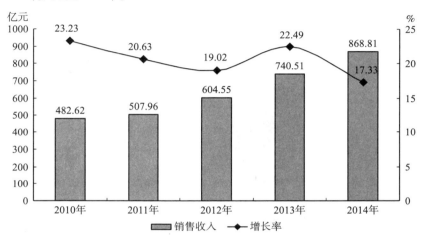

图 8-1　2010～2014 年中国文教办公用品业销售收入及增长情况

2014 年，我国文教办公用品业销售收入排前十的省市分别是浙江、广东、江苏、山东、上海、福建、安徽、江西、黑龙江和河南，其中浙江省规模以上企业实现销售收入 225.80 亿元，同比增长 16.47%，占全国销售收入总额的 25.99%；广东省销售收入 130.76 亿元，同比增长 18.56%，占比 15.05%；江苏省销售收入 127.34 亿元，同比增长 16.42%，占比 14.66%（参见表 8-2 和图 8-2）。

表 8-2　　　　2013～2014 年中国文教办公用品业各省市销售收入

省市	2013 年（万元）	同比增长（%）	2014 年（万元）	同比增长（%）
全国	7405095.70	22.49	8688066.50	17.33
浙江	1938622.10	37.47	2257973.70	16.47
广东	1102851.30	12.77	1307588.50	18.56
江苏	1093794.60	24.73	1273415.10	16.42
山东	679136.50	22.20	742996.70	9.40
上海	498292.70	-5.00	580479.20	16.49
福建	404059.00	-1.27	422558.00	4.58
安徽	303970.90	41.03	388917.20	27.95
江西	311308.10	26.38	359413.30	15.45

续表

省市	2013 年（万元）	同比增长（%）	2014 年（万元）	同比增长（%）
黑龙江	274724. 10	107. 15	314031. 80	14. 31
河南	123190. 70	−20. 52	234605. 10	90. 44

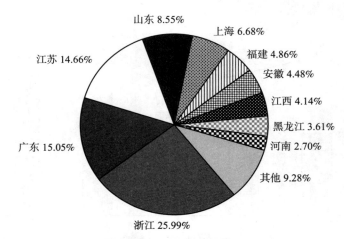

图 8 − 2　2014 年各地区文教办公用品业销售收入占比

3. 利润总额情况

2010～2014 年，我国文教办公用品业利润总额逐年上升。2014 年，文教办公用品实现利润总额 51. 31 亿元，同比增长 14. 19%（参见图 8 −3）。

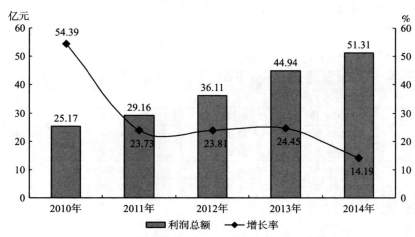

图 8 − 3　2010～2014 年中国文教办公用品业利润总额及增长情况

8.1.2　产销情况①

2014 年，文教办公用品行业产销率为 97.6%，较 2013 年同期下降 0.4 个百分点；出口交货值累计 200.4 亿元，同比增长 2.1%。

8.2　乐　　器

8.2.1　乐器行业运行概况②

截至 2014 年底，我国乐器行业规模以上企业共 220 家，比 2013 年底增加 3 家。2014 年，乐器行业累计主营业务收入 322.81 亿元，同比增长 10.35%；累计出口交货值 110.27 亿元，同比增长 13.93%；累计利润总额 20.51 亿元，同比增长 19.04%；资产总计 204.6 亿元，同比增长 14.88%。

2014 年，乐器行业累计工业增加值增速为 8.9%，好于同期轻工全行业平均水平，乐器行业主营业务收入利润率为 6.35%；亏损企业数 25 家，比 2013 年减少 7 家，累计亏损额达 1.83 亿元，同比增长 29.63%，亏损面为 11.36%，为近八年来最低水平（参见表 8-3）。

表 8-3　　　　　　　2014 年中国乐器行业经营情况

指标	2014 年	较 2013 年增长（%）
主营业务收入（亿元）	322.81	10.35
出口交货值（亿元）	110.27	13.93
利润总额（亿元）	20.51	19.04
资产（亿元）	204.60	14.88
企业数（家）	220	1.38

---

①　该部分数据来源于国家统计局，由前瞻产业研究院整理。部分数据因四舍五入的原因，存在着与分项合计不等的情况。

②　该部分数据来源于工信部消费品工业司。部分数据因四舍五入的原因，存在着与分项合计不等的情况。

指标	2014 年	较 2013 年增长（%）
亏损企业数（家）	25	−21.21
亏损额（亿元）	1.83	29.63

8.2.2 乐器行业进出口情况[①]

1. 进出口情况综述

2014 年，全国乐器行业进出口总额为 20.29 亿美元，同比增长 3.91%。其中出口额 17.11 亿美元，同比增长 3.05%；进口额 3.18 亿美元，同比增长 8.84%；实现贸易顺差 13.93 亿美元，较 2013 年增加了 2400 万美元（参见表 8 - 4）。

表 8 - 4   2014 年中国乐器行业进出口状况   单位：亿美元

指标	2014 年
进出口总额	20.29
出口额	17.11
进口额	3.18
贸易顺差	13.93

2. 出口情况

（1）出口产品。

2014 年，全国乐器行业累计出口额 171101.38 万美元，同比增长 3.05%。其中，电子乐器完成累计出口额 54916.05 万美元（占乐器行业的 32.10%），同比增长 3.58%；其他乐器及乐器零附件出口额 50320.75 万美元（占 29.41%），同比增长 1.32%；弦乐器出口额 43600.96 万美元（占 25.48%），同比增长 3.28%；打击乐器出口额 14923.35 万美元（占 8.72%），同比增长 10.49%；钢琴出口额 7340.27 万美元（占 4.29%），同比下降 3.88%（参见表 8 -5 和图 8 -4）。

[①] 该部分数据来源于中国乐器协会。其中进出口产品数据来源于海关进出口数据。部分数据因四舍五入的原因，存在着与分项合计不等的情况。

表 8 - 5　　　　　　　　　　**2014 年中国乐器行业出口产品**

类别	税则号	产品名称	2014 年	
			数量	金额（万美元）
钢琴	92011000	竖式钢琴，包括自动钢琴（台）	29312	4295.10
	92012000	大钢琴，包括自动钢琴（台）	6640	2861.06
	92019000	拨弦古钢琴及其他键盘弦乐器（台）	16010	184.11
弦乐器	92021000	弓弦乐器（只）	1380217	7854.97
	92029000	其他弦乐器（只）	10394994	35745.99
打击乐器	92060000	打击乐器（只）	13298976	14923.35
电子乐器	92071000	通过电产生或扩大声音的键盘乐器（只）	4846255	34955.10
	920790	其他通过电产生或扩大声音的乐器（只）	3025378	19960.95
其他乐器及乐器零附件	92051000	铜管乐器（只）	669786	8562.27
	92059010	键盘管风琴；簧风琴等游离金属簧片键盘乐器（只）	2190701	1038.30
	92059020	手风琴及类似乐器（只）	587466	2087.64
	92059030	口琴（只）	7875206	1175.62
	92059090	其他管乐器，但游艺场风琴及手摇风琴除外（只）	9000459	5756.40
	92081000	百音盒（个）	25250554	5690.75
	920890	其他乐器；各种媒诱音响器、哨子、号角等（个）	108567068	2637.96
	92093000	乐器用弦（千克）	375517	872.41
	920991	钢琴的零件、附件（千克）	7127624	4317.76
	920992	品目 9202 所列乐器的零件、附件（千克）	3842411	4319.84
	920994	品目 9207 所列乐器的零件、附件（千克）	5165408	4230.72
	920999	其他乐器的零件、附件（千克）	14579793	9631.08
合计				171101.38

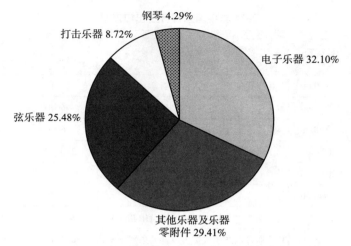

图 8－4 2014 年中国乐器行业出口产品结构

（2）出口国家及地区。

2014 年，全国乐器行业对亚洲累计出口额 5.25 亿美元（占 30.68%），同比增长 4.66%；对北美洲累计出口额 4.87 亿美元（占 28.46%），同比增长 5.03%；对欧洲累计出口额 4.36 亿美元（占 25.48%），同比增长 7.3%；对南美洲累计出口额 1.76 亿美元（占 10.29%），同比下降 9.73%；对非洲累计出口额 0.46 亿美元（占 2.69%），同比下降 11.66%；对大洋洲累计出口额 0.41 亿美元（占 2.40%），同比下降 1.89%（参见图 8－5）。

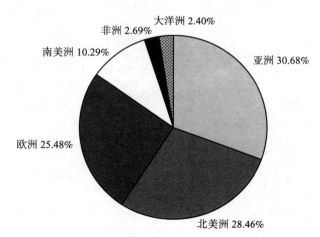

图 8－5 2014 年中国乐器行业出口地区分布

2014 年，美国、德国、日本、巴西、中国香港特区、英国、印度尼西亚、荷兰、韩国、法国名列中国乐器出口前十位的国家和地区，中国向这 10 个国家和地区的乐器总出口额为 10.83 亿美元，同比增长 8.32%，占中国乐器总出口额的 63.30%。其中，对美国出口额 4.56 亿美元（占 26.65%），同比增长 5.62%；对德国出口额 1.44 亿美元（占 8.42%），同比增长 10.31%；对日本出口额 1.08 亿美元（占 6.31%），同比增长 11.08%；对巴西出口额 0.7 亿美元（占 4.09%），同比下降 7.82%（参见图 8 - 6）。

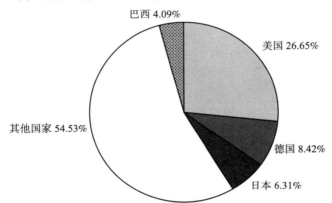

图 8 - 6　2014 年中国乐器行业出口国家分布

2014 年，乐器行业出口主要集中在广东、天津、浙江、江苏、上海、山东、北京、河北、辽宁、福建等地区。其中广东省出口额 6.5 亿美元（占 37.99%），同比增长 4.22%；天津省出口额 3.15 亿美元（占 18.41%），同比增长 8.7%；浙江省出口额 1.72 亿美元（占 10.05%），同比增长 4.34%（参见图 8 - 7）。

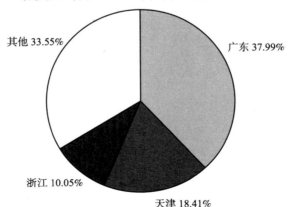

图 8 - 7　2014 年中国各省市乐器出口额占比情况

3. 进口情况

（1）进口产品。

2014 年，全国乐器行业累计进口额 31816.43 万美元，同比增长 8.84%。其中钢琴进口额 15185.95 万美元（占乐器行业进口额的 47.73%），同比增长 18.51%；弦乐器进口额 931.16 万美元（占乐器行业进口额的 2.93%）；打击乐器进口额 1023.75 万美元（占比 3.22%）；电子乐器进口额 2432.51 万美元（占比 7.65%）；其他乐器及乐器零附件进口 12243.06 万美元（占比 38.48%）（参见表 8-6 和图 8-8）。

表 8-6　　　　　　　　　　2014 年中国乐器行业进口产品

类别	税则号	产品名称	2014 年	
			数量	金额（万美元）
钢琴	92011000	竖式钢琴，包括自动钢琴（台）	125512	10808.92
	92012000	大钢琴，包括自动钢琴	5592	4262.04
	92019000	拨弦古钢琴及其他键盘弦乐器（台）	878	114.99
弦乐器	92021000	弓弦乐器（只）	4810	187.97
	92029000	其他弦乐器（只）	80615	743.19
打击乐器	92060000	打击乐器	581071	1023.75
电子乐器	92071000	通过电产生或扩大声音的键盘乐器（只）	79927	1864.87
	920790	其他通过电产生或扩大声音的乐器	42901	567.64
其他乐器及乐器零附件	92051000	铜管乐器（只）	6676	317.93
	92059010	键盘管风琴；簧风琴等游离金属簧片键盘乐器（只）	44	281.68
	92059020	手风琴及类似乐器（只）	862	7.97
	92059030	口琴（只）	27418	45.30
	92059090	其他管乐器，但游艺场风琴及手摇风琴除外（只）	66630	389.72
	92081000	百音盒（个）	18312	14.62
	920890	其他乐器；各种媒诱音响器、哨子、号角等（个）	520973	30.60
	92093000	乐器用弦（千克）	309803	653.69
	920991	钢琴的零件、附件（千克）	4998596	2900.72
	920992	品目 9202 所列乐器的零件、附件（千克）	483914	1107.61
	920994	品目 9207 所列乐器的零件、附件（千克）	2956708	3032.81
	920999	其他乐器的零件、附件	1216938	3460.41
合计				31816.43

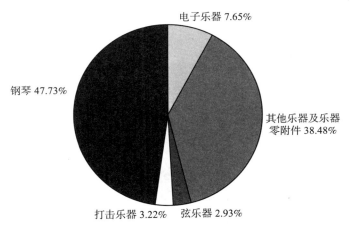

图 8 - 8   2014 年中国乐器行业进口产品结构

（2）进口国家和地区。

2014 年，全国乐器行业从亚洲累计进口额 2.45 亿美元（占 77.04%），同比增长 6.04%；从欧洲累计进口额 0.57 亿美元（占 17.92%），同比增长 20.73%；从北美洲累计进口额 0.14 亿美元（占 4.40%），同比增长 10.06%；从南美洲累计进口额 0.02 亿美元（占 0.63%），同比增长 29.39%（参见图 8 - 9）。

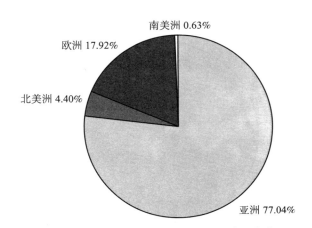

图 8 - 9   2014 年中国乐器行业进口地区分布

2014 年，日本、印度尼西亚和德国为我国乐器三大进口来源。其中，从日本进口额 1.08 亿美元（占乐器行业进口额的 33.96%），同比下降 1.7%；

从印度尼西亚进口额 0.78 亿美元（占 24.53%），同比增长 21.55%；从德国进口额 0.4 亿美元（占 12.58%），同比增长 20.44%（参见图 8 – 10）。

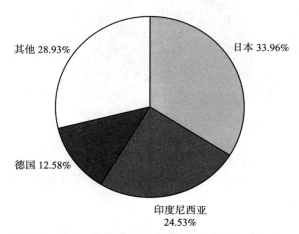

图 8 – 10　2014 年中国乐器行业进口国家占比

2014 年，上海乐器行业进口额 1.55 亿美元（占乐器行业进口额的 48.74%），同比增长 18.87%；浙江省进口额占 12.99%，同比下降 19.82%；广东进口额占 12.18%，同比增长 2.97%（参见图 8 – 11）。

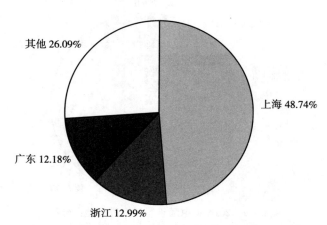

图 8 – 11　2014 年中国各省市乐器进口额占比情况

8.3　游艺器材及玩具

8.3.1　游艺器材①

　　2014 年，我国游艺器材及娱乐用品制造行业规模以上企业数量达到了 210 家，同比增长 32.08%；资产总计 256.18 亿元，同比增长 68.99%；销售收入为 392.53 亿元，同比增长 56.32%；利润总额为 31.89 亿元，较上年同期增长 66.13%（参见表 8 - 7）。

表 8 - 7　　　　　　2013~2014 年游艺器材及娱乐用品制造业经营情况

指标	2013 年	2014 年	同比增长（%）
企业个数（家）	159	210	32.08
资产总计（万元）	1515963.70	2561837.80	68.99
负债合计（万元）	730124.90	1345215.90	84.24
销售收入（万元）	2511075.10	3925310.30	56.32
利润总额（万元）	191962.70	318904.10	66.13
产品销售利润（万元）	347159.60	482319.70	38.93

8.3.2　玩具

1. 玩具制造业经营情况②

　　截至 2014 年，国内玩具制造行业规模以上企业数量达到了 1410 家。资产总额达到了 988.36 亿元，同比增长 19.80%，行业整体资产负债率为 47.22%（参见表 8 - 8）。

---

　　①　该部分数据来源于国家统计局，由前瞻产业研究院整理。部分数据因四舍五入的原因，存在着与分项合计不等的情况。

　　②　同上。

表 8 - 8   2010～2014 年中国玩具制造行业经营规模情况

指标	2010 年	2011 年	2012 年	2013 年	2014 年
企业数量（家）	1899	1172	1231	1291	1410
资产总额（亿元）	675.83	664.26	691.23	825.01	988.36
负债总额（亿元）	349.89	319.77	339.89	388.16	466.70

2014 年，国内玩具制造行业规模以上企业实现销售收入 1964.87 亿元，同比增长 18.05%；实现销售利润 212.22 亿元，同比增长 15.02%；实现利润总额 98.07 亿元，同比增长 17.68%（参见表 8 - 9）。

表 8 - 9   2010～2014 年中国玩具制造行业经营效益情况

指标	2010 年	2011 年	2012 年	2013 年	2014 年
销售收入（亿元）	1236.96	1452.77	1374.35	1664.44	1964.87
销售利润（亿元）	109.35	148.74	148.12	184.51	212.22
利润总额（亿元）	41.42	66.48	62.51	83.34	98.07

2. 产销情况①

2014 年，我国玩具行业产销率 96.6%，较 2013 年同期下降 0.6 个百分点；累计出口交货值 911.3 亿元，同比增长 8.6%（参见图 8 - 12）。

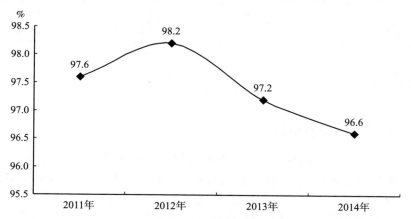

图 8 - 12   2011～2014 年中国玩具行业产销率变化情况

---

① 该部分数据来源于工信部消费品工业司。部分数据因四舍五入的原因，存在着与分项合计不等的情况。

3. 玩具行业进出口情况

（1）出口[①]。

2014 年，我国玩具出口额 141.36 亿美元，同比增长 14.2%。其中出口动物玩具 20.18 亿美元，占我国玩具出口总额的 14.28%，出口智力玩具 11.81 亿美元，占比 8.35%（参见表 8 - 10）。

表 8 - 10　　　　　　　　　2014 年中国玩具行业出口产品

税则号	产品名称	2014 年	
		数量	金额（万美元）
95030010	三轮车、踏板车和类似的带轮玩具；玩偶车（千克）	290040337	121825.46
95030021	动物玩具（个）	1730787798	201843.16
95030029	玩偶（个）	705399503	76203.75
95030031	电动火车（千克）	2710328	4072.31
95030039	其他缩小（按比例缩小）的全套模型组件（套）	54560146	18838.38
95030040	其他建筑套件及建筑玩具（套）	1287687	1743.51
95030050	玩具乐器（千克）	15624714	9079.27
95030060	智力玩具（套）	619040572	118074.27
95030081	其他玩具，组装成套或全套的（套）	1668792486	171544.03
95030082	其他带动力装置的玩具及模型（个）	386240846	158000.43
95030089	其他玩具（个）	24606187162	500795.07
95030090	品目 9503 所列货品的零件、附件（千克）	26272111	31545.18
合计			1413564.82

2014 年，我国玩具的主要出口市场是美国、中国香港特区、英国、菲律宾、日本、德国、新加坡、俄罗斯、荷兰和韩国等。其中美国出口额 48.17 亿美元，占我国玩具出口额的比重为 34.08%；中国香港特区出口额 8.72 亿美元，占比 6.17%；英国出口额 8.51 亿美元，占比 6.02%（参见表 8 - 11 和图 8 - 13）。

---

① 该部分数据来源于中国制造网发布的《2014 年玩具行业分析年报》。部分数据因四舍五入的原因，存在着与分项合计不等的情况。

表 8 – 11 　　　　　　　　　2014 年中国玩具主要出口国家和地区分布

序号	国家和地区	金额（亿美元）
1	美国	48. 17
2	中国香港特区	8. 72
3	英国	8. 51
4	菲律宾	6. 29
5	日本	5. 87
6	德国	5. 40
7	新加坡	5. 11
8	俄罗斯	3. 43
9	荷兰	3. 34
10	韩国	3. 21
11	加拿大	3. 11
12	墨西哥	3. 03
13	澳大利亚	2. 95
14	法国	2. 74
15	西班牙	2. 24
16	比利时	2. 16
17	意大利	2. 07
18	阿联酋	2. 06
19	巴西	1. 86
20	智利	1. 81

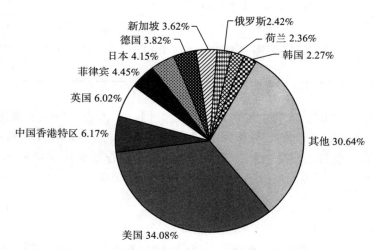

图 8 – 13 　2014 年中国玩具出口国家和地区占比

广东、浙江和江苏是我国玩具的主要出口货源地，2014 年，广东玩具出口额 95.33 亿美元，占我国玩具出口总额的 67.44%；浙江出口额 18.41 亿美元，占比 13.02%；江苏出口额 11.85 亿美元，占比 8.38%（参见表 8 - 12 和图 8 - 14）。

表 8 - 12　　　　　2014 年中国玩具出口额排名前十的省市

序号	省市	金额（亿美元）
1	广东	95.33
2	浙江	18.41
3	江苏	11.85
4	上海	3.46
5	山东	3.32
6	江西	2.78
7	福建	2.29
8	安徽	2.26
9	河北	0.49
10	广西	0.34

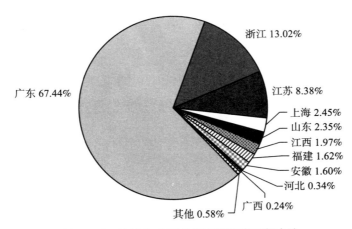

图 8 - 14　2014 年中国各省市玩具出口额占比

（2）进口①。

2014 年，我国玩具进口额 3.57 亿美元，其中进口智力玩具 8051.56 万美

---

① 该部分数据来源于海关进出口数据。部分数据因四舍五入的原因，存在着与分项合计不等的情况。

元，占我国玩具进口总额的 22.56%（参见表 8 – 13）。

表 8 – 13　　　　　　　　　2014 年中国玩具行业进口产品

税则号	产品名称	2014 年	
		数量	金额（万美元）
95030010	三轮车、踏板车和类似的带轮玩具；玩偶车（千克）	1005452	750.85
95030021	动物玩具（个）	8168724	2251.01
95030029	玩偶（个）	7089322	1781.13
95030031	电动火车（千克）	11768	18.05
95030039	其他缩小（按比例缩小）的全套模型组件（套）	2717314	1568.85
95030040	其他建筑套件及建筑玩具（套）	30390	62.42
95030050	玩具乐器（千克）	102735	119.91
95030060	智力玩具（套）	7930179	8051.56
95030081	其他玩具，组装成套或全套的（套）	8768996	3531.54
95030082	其他带动力装置的玩具及模型（个）	668007	1384.30
95030089	其他玩具（个）	238763313	10188.07
95030090	品目 9503 所列货品的零件、附件（千克）	2323230	5982.25
合计			35689.94

（3）进出口①。

2014 年，全国玩具行业进出口总额为 144.93 亿美元，其中出口额 141.36 亿美元，进口额 3.57 亿美元，实现贸易顺差 137.79 亿美元（参见表 8 – 14）。

表 8 – 14　　　　　　　　2014 年中国玩具行业进出口状况　　　　　　单位：亿美元

指标	2014 年
进出口总额	144.93
出口额	141.36
进口额	3.57
贸易顺差	137.79

---

　　①　该部分数据为前瞻根据出口数据与进口数据统计所得。部分数据因四舍五入的原因，存在着与分项合计不等的情况。

8.4 影视器材及舞台设备的制造与市场

目前，我国演艺装备制造生产水平达到国际领先水平，但是在自主研发、创新性方面，我国仍处于起步阶段，与我国制造业的整体发展水平相符。就舞台灯光而言，仅广东省专业制造舞台灯光的企业就达到3000家以上。截至目前，我国拥有专业灯光一级企业43家，二级企业90家，三级企业120家；拥有专业音响一级企业71家，二级企业105家，三级企业158家；拥有舞台机械一级企业14家，二级企业35家，三级企业85家；有音视频系统集成一级企业6家，二级企业2家，三级企业5家。

第9章 其他文化市场

9.1 会展经济[①]

9.1.1 行业规模

1. 境内展览规模

2013 年，全国共举办各类展览 7319 场，同比增长 1.8%；展览面积 9391 万平方米，同比增长 4.5%，展览面积增长快于展览项目增长，单位项目规模扩大，展览效益向好（参见图 9 − 1）。

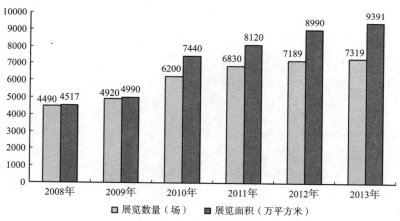

图 9 − 1　2008 ~ 2013 年我国展览数量及面积

---

① 该部分数据来源于商务部服贸司和中国会展经济研究会共同发布的《中国会展行业发展报告2014》。部分数据因四舍五入的原因，存在着与分项合计不等的情况。

2013 年，会展经济直接产值达到 3870 亿元人民币，较 2012 年增长
10.6%，约占全国国内生产总值 568845 亿元人民币的 0.68%，与 2012 年基本
持平；占全国第三产业增加值 262204 亿元人民币的 1.5%，与 2012 年基本持
平。会展企业经济效益明显好转，三项费用指标（管理费用、财务费用和销售
费用）较 2012 年下降 13.3%，亏损面大幅减少，盈利面大幅提升。

2. 出国展览规模

2013 年，全国 102 家组展单位共赴 75 个国家实施经贸展览会计划 1492
项，比 2012 年减少 2.4%。其中参加国际博览会 1422 项，占实施总量的
95.3%；单独举办展览会 70 项，占实施总量的 4.7%。全年出展项目净展出面
积 64.74 万平方米，比 2012 年减少 7.2%。参展企业约 4.7 万家，与 2012 年
持平（参见图 9 - 2 和表 9 - 1）。

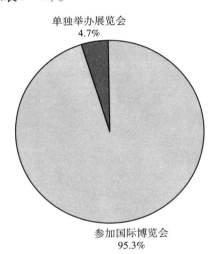

图 9 - 2　2013 年我国经贸展览会类型分布

表 9 - 1　　　　　　　　　2009 ~ 2013 年全国出国办展项目统计

年度	项目数（项）	年增长率（%）	展出面积（万平方米）	年增长率（%）	参展企业数（个）	年增长率（%）
2009	1183	7.3	42.64	16.5	30185	4.7
2010	1316	11.2	51.75	21.4	36007	19.3
2011	1375	4.5	60.50	17.0	40190	12.0
2012	1528	11.1	69.73	15.3	47376	17.9
2013	1492	- 2.4	64.74	- 0.7	47494	0.2

2013 年，虽然欧美仍是我国出国办展的主要目标市场，但新兴国家市场表现更加活跃。出展项目数排名前十位的目的地国家分别为德国、美国、俄罗斯、巴西、阿联酋、印度、南非、土耳其、墨西哥和法国，其中新兴国家占 7 个，其展览项目数占全年总量的 39%，参展总面积占全年总量的 33.3%，参展企业数占全年总量的 35.9%。

3. 会展设施情况

截至 2012 年底，全国已拥有 5000 平方米以上会展场馆 316 个，可供展览面积 1237 万平方米。2013 年，全国在建会展场馆 13 个，面积 154.49 万平方米。全部建成后，全国会展场馆总数将达到 329 个，可供展览面积将达到 1391.49 万平方米。单体会展设施大型化趋势明显，在建、待建场馆单个平均面积均超过 10 万平方米，上海国家会展中心和天津国家会展中心室内展览面积更是高达 40 万平方米。

4. 会展就业人数情况

2013 年，会展行业带动就业人数比上年增长 30.7%，按 2012 年 2125 万人次基数测算，目前会展行业带动社会就业人数可达 2777 万人次。

9.1.2 行业区域分布

1. 综合情况

我国会展发展不平衡现象依然存在，沿海与内地、东部与中西部发展差距仍然较大。根据会展场馆、会展企业、会展业绩等综合指标衡量，北京、上海、广州三大会展中心城市优势明显，重庆、南京、深圳、成都、杭州等城市发展加快，其他一些中西部城市发展则相对较慢。综观区域分布，我国会展区域格局表现为北、上、广位列前三甲，引领全国发展；东、中、西分布不均，东部地区主导地位明显；展会举办相对集中，七成以上展会聚集在 10 个会展强省（市），全国四分之三的展会集中在 24 个主要城市。

2. 按地区分布

2013 年，北京、上海、广州三个城市共举办展览会 1696 场，较 2012 年增长 5%，占全国展会项目总数的 23%；展览面积达到 2584 万平方米，比 2012 年增长 3%，占全国展览总面积的 27.5%（参见表 9 – 2）。

表 9 – 2　　　　　　　　　　2013 年北京、上海、广州举办展览情况

指标	北京	上海	广州
展览数量（场）	418	798	480
展览面积（万平方米）	552	1201	831

　　按地区划分，2013 年，我国东部地区 12 省、市、自治区（辽宁、北京、天津、河北、山东、江苏、上海、浙江、福建、广东、广西、海南）办展 5034 场，占全国总数 68.79%，展出面积 6594.02 万平方米，占全国总展出面积 70.21%；中部地区 9 省、自治区（山西、内蒙古、吉林、黑龙江、安徽、江西、河南、湖北、湖南）举办展览 1083 场，展出面积 1456.51 万平方米，分别占比 14.80% 和 15.51%；西部地区办展 1201 场，展出面积 1341.38 万平方米，分别占比 16.41% 和 14.28%；西部地区 10 省、市、自治区（陕西、甘肃、青海、宁夏、新疆、四川、重庆、云南、贵州、西藏）发展速度加快，展会项目总数超过中部地区，但展出面积仍然落后于中部地区；东部地区主导地位依然明显（参见图 9 – 3 ~ 图 9 – 5）。

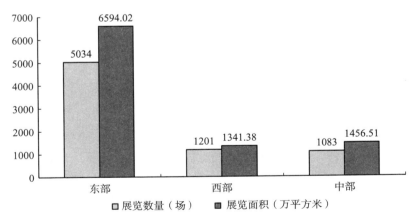

图 9 – 3　2013 年我国东、西、中部展览数量及面积对比

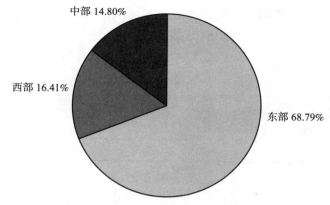

图 9 - 4 2013 年我国东、西、中部展览数量对比

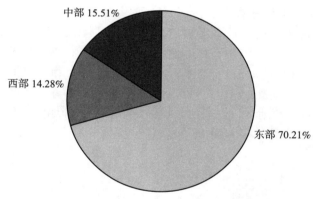

图 9 - 5 2013 年我国东、西、中部展览面积对比

3. 按省、市、自治区分布

按省、市、自治区级行政区划分析，2013 年展览活动项目数量位居前十位依次是上海市 798 场、江苏省 770 场、广东省 702 场、重庆市 581 场、辽宁省 527 场、山东省 504 场、浙江省 501 场、北京市 418 场、河北省 273 场、河南省 252 场。这十个省市的展览项目数量和展出面积均占全国总量和总面积的72%（参见表 9 - 3 和图 9 - 6）。

表9-3   2013年展览活动项目数量位居前十的省市

省市	2013年办展数量（场）	2013年办展面积（万平方米）	办展数量占比（%）	办展面积占比（%）	平均办展面积（万平方米）
上海	798	1201	11	13	1.51
江苏	770	813	11	9	1.06
广东	702	1339	10	14	1.91
重庆	581	500	8	5	0.86
辽宁	527	463	7	5	0.88
山东	504	861	7	9	1.71
浙江	501	594	7	6	1.19
北京	418	552	6	6	1.32
河北	273	256	4	3	0.94
河南	252	253	3	3	1.00

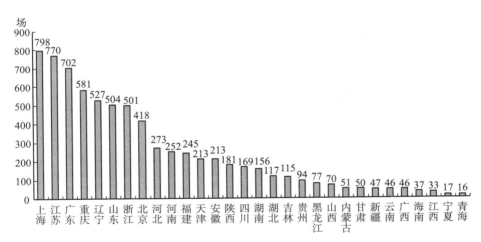

图9-6 2013年各省、市、自治区办展数量

按城市排序，2013年办展数量超过80场的城市共24个，其中超过400场的城市4个，分别是上海、重庆、广州、北京；300~400场的城市1个，为南京；200~299场的城市3个，分别是沈阳、杭州、天津；150~199场的城市6个，分别是郑州、厦门、西安、合肥、成都、长沙；100~149场的城市6个，分别是苏州、济南、青岛、武汉、长春、大连；80~99场的城市4个，分别是贵阳、深圳、石家庄、宁波。24个城市共举办展览5415场，占全国办展总数的73.99%，接近全国展会总数的3/4（参见表9-4）。

表 9 - 4   2013 年办展数量超过 80 场的城市分布

办展数量	城市数量（个）	城市分布
超过 400 场	4	上海、重庆、广州、北京
300～400 场	1	南京
200～299 场	3	沈阳、杭州、天津
150～199 场	6	郑州、厦门、西安、合肥、成都、长沙
100～149 场	6	苏州、济南、青岛、武汉、长春、大连
80～99 场	4	贵阳、深圳、石家庄、宁波
合计	24	

　　办展面积超过 100 万平方米的城市有 24 个，其中超过 500 万平方米的城市 4 个，分别是上海、广州、北京、重庆；300 万～400 万平方米的城市 2 个，分别是南京和成都；200 万～299 万平方米的城市 5 个，为深圳、杭州、沈阳、西安、长春；100 万～199 万平方米的城市 13 个，分别是济南、武汉、哈尔滨、郑州、长沙、苏州、青岛、天津、合肥、厦门、大连、宁波、东莞，24 个城市办展总面积达到 7064 万平方米，占全国办展面积的 75.22%（参见表 9 - 5）。

表 9 - 5   2013 年办展面积超过 100 万平方米的城市分布

办展数量	城市数量（个）	城市分布
超过 500 万平方米	4	上海、广州、北京、重庆
300 万～400 万平方米	2	南京、成都
200 万～299 万平方米	5	深圳、杭州、沈阳、西安、长春
100 万～199 万平方米	13	济南、武汉、哈尔滨、郑州、长沙、苏州、青岛、天津、合肥、厦门、大连、宁波、东莞
合计	24	

9.1.3　行业国际化发展

　　2013 年，我国会展行业的国际化进程进一步加快。截至 2013 年底，国际展览业协会（UFI）的中国会员达到 84 个，主要分布在北京、广东、上海三地，其中北京市 26 个，广东省 23 个，上海市 22 个，三省市的会员数约占总会员数的 84.5%。UFI 认证展会共 69 个，其中境内认证展会 66 个，境外认证展会 3 个。主要分布在广东省、上海市、北京市，其中广东省 21 个，上海市 20 个，北京市 17 个（参见图 9 - 7 ~ 图 9 - 9）。

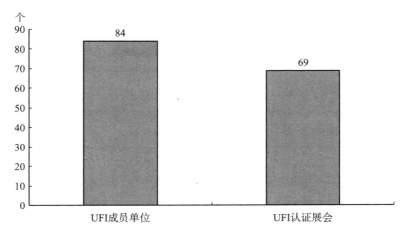

图 9 - 7　2013 年 UFI 中国会员单位及认证展会数量

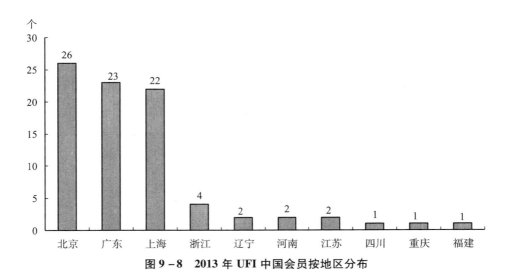

图 9 - 8　2013 年 UFI 中国会员按地区分布

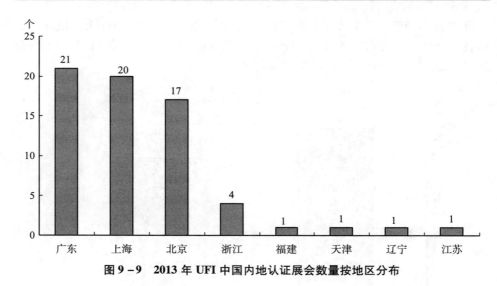

个

图 9－9　2013 年 UFI 中国内地认证展会数量按地区分布

9.2　户外广告[①]

9.2.1　户外广告市场总体情况

2014 年，户外广告总体投放额达 10001 亿元，剔除数据收集范围和种类的扩充（134.85 亿元）因素外，户外广告投放额较 2013 年的 783.93 亿元增长 9.41%（含刊例价格涨幅）。

9.2.2　户外广告投放分布

1. 投放户外广告的行业分布

2014 年，邮电通信、饮料、娱乐休闲、服务业和交通业为投放户外广告排名前五的行业，分别占比 15.4%、10.5%、10.3%、9.1% 和 7.8%。重点行业前五位排名与 2013 年基本相同，但名次有所变化（参见图 9－10）。

---

① 该部分数据来源于博视德发布的《2014 年度户外广告市场及 2015 年发展趋势》。部分数据因四舍五入的原因，存在着与分项合计不等的情况。

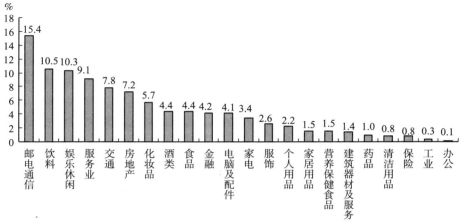

图 9 – 10 2014 年投放户外广告的行业分布

2. 投放户外广告的企业分布

2014 年，百胜全球餐饮集团、苏宁电器集团和宝洁中国有限公司为投放户外广告排名前三的企业，分别占比 2.1%、1.9% 和 1.8%。百胜全球餐饮集团继续蝉联首位（参见图 9 – 11）。

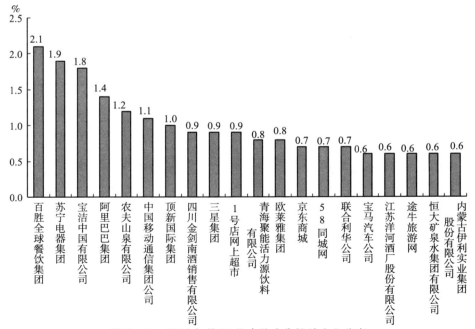

图 9 – 11 2014 年前 20 位户外广告投放企业分布

3. 户外广告投放的品牌分布

2014 年，肯德基、农夫山泉和苏宁电器为户外广告投放排名前三的品牌，占比分别为 1.6%、1.2% 和 1.1%。其中互联网行业继续扩张，重点企业也成为户外主要的广告主，在前 20 位品牌中居八席（参见图 9 – 12）。

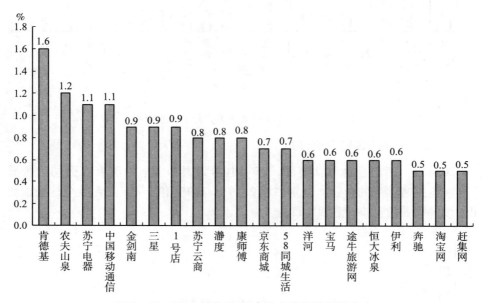

图 9 – 12 2014 年前 20 位户外广告投放品牌分布

4. 户外广告投放媒体分布

2014 年，视频媒体广告投放占比 55.60%，位居第一位；其次是地铁广告投放，占比 18.89%；排名第三的是单一媒体投放，占比 7.64%（参见图 9 – 13）。

其中，视频类媒体投放广告主要分为楼宇液晶、出租车视频、地铁电视、地铁电子屏、电子屏和公交电视，分别占视频类媒体投放的比例为 62.91%、2.67%、6.05%、4.65%、18.18% 和 5.53%（参见图 9 – 14）。

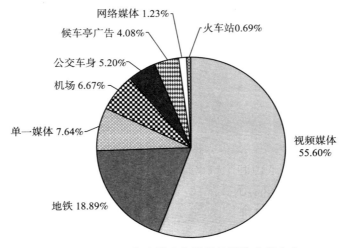

图 9 – 13   2014 年户外广告投放按媒体大类分布

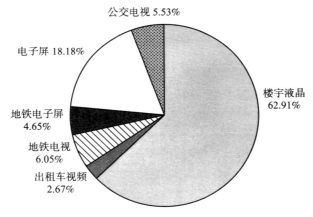

图 9 – 14   2014 年视频类户外广告投放分类

5. 户外广告投放市场分布

一线城市依旧是户外广告投放的重点市场，整体份额占 55.45%，比重下降 4.5 个百分点；三级市场在整体投放额中比重最少，仅有 10.6%，同比增加了 4 个百分点（参见表 9 – 6）。

表 9 – 6　　　　　　　　　　2014 年视频类户外广告投放分类

一级市场	2014 年（亿元）	占比（%）	较 2013 年增加（%）
北京	249.18	21.4	- 3.3
上海	231.41	19.9	6.5
广州	164.26	14.1	- 7.8
总额	644.85	55.4	- 4.5
二级市场	2014 年（亿元）	占比（%）	较 2013 年增加（%）
深圳	92.37	7.9	2.3
成都	66.70	5.7	4.7
南京	41.78	3.6	0.0
杭州	40.37	3.5	2.8
重庆	37.46	3.2	0.1
武汉	34.94	3.0	- 4.6
天津	27.12	2.3	0.5
沈阳	18.60	1.6	- 0.7
西安	13.02	1.1	- 2.1
大连	12.22	1.1	- 0.1
昆明	9.97	0.9	- 2.3
总额	394.54	33.9	0.6
三级市场	2014 年（亿元）	占比（%）	较 2013 年增加（%）
长沙	15.49	1.3	1.0
青岛	14.69	1.3	1.1
济南	14.00	1.2	0.8
苏州	11.44	1.0	0.7
郑州	9.88	0.8	0.1
长春	8.04	0.7	0.3
厦门	7.22	0.6	0.2
福州	7.09	0.6	0.2
太原	6.11	0.5	0.2
哈尔滨	6.02	0.5	0.2
东莞	5.79	0.5	- 0.2
石家庄	5.39	0.5	0.4
宁波	4.42	0.4	0.0
珠海	3.15	0.3	- 0.5
佛山	2.58	0.2	- 0.4
温州	2.29	0.2	0.0
总额	123.58	10.6	4.0

9.2.3 户外广告投放收入

1. 影院媒体广告收入

2014 年，影院媒体广告收入 20.2 亿元，同比增长 28.2%，主要是影片与影院的数量增长所致（参见图 9 – 15）。

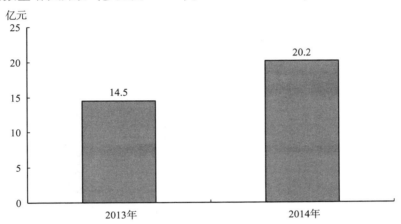

图 9 – 15 2013 ~ 2014 年影院媒体广告收入

2. 地铁媒体广告投放

2014 年，地铁媒体广告投放 219.69 亿元，同比增长 42.16%。其中邮电通信类户外广告在地铁媒体中投放占比最大（参见图 9 – 16）。

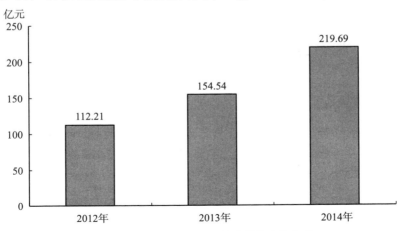

图 9 – 16 2012 ~ 2014 年地铁媒体广告投放

3. 机场媒体广告投放

2014 年，机场媒体广告投放额为 77. 57 亿元，同比增长 10. 36%，增速下滑 13. 61 个百分点。其中交通业在机场媒体广告投放中占比最大（参见图 9 – 17）。

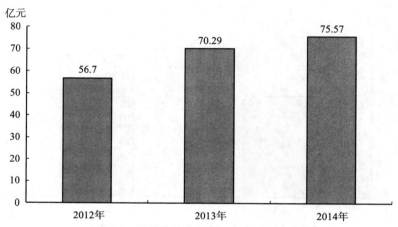

图 9 – 17　2012 ~ 2014 年机场媒体广告投放额

9.3　拍卖代理①

9.3.1　拍卖行业规模

1. 企业规模及分布

截至 2014 年 12 月，我国内地拍卖企业共有 6476 家，分支机构 236 家，企业数量较 2013 年新增 351 家。其中北京、广东、山东、江苏、河南五省市企业数量位居全国前五（参见图 9 – 18）。

---

① 该部分数据来源于博视德发布的《2014 年中国拍卖行业经营状况分析及 2015 年展望》。部分数据因四舍五入的原因，存在着与分项合计不等的情况。

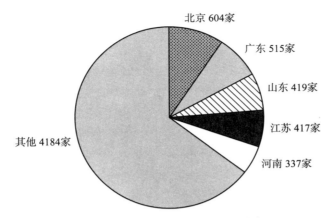

图9-18 2014年拍卖企业数量分布

截至2014年底，全国共有1801家拍卖企业获得企业资质等级。其中，AAA企业104家，AA企业594家，A企业1103家；获得资质等级的企业数占当前拍卖企业数量的27.81%（参见图9-19）。

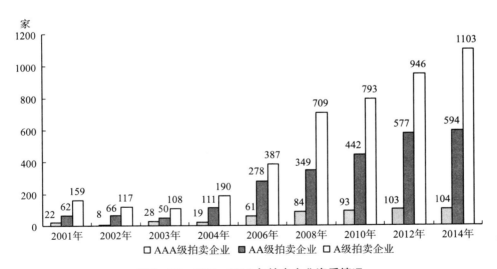

图9-19 2001~2014年拍卖企业资质情况

在专业市场领域，截至2014年底，具备文物拍卖资质的企业有396家，其中，具备第一、二、三类文物拍卖资质企业有146家。具有文物拍卖资质企业较2013年增加14家。此外，北京、上海、浙江、江苏、广东五省市文物艺术品拍卖企业数量最多（参见图9–20和图9–21）。

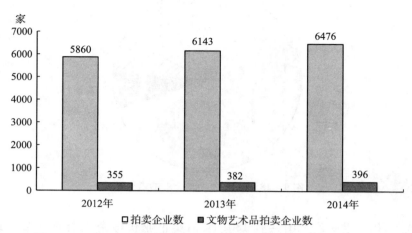

图 9 – 20　2012～2014年拍卖企业与文物艺术品拍卖企业规模对比

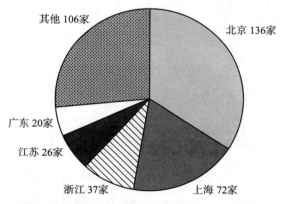

图 9 – 21　2014年文物资质拍卖企业分布情况

2. 从业人员情况

　　截至2014年底，拍卖企业员工总数5.98万人，较上一年度下降3.07%；国家注册拍卖师共12180人，其中2014年新增573人，注销8人、吊销26人，与2013年相比净增539人（参见图9–22）。

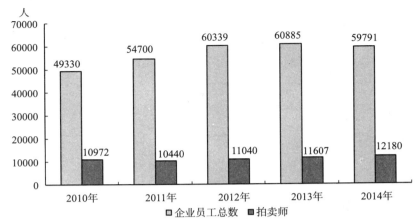

图 9-22　2010~2014 年拍卖行业员工增长情况

2014 年，中国拍卖行业协会举办各类面授培训 25 期，参与学习达 5931 人次，较上年人数增加了近 1500 人次；年度内全国共 28 个省、市拍协、院校举办从业培训班 36 班次，培训拍卖专业人员 5773 人次。

9.3.2　拍卖行业经营情况

1. 成交额

2014 年，拍卖行业成交总额为 5556.4 亿元，与 2013 年同期相比下降 20.6%。成交总额在第三产业"其他服务业"生产总值（116311 亿元）中占比为 4.8%，较 2013 年下降 2.1 个百分点；在全国社会消费品零售总额（262394 亿元）中占比为 2.1%，较上一年度减少 0.9 个百分点。

2014 年，拍卖行业除一季度同比上年小幅增长 8.3% 外，二至四季度均降幅明显：二季度 -14.2%，三季度 -30.9%，四季度 -28.8%。其中下半年的成交总额，更是创近五年来的同期业绩新低（参见表 9-7 和图 9-23）。

表 9-7　　　　　　2010~2014 年各季度拍卖成交额变化

年份	1 季度（亿元）	2 季度（亿元）	3 季度（亿元）	4 季度（亿元）	全年合计（亿元）
2010	1407.90	1098.70	1367.30	2774.40	6648.20
2011	1666.27	1378.08	1206.65	2014.38	6265.38
2012	670.78	1059.28	1376.05	2622.33	5728.44
2013	1068.12	1438.30	1628.36	2866.94	7001.72
2014	1156.80	1233.58	1125.80	2040.20	5556.40

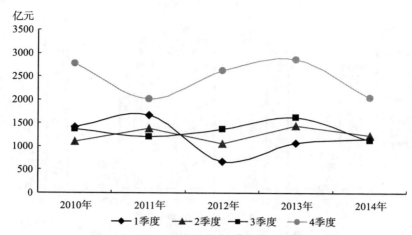

图 9 – 23　2010～2014 年各季度拍卖成交趋势

2. 业务结构

2014 年全年，无形资产拍卖业务成交 420.15 亿元，同比增幅 33.6%；机动车拍卖业务成交 74.91 亿元，同比增幅 25.7%；农副产品拍卖业务成交 24.11 亿元，同比增幅 15.9%。此外，文物艺术品拍卖市场成交 307.60 亿元，与 2013 年基本持平（参见图 9 – 24）。

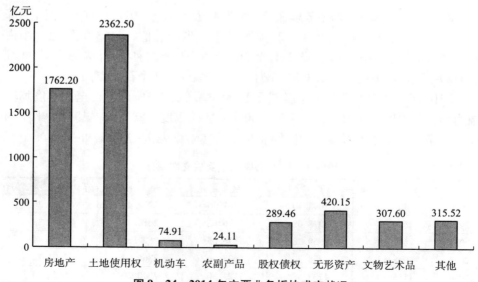

图 9 – 24　2014 年主要业务板块成交状况

9.3.3 拍卖行业效益情况

1. 佣金收入概况

2014 年，拍卖行业实现佣金收入 80.15 亿元，较 2013 年减少 13.93 亿元，降幅 14.8%。继续延续自 2010 年以来行业佣金收入总额持续下降的趋势。

2014 年，行业佣金降幅 14.8%，低于行业总成交额 20.6% 的降幅，也低于房地产 16% 和土地使用权业务 31.8% 的降幅。受这一"去泡沫效应"影响，2014 年行业平均佣金率出现近 5 年来的首次上升，由 2013 年的 1.3% 提升至 1.4%，微涨 0.1 个百分点（参见图 9-25）。

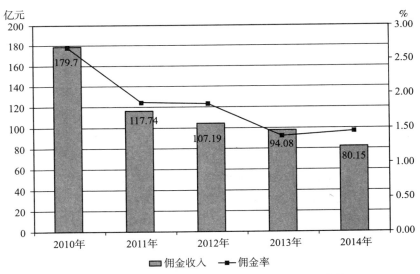

图 9-25　2010～2014 年拍卖行业佣金及佣金率变化

2. 各拍卖业务佣金收入情况

2014 年，无形资产拍卖佣金收入为 2 亿元，同比增长 38.9%；机动车拍卖业务实现佣金收入 3.2 亿元，同比增长 20.8%，文物艺术品和房地产拍卖业务佣金收入分别为 29.5 亿元和 27.2 亿元（参见表 9-8）。

表9-8　　　　　　　　2014年各拍卖业务佣金情况

拍卖业务	佣金收入（亿元）
文物艺术品拍卖	29.5
房地产拍卖	27.2
土地使用权拍卖	8.8
机动车拍卖	3.2
股权债权拍卖	2.2
无形资产拍卖	2.0
农产品拍卖	0.6
其他拍卖	6.7
合计	80.2

此外，文物艺术品拍卖业务佣金率继续领跑各业务品类，佣金总额占行业佣金总额36.8%；以机动车、农产品为代表的新兴业务领域表现良好，平均佣金率分别为4.3%和2.5%，两项业务在行业佣金收入中的比重从2013年的4.4%继续扩大到4.7%。

3. 佣金收入来源

2014年，从各业务委托来源的佣金收取情况来看，个人委托拍卖业务的佣金情况仍然最好。平均佣金率6.8%，佣金总额33.73亿元，收取佣金为行业总额的42.1%，为佣金收取比例和总额的两项第一。政府委托拍卖业务佣金率最低，为0.54%，收取佣金总额为14.5亿元，占行业佣金总额的18.1%。其中，政府委托的土地使用权拍卖业务佣金率仅为0.33%，是各拍卖业务中佣金率最低的品类。其他业务来源的佣金水平基本保持在1%~1.7%的区间内（参见表9-9）。

表9-9　　　　　　　　2014年各委托业务来源佣金情况

委托方	佣金收入（亿元）
个人委托	33.73
政府委托	14.50
法院委托	15.63
金融机构委托	3.24
破产清算	0.86
其他机构委托	12.50
合计	80.46

4. 利润情况

2014 年，全行业实现主营业务利润约 39 亿元，盈利或微盈利企业数为 3604 家，约占全行业的 55.6%，比 2013 年下降近 7 个百分点；有 1302 家企业年度利润报亏损，占全行业比重为 20.1%，较 2013 年扩大近 12 个百分点；剔除未报送因素，全年收支大体平衡的企业数约占企业总数的两成（参见图 9 - 26）。

盈利企业中，盈利在 1000 万元以上的企业共计 48 家，利润总额为 13.8 亿元，占行业利润总额 36%。

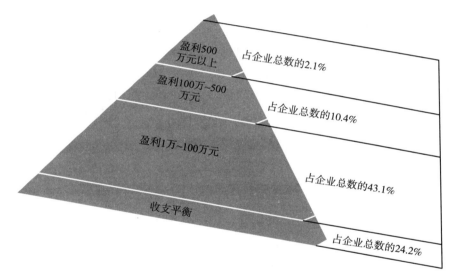

图 9 - 26　2014 年全国盈利拍卖企业分析

9.3.4　拍卖行业委托情况

1. 委托结构情况

2014 年，各主要委托业务较 2013 年均有降幅。具体说来，2014 年政府委托业务成交 2672.95 亿元，比 2013 年下降 26.8%；法院委托拍卖业务成交 949.65 亿元，比 2013 年减少 24.6%。这两项传统业务的明显下降，是拉动当年拍卖成交额总体下降20.6%的主要因素。其他业务也都基本出现了5%以上不同程度的降幅（参见表9-10）。

表9-10   2013~2014年各类委托业务成交额增长变动情况

委托方	2013年成交额（亿元）	2014年成交额（亿元）	增长率（%）
法院	1259.02	949.65	-24.6
政府部门	3649.29	2672.95	-26.8
金融机构	260.11	234.33	-9.9
破产清算组	110.31	60.45	-45.2
其他机构	1202.50	1145.24	-4.8
个人	520.49	493.77	-5.1

2014年，拍卖行业的委托结构相对稳定，继续保持政府、法院委托为主的格局。其中传统的法院、政府部门委托拍卖业务比重有所减少，但成交额仍占整体业务的65.2%；同时，个人和社会其他机构的委托比重小幅上升，达29.5%，比2013年增加5个百分点，比重接近三成（参见图9-27）。

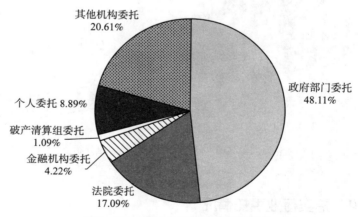

图9-27   2014年拍卖行业委托结构

2. 区域结构情况

2014年，东部、中部、西部地区成交额分别为3541.2亿元、948亿元和1067.2亿元，成交状况与2013年相比均产生一定降幅。其中，东部地区成交额下降22%，中部地区下降22.2%；西部地区下降14.2%（参见图9-28）。

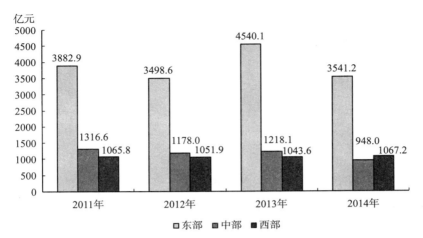

图 9 – 28 2014 年东、中、西部地区业务成交变化趋势

总体看来，东部地区业务占比仍然最大，为 63.73%；西部地区比重比 2013 年增加近 2 个百分点，为 19.21%，中部地区基本稳定，为 17.06%（参见图 9 – 29）。

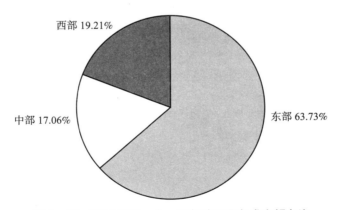

图 9 – 29 2014 年东、中、西部地区业务成交额占比

其中，东部 11 省总成交额 3541.2 亿元，同比上年降幅 22%。其中，除广东省、河北省同比有所上升外，其余省份同比均呈下降趋势。其中，拍卖业务大省广东的成交额同比提升 2.9%，主要由无形资产业务带动。

中部 8 省市拍卖总成交额 948 亿元，同比下降 22.2%，与东部地区降幅基本相同。其中，黑龙江省和湖南省同比成交表现良好，成交额同比分别提升

12.6%、10.2%。

西部 12 省市拍卖总成交额 1067.2 亿元，同比下降 14.2%。下降比例小于全国平均降幅近十个百分点，体现出西部地区较大的市场潜力。其中，甘肃、内蒙古、贵州、青海四省（区）成交额较 2013 年实现增长，增长的主要原因为政府部门委托的房地产和土地使用权拍卖成交。

9.3.5　网络拍卖情况

根据中拍协网络拍卖平台数据显示，2014 年仅该平台上的拍卖企业就达 1500 余家企业，较 2013 年增加 700 家；注册参与竞买的用户超过 20000 人，较 2013 年增加了 1 万人。

2014 年拍卖企业通过该平台发布的拍卖公告数量 19746 条，较 2013 年的 11007 条，增长了 78.6%；组织网络拍卖会 4422 场，较 2013 年的 3097 场增长 42.8%；上拍标的 16114 件，较 2013 年的 10459 增长了 54.1%。但是，由于受房地产市场的影响，平台上网拍成交额 53.79 亿元，较上年下降 42%（参见表 9-11 和图 9-30）。

表 9-11　　　　　2013~2014 年中拍协网络拍卖业务成交状况　　　　单位：亿元

年份	房地产	土地使用权	机动车	农产品	股权债权	无形资产	文物艺术品	其他	总计
2014	32.80	3.72	2.33	1.30	2.67	0.46	0.09	10.42	53.79
2013	59.90	6.18	1.69	0.16	4.78	0.05	1.00	19.02	92.78

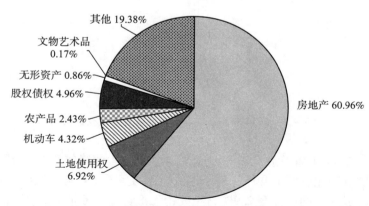

图 9-30　2014 年中拍协网络拍卖平台拍卖成交额比重

9.3.6　拍卖行业主要业务板块情况

1. 综合情况

2014 年，房地产拍卖成交额 1762.2 亿元，占拍卖市场成交总额的 31.71%；土地使用权拍卖成交额 2362.5 亿元，占比 42.52%；无形资产拍卖成交额 420.15 亿元，占比 7.56%。具体情况见表 9 – 12 和图 9 – 31。

表 9 – 12　　　　　　2011 ~ 2014 年各拍卖业务成交状况　　　　单位：亿元

年份	房地产	土地使用权	机动车	农副产品	股权债权	无形资产	文物艺术品	其他	总计
2011	1814.01	2847.04	36.46	17.25	276.18	317.96	576.24	380.21	6265.38
2012	1699.22	2792.84	45.00	22.75	253.64	304.71	281.04	329.22	5728.44
2013	2097.10	3465.84	59.56	20.80	311.48	314.52	313.83	418.59	7001.72
2014	1762.20	2362.50	74.91	24.11	289.46	420.15	307.60	315.52	5556.40

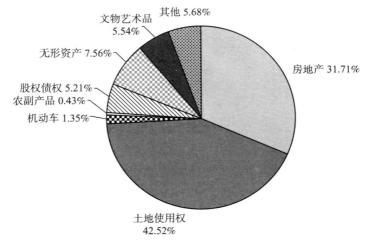

图 9 – 31　2014 年各拍卖业务比重状况

2. 文物艺术品拍卖

2014 年，全年全国共举办文物艺术品拍卖会 2736 场，成交额 307.6 亿元，较 2013 年微降 2%，市场整体规模维持稳定（参见图 9 – 32）。

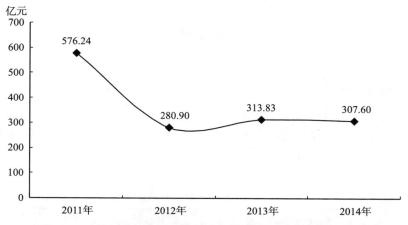

图9-32　2011～2014年全国文物艺术品拍卖成交额变化情况

　　以北京保利、中国嘉德、北京匡时、北京翰海、西泠拍卖、中贸圣佳、上海朵云轩、北京诚轩、北京荣宝、北京华辰十家文物艺术品拍卖公司为样本进行分析。2014年度，中国书画仍然延续市场的主导性地位，份额占比达62.98%（参见图9-33）。

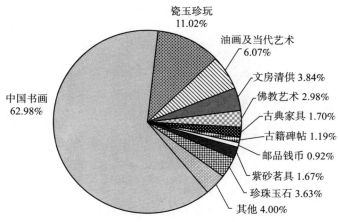

图9-33　2014年十家样本公司主要业务

3. 机动车拍卖

2014 年，全国累计举行机动车专场拍卖 12807 场，同比增加 6.4%，全国累计拍卖成交 74.91 亿元，同比增长 25.8%（参见表 9 – 13）。

表 9 – 13　　　　　　　　**2010～2014 年机动车拍卖业务情况**

指标	2010 年	2011 年	2012 年	2013 年	2014 年
机车拍卖业务成交额（亿元）	43.00	36.50	45.00	59.56	74.91
总体拍卖业务成交额（亿元）	6648.20	6260.70	5754.60	7001.70	5556.40
成交额占比（%）	0.65	0.58	0.78	0.85	1.35

2014 年，全年来自其他机构和个人委托的机动车拍卖业务成交额 36.77 亿元，占机动车拍卖成交额的 49.1%；法院和政府委托的机动车拍卖成交额比重为 40.7%，其中受公车改革陆续展开的影响，政府部门委托有所扩大，首次占比超过 30%，达 33.6%，较 2013 年扩大近 8 个百分点（参见图 9 – 34）。

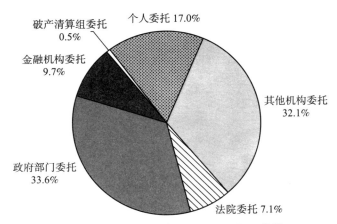

图 9 – 34　2014 年机动车拍卖业务委托机构情况

4. 农产品拍卖

2014 年，全国农产品拍卖成交 24.1 亿元，同比增加 15.9%，占总成交额比重为 0.4%，较上年度 0.3% 的业务比重有所增加。其中社会机构和个人委托的拍卖成交额达 18.72 亿元，占农产品拍卖成交总额的 77.7%，反映出农产品拍卖业务较强的市场化、社会化特点。

5. 无形资产拍卖

2014 年，无形资产拍卖业务实现成交额 420.15 亿元，同比增幅 33.6%，是 2014 年增长最快的业务板块。

6. 土地使用权拍卖

2014 年，土地使用权拍卖业务出现了较大幅度的下滑，成交场次和成交额均明显减少。全年拍卖成交 3899 场，成交额 2362.5 亿元，较上年同期分别下降 36.9% 和 32.2%。

7. 房地产拍卖

2014 年，房地产拍卖业务从 2013 年的高速增长转向"新常态"。房产拍卖成交 21540 场，成交额 1762.2 亿元，同比分别下降 21.9% 和 16.1%。

从全年走势看，随着市场的调整，除 1 季度同比上年同期曾有 8.6% 的增长外，2 季度起，房地产拍卖业务同比降幅不断扩大，分别出现了 2 季度同比上年同期 11.5%、3 季度 28.7%，4 季度 20.7% 的降幅（参见图 9 - 35）。

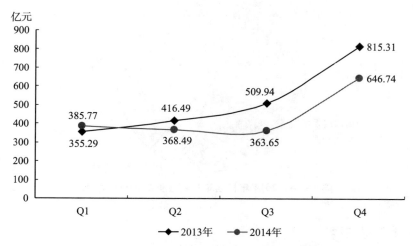

图 9 - 35　2013～2014 年房地产拍卖业务各季度趋势

第 10 章　2014 年中国文化市场大事记

1 月

13 日，国内首支专注投资精品文化项目、资本总额达 3 亿元人民币的君领新文化精选基金启动仪式在北京举行。启动仪式上，曲江影视集团与君领文化基金签署战略合作协议，合作投资拍摄《法门寺传奇》等多部影视剧。

18 日，由光明日报社主办的"2013 中国文化产业年度人物"推选结果在北京揭晓，中国文化产业协会会长张斌，协会副会长、中国对外文化集团公司董事长张宇等 10 位文化产业界杰出人士获此殊荣，协会副会长马化腾、贾跃亭获提名奖。

2 月

16 日，2015 年度国家出版基金资助项目公示。北方联合出版传媒公司共有五种出版物入选，具体包括：北方联合出版传媒（集团）股份有限公司辽海出版社分公司《清代东北流人诗文集成》（第一辑）、《八旗满洲文献集成》（第二辑）；辽宁少年儿童出版社《彩图科学史话》《中国儿歌大系》；万卷出版有限责任公司《中国民间刺绣》。

18 日，藏家刘益谦带着《功甫帖》原件进京，用多种现代技术设备为《功甫帖》验明正身，推翻了上博研究员所称"双钩填墨"的说法。

24 日，保利文化在香港交易所披露了计划，3 月 6 日在联交所挂牌上市向全球发售招股书。据里昂证券的预测，保利文化估值介乎 11 亿～13 亿美元，2014 年度市盈率为 18～22 倍。

3月

6日，保利文化公司终于在香港挂牌开盘。至此，保利文化冲击"内地拍卖第一股"成为现实，改写了中国艺术品拍卖业历史。保利文化总部设在北京，母公司保利集团是央企之一。保利文化有三项主要业务：艺术品拍卖和管理、影剧院管理和影视投资。在艺术品拍卖方面，保利是全球拍卖行业的新星。在北京的保利艺术博物馆馆藏四件圆明园青铜造像：牛首、虎首、猴首和猪首，令保利蜚声国际。这四件造像是在1860年第二次鸦片战争期间，英法联军入侵圆明园时抢走的。

19日，经多方沟通和协议，皿天全方罍于6月14日由民间回购的方式踏上了回国之路。皿天全方罍，铸造于中国商代晚期，属酒器中的盛酒器一类，因器口铭文为"皿天全作父己尊彝"而得名，被称为"方罍之王"。该器于1922年被发现，器盖于1956年由湖南省博物馆保存至今，器身流至国外。

4月

10日，杭州宋城旅游发展股份有限公司2014年第一次临时股东大会审议通过了《关于变更公司名称及修改公司章程的议案》，会议决定将公司中文名称由"杭州宋城旅游发展股份有限公司"变更为"宋城演艺发展股份有限公司"；英文名称由"HANGZHOU SONGCHENGTOURISM DEVELOPMENT CO., LTD."变更为"SONGCHENG PERFORMANCE DEVELOPMENT CO., LTD."。

5月

8日，为落实丝绸之路经济带战略构想、践行"文化先行"理念，由文化部文化产业司、财政部文资办与中国文化产业协会共同主办的"丝绸之路文化产业带建设"研讨会在文化部召开。

文化部、财政部、国家民委等政府相关部门领导，清华大学国家文化产业研究中心、中国传媒大学文化发展研究院、国家行政学院等学术机构专家代表，中国文化产业投资基金、中国投资协会创投专业委员会、北京正达联合投资有限公司等投资机构，以及西安大唐西市文化发展有限公司、新疆德威龙文化传播有限公司、宁夏新科动漫有限公司等丝绸之路沿线文化企业代表和媒体代表参加了会议，就建设丝绸之路文化产业带的顶层设计、发展规划、实施措施等议题展开交流讨论，并达成共识。

19 日，中国文化产业协会主办的"中国文化产业主题展"在巴西南大河州举行，拉开了"2014 巴西—中国周"的帷幕。"中国文化产业主题展"由中国文化产业协会主办，主题展共设九大展区，分别为娱乐演出、工艺美术、文化旅游、动漫游戏、影视、演艺设备、产业集聚区、体育文化和会员专区，通过图片、文字、视频等立体呈现了近年来中国文化产业取得的成果。

开幕当天，中国文化产业协会与巴西南大河州举行了文化产业项目签约合作仪式，双方决定在文化、科技和体育等领域达成合作。根据协议，南大河州政府计划于 2015 ~ 2016 年期间在中国北京举办以巴西文化和文化产业为主题的活动，同时，双方约定形成互访机制，定期组织或派遣各自代表团进行互访，分别在中国及南大河州开展文化交流、商务洽谈。

6 月

23 日，江苏演艺集团与东上海国际文化影视集团及江苏省苏演院线公司与东上海百老汇剧院管理有限公司举办合作签约，双方将建立战略合作伙伴关系，共同投资在江苏组建的新的剧院管理公司。

25 日，作为中美战略与经济对话的一项成果，中国对外文化集团公司的中国民俗艺术"登陆"美国首都华盛顿，向 100 多万往来游客展示中国人的生活情趣和心思智慧。由华盛顿知名文化机构史密森学会主办的史密森民俗节拉开序幕，中国作为主宾国开始在华盛顿国家大草坪举办主题活动，这是史密森民俗节创办 48 年来首度集中展示中国民俗艺术。

28 日，身盖分离近一个世纪的国宝青铜重器皿方罍，在现场和电视机前无数观众的共同见证下，在湖南广电演播厅内实现合体。这件 3000 多年前铸造的青铜礼器，从此将以其完整的形态留存于它的出土地——湖南。这种以民间资本回购的方式，帮助流失海外的中国古老艺术品实现了回归之路，引起各方的瞩目。

7 月

1 日，受文化部委托，中国文化产业协会公布了"第二届国家文化产业示范基地影响力评价"结果：中国对外文化集团公司、北京人大文化科技园建设发展有限公司、桂林广维文华旅游文化产业有限公司、雅昌文化（集团）有限公司、常州恐龙园股份有限公司、中国宣纸股份有限公司、深圳市腾讯计算机系统有限公司、广东奥飞动漫文化股份有限公司、上海盛大网络发展有限公司、华侨城集团公司 10 家企业入选。

8 日，两岸企业家峰会台湾文创产业小组与中国文化产业协会交流会在北京召开，本次会议旨在加强两岸文化产业的沟通，探讨构建两岸文化产业交流合作机制。

23 日，北京儿童艺术剧院股份有限公司召开新闻发布会，宣布成立"北京儿艺动漫戏剧 COSPLAY 俱乐部"。

8 月

26 日，电广传媒公告称，拟投资 2.9 亿元，控股翼锋科技和江苏物泰两家新媒体公司。这也标志着电广传媒对移动互联网和新媒体产业战略布局的正式启动，以期实现传统媒体与新媒体的深度融合。

9 月

3 日，在中国文化产业协会推动下，寰亚传媒集团有限公司与韩国 SM 娱乐公司结成战略联盟，并于人民大会堂举办签约发布仪式。此次结盟旨在响应 2014 年 7 月习近平主席访问韩国就两国文化产业领域人文交流的协议，构建并深化两国文化产业交流合作机制与基础，进一步促进中韩文化产业的交流合作。

10 月

21 日，江苏省演艺集团与"开心麻花"在南京达成战略合作协议，至此"开心麻花"这一全国最具品牌影响力和票房号召力的话剧民营机构将落地南京。今后双方将展开跨地域、跨所有制的强强联合，在南京乃至本土话剧市场培育、人才培养等多方面进行合作，共同促进南京乃至江苏的话剧事业的发展与繁荣。

29 日，国家文物局发布通知，批准天津市文物开发咨询服务中心、黑龙江龙博文物司法鉴定所、西泠印社艺术品鉴定评估中心、厦门市文物鉴定中心、湖南省文物鉴定中心、广东省文物鉴定站、云南文博文物评估鉴定有限公司 7 家文博单位，面向社会公众开展民间收藏文物鉴定试点工作。

11 月

4 日（美国当地时间），中国影视界名人王中军在纽约苏富比"印象派及现代艺术"的晚间拍卖会上，豪掷 3.77 亿元人民币，购得了梵高静物油画《雏菊和罂粟花》，引起关注。

17 ~ 18 日，由文化部、国家互联网信息办公室指导，中国文化产业协会主办的首届中国移动互联网内容开发者大会暨中国智能内容及开发者大会在北京举办。来自文化部、国家互联网信息办公室的有关领导，以及腾讯、百度、微软、触控科技等众多国内外知名互联网、IT 企业负责人参会，并分别出席了行业领袖峰会、国际移动游戏大会、数字动漫发展论坛以及移动互联网暨智能应用创业者论坛等本届大会的各项分论坛活动，围绕智能应用及健康发展、移动游戏全方面拓展、智能化网络的前景等议题进行了交流探讨。

24 日，国务院公布《关于取消和调整一批行政审批项目等事项的决定》，确定拍卖从业资格被取消。

26 日，刘益谦在香港佳士得 2014 年秋拍"永乐御制红阎摩敌刺绣唐卡"专场上，再次豪掷人民币约 2.8 亿元，买下了这件明代唐卡，创下了中国文物艺术品在所有国际拍卖行拍卖历来最高世界纪录。而这一拍品的起拍价是5000 万港币，可见当时现场竞价之激烈，刘益谦因此被舆论称为"任性哥"。

12 月

5 日，北京保利 2014 秋季拍卖会经过 6 天共 54 个专场的拍卖，以 24.91 亿元的总成交额圆满落下帷幕，连续第 13 次在国内大型艺术品拍卖会中列成交额榜首。

11 日，索尼电脑娱乐和上海东方明珠在上海召开了以"一切为了玩家"为主题的新闻发布会，宣布正式启动面向中国市场的 Play Station 业务，并计划在 2015 年初，面向中国市场提供 Play Station 4、Play Station Vita 及游戏软件产品。

附录1 文化产业论文选登

中国文化产业的战略布局与发展趋势

李 季

近年来，中国经济发展环境发生了很大的变化，中国的产业结构也正在大力调整的过程中。中共中央做出了《关于深化文化体制改革、推动社会主义文化大发展大繁荣若干重大问题的决定》以后，中国文化产业大发展的大幕开启，在继房地产、汽车拉动经济高速增长十年之后，文化产业将成为新的经济引擎。党的十八届三中全会明确提出："建设社会主义文化强国，增强国家文化软实力"，要"加快完善文化管理体制和文化生产经营机制，建立健全现代公共文化服务体系、现代文化市场体系，推动社会主义文化大发展大繁荣"。更是定下了"文化强国"的基调，进行了文化产业发展的顶层设计，以保证中国经济保持稳步增长。目前文化产业正在以全新的方式改变着中国经济和文化发展的形态，影响着中国社会的发展和国家战略的创新与实现，创造性的构建着中国文化、经济、政治新的格局。

如何才能更快更好地发展本地文化产业？这是各地地方政府需要思考的问题；在哪里投资？投资什么具体门类、项目才能最大限度规避风险和获取利益？这是投资企业需要思考的问题；而文化企业如何改制升级，朝什么方向发展才是光明大道？这是各地文化企业需要思考的问题。而所有的这一切，要得到正确的结论，就需要对国家政策导向有正确的把握，需要对文化产业的发展现状、特点和趋势有清晰的认识。

一、我国文化产业发展的战略布局原则

在地域分布上，文化产业的带状分布特征十分明显。从全国的角度看，环渤海、长三角、珠三角是我国文化产业的主要聚集区；从各个地域上看，则是大大小小的文化带。而文化带的产生又是经济发展不平衡的结果。实际上，行政区域的划分是为了便于行政管理，真正在起作用的是经济区域的联系和发展。譬如一条道路不会因为进入另一行政区域而中断，而物流会一直沿着这条道路延伸，经济会因为这条道路而拓展。文化带与经济区域是基本重合的，与

行政区域关联不大。所以以经济区来划分文化带，既符合中国文化产业分布的实际国情，也契合了国家的发展战略。

所谓文化产业带，就是我国文化产业的发展状况呈明显的带状结构。国务院发布的《全国主体功能区规划》，将全国列出了26个经济区。这也是我国主要的文化产业带的战略布局。

我国文化产业发展的战略布局原则是：整合资源、形成合力、发挥优势、注重实效。以此优化中国的文化产业结构，实现文化产业核心层、外围层和相关层增加值的突破，增强文化产业发展的贡献率。建设一批文化产业强省、文化产业强市和区域性特色文化产业群，构建具有鲜明区域特色、结构合理、效益显著的文化产业发展总体格局（见附录图1、附录图2）。

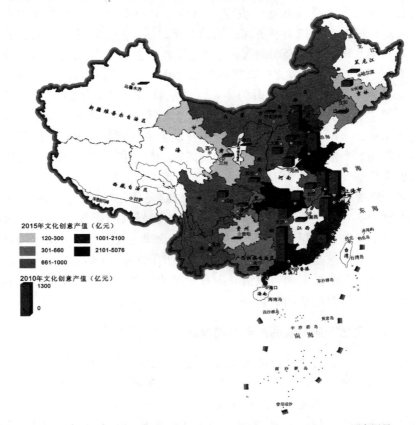

资料来源：底图参考国家测绘局网站 http：//219.238.166.215/mcp/index.asp.原审图号：GS（2008）1499号。

附录图1　中国文化产业发展规划

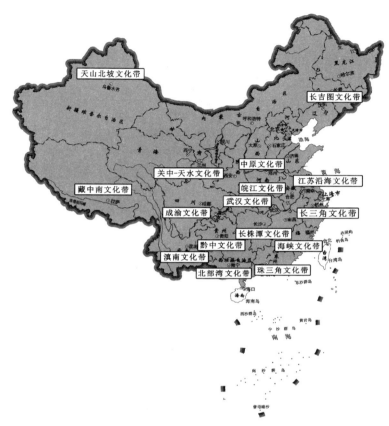

资料来源：底图参考国家测绘局网站 http：//219.238.166.215/mcp/index.asp. 原审图号：GS（2008）1499 号。

附录图 2　中国文化产业的区域分布——文化带（部分）

二、我国文化产业发展的战略布局路径

1. 加强重点文化产业带建设

以建设文化产业中心城市为核心，加快产业整合，形成长江三角洲、珠江三角洲和环渤海地区三大文化产业集聚区（见附录图 3~附录图 5）。积极发展我国西南、西北地区等具有鲜明地域和民族特色的文化产业群。推进科学技术在文化领域的应用，加快文化产业优化升级步伐，促进我国文化产业加入国际文化产业分工体系，不断提高国际化水平。

2. 加快文化产业园区和基地建设

促进各种资源的合理配置和产业分工，加快文化创意产业园区建设，使之

成为文化创意产业的孵化器。形成若干出版、印刷复制、影视制作和文化产品批销等产业中心，重点建设一批大型影视制作、动漫、音像电子、印刷复制和演艺等产业示范园区和基地。

3. 促进区域文化产业协调发展

充分发挥产业带、产业园区和产业基地的带动与辐射作用。鼓励东部地区率先发展，中部地区加快文化产业崛起，西部地区结合地方特色和资源优势，着力增强文化产业自我发展能力，努力形成东中西优势互补、良性互动的区域文化产业协调发展新格局。

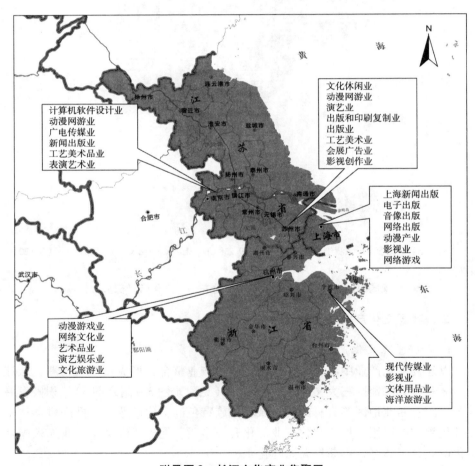

附录图3　长江文化产业集聚区

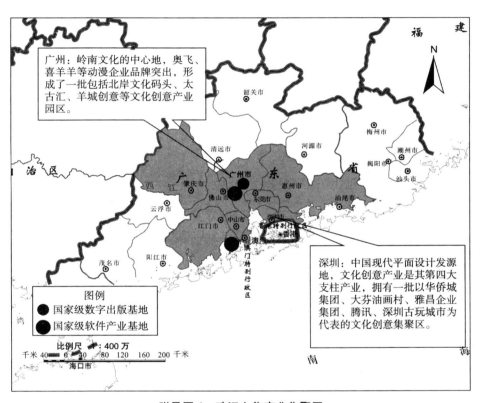

广州：岭南文化的中心地，奥飞、喜羊羊等动漫企业品牌突出，形成了一批包括北岸文化码头、太古汇、羊城创意等文化创意产业园区。

深圳：中国现代平面设计发源地，文化创意产业是其第四大支柱产业，拥有一批以华侨城集团、大芬油画村、雅昌企业集团、腾讯、深圳古玩城市为代表的文化创意集聚区。

图例
● 国家级数字出版基地
● 国家级软件产业基地

比例尺：400万
千米 40 0 40 80 120 160 200 千米

附录图4 珠江文化产业集聚区

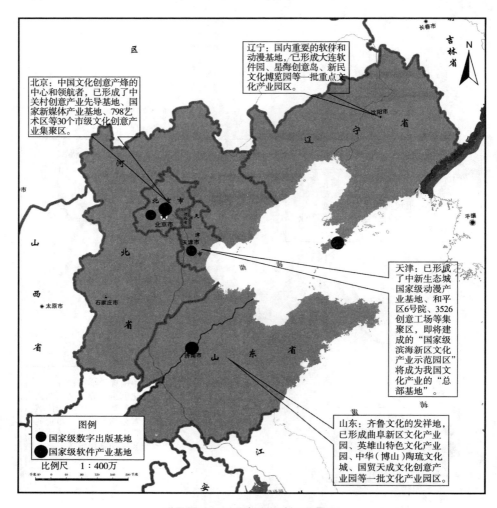

辽宁：国内重要的软件和动漫基地，已形成大连软件园、星海创意岛、新民文化博览园等一批重点文化产业园区。

北京：中国文化创意产业的中心和领航者，已形成了中关村创意产业先导基地、国家新媒体产业基地、798艺术区等30个市级文化创意产业集聚区。

天津：已形成了中新生态城国家级动漫产业基地、和平区6号院、3526创意工场等集聚区，即将建成的"国家级滨海新区文化产业示范园区"将成为我国文化产业的"总部基地"。

山东：齐鲁文化的发祥地，已形成曲阜新区文化产业园、英雄山特色文化产业园、中华（博山）陶琉文化城、国贸天成文化创意产业园等一批文化产业园区。

图例
● 国家级数字出版基地
● 国家级软件产业基地
比例尺 1:400万

附录图5 环渤海文化产业集聚区

三、我国文化产业发展的趋势

我国文化产业在经过"十一五"期间的大发展后，未来中国文化产业发展将进入大整合大发展期。目前我国文化企业虽然数量众多，并呈持续增长之势，但经营质量比较差，除了互联网、文化科技等文化公司做得比较强大之外，其他类型的文化企业多是小公司。未来，在文化产业中的9个行业大类、24个行业中类、80个行业小类中都将有自己的代表性企业。尤其是在9个行业大类中，推出具有中国特色、中国风格、能影响世界同行业发展的文化产业群，以现代"文化生产—市场动作—大众消费"的企业运作模式，改造以往的"生产—传播—接受"的营运习惯，强化品牌意识，做出大而强的文化企业集团。可以说，从2011年到2020年这10年，将是中国文化产业发展的一个黄金十年。这一阶段，文化产业增长速度将越来越快，创业企业的数量将越来越多，经营质量将越来越好。此后，中国就会出现众多强大的文化公司。

在这一过程中，文化产业区域化竞争将全面展开，地区间的不均衡将进一步突出。中国文化产业"走出去"不再仅仅是一种口号，而将是一种战略选择，变成行动。与此同时，国际资本将多渠道、多形式进入中国文化产业的核心区域，以金融资本为主力的多种资本形态参与中国文化产业竞争，介入中国文化产业变革，特别是广电体制和传媒业的变革，并将成为影响中国传媒业未来走向的重要力量。借助和抵制的力量此消彼长。中国文化产业跨越式发展的巨大资本缺口使上一轮以政府为第一推动力的媒体资源整合，打造中国文化产业的"航空母舰"的发展模式将遭遇巨大挑战。通过媒体相关企业改制上市或借壳上市，或通过其他形式绕过政策壁垒去资本市场筹集资金，将为国际资本的投资欲望的实现提供了市场需求的巨大可能。

社会资本与国际资本同台竞争中国文化产业资本市场的巨量缺口，将引发文化金融资本市场的空前竞争。在这一背景下，中国东西部文化产业发展的非均衡态势存在着被进一步拉大的可能性，南北间文化产业发展的矛盾冲将进一步突出。围绕着市场的争夺与反争夺，进入与反进入，合作与反合作，整合与反整合，区域文化产业竞争将在文化产业的各个领域全面展开。地方保护主义在地方战略利益的驱动下，将会以一种新的存在方式来演示其合理性。但是，趋势是事物发展的不可阻挡的潮流，是事物发展内在规律。中国文化产业的合理化趋势，是中国文化产业未来发展的整体性战略需求，面对这种战略需求，全面实现文化产业的合理化，必须有完整的政策创新系统与之相应。因此，制定积极的文化产业政策，构建与WTO原则相适应又符合中国文化国情和文化发展需要的文化管理与文化产业政策系统，将成为今后我国文化产业发展的一项中心工作。

需要指出的是，各地政府要顺应历史的潮流，不要做中国文化产业崛起的绊脚石。而是将本地区落后的"传统文化产业"迅速过渡到"现代文化产业"，进而实现"数字化文化产业"模式的构建。今后，文化产业的数字化进程将成为文化产业综合竞争力提升的动力，数字电视，数码电影，宽带接入和视频点播，电子出版和数字娱乐等新的文化产业群将形成主流，新媒体将为文化产业带来商业新契机，旅游、教育、广告等行业将依托新媒体开拓新的营销方式。借助新媒体技术，文化产业继续保持"跨界合作"势头。

所有的竞争，最后会归结为人才的竞争。不论是政府还是企业，培养高素质复合型文化产业人才是保证我们在这场竞争战中最后胜利的利器。在挖掘人才的同时，一定要注重大力培养人才。

21世纪是文化的世纪，文化是一个国家的身份证，文化将成为衡量一个国家综合国力的重要内容，世界强国必须是文化强国。文化产业作为一种实现文化价值的渠道，选择何种发展模式将是一个值得深入研究的课题。希望我国文化企业把握我国文化产业发展的总趋势，助推中国早日实现"中国梦"。

2014年2月于清华大学明斋

世界文化产业发展的特点

李 季

经济规律表明，世界经济的产业重点将逐渐由有形的物质生产转向无形的服务性生产。由于文化产业需要的自然资源不多，主要依赖智慧创造，因而信息时代把经济增长的大部分份额给了文化产业。文化产业正日益成为国民经济的支柱性产业。文化产业是现代经济中最活跃、增长最快、最有前途的产业。在全世界范围内，文化产业在经济领域的份额正以每年11.3%的速度增长，是世界经济增长速度的几倍。当前国际文化产业发展在产业层面主要呈现以下几个趋势。

一、对创意产业的认识日益提高

在文化产业发展的大背景下，小众的精英艺术、高雅艺术与大规模生产的大众文化、流行文化之间的界限越来越模糊，而且从文化产业这一概念的出现之日起，探讨如何将这两个场域融合就是一个重要话题，也就是如何保护艺术家的创意，如何让产业支持更多的创意。在当前的国际学术界，文化产业领域的本原性话题就是关于艺术和艺术家的创意和产业的关系。创意经济的先驱是著名德国经济史及经济思想家熊彼得，早在1912年，他就明确指出：现代经济发展的根本动力不是资本和劳动力，而是创新，而创新的关键就是知识和信息的生产、传播、使用。1986年，著名经济学家罗默也曾指出，新创意会衍生出无穷的新产品、新市场和财富创造的新机会，所以新创意才是推动一国经济成长的原动力。但作为一种国家产业政策和战略的创意产业理念的明确提出者是英国创意产业特别工作小组。这个小组于 1998 年和 2001 年两次发布研究报告，分析了英国创意产业的现状并提出发展战略。1998 年，英国创意产业特别工作组首次对创意产业进行了定义，将创意产业界定为"源自个人创意、技巧及才华，通过知识产权的开发和运用，具有创造财富和就业潜力的行业"。根据这个定义，英国将广告、建筑、艺术和文物交易、工艺品、设计、时装设计、电影、互动休闲软件、音乐、表演艺术、出版、软件、电视广播等行业确认为创意产业。

近年来，欧洲、美国、澳大利亚和其他国家发布的报告和研究成果进一步丰富和推进了关于创意部门和创意产业的新观点。这些报告中创意产业部门的范围包括广告、表演艺术、广播媒体、博物馆、软件开发乃至交响乐。一些经济学家对创意产业进行了详细研究和调查，力图建立一门新的创意产业的文化经济学。

文化经济理论家凯夫斯对创意产业给出了以下定义：创意产业提供我们宽泛地与文化的、艺术的或仅仅是娱乐的价值相联系的产品和服务。它们包括书刊出版、视觉艺术（绘画与雕刻）、表演艺术（戏剧、歌剧、音乐会、舞蹈）、录音制品、电影电视，甚至时尚、玩具和游戏。创意产业的提出建立了一条在新的全球经济、技术与文化背景下，适应新的发展格局，把握新的核心要素，建构新的产业构成的通道。

另一位经济学家霍金斯在《创意经济》一书中，则把创意产业界定为其产品都在知识产权法的保护范围内的经济部门。知识产权有四大类：专利、版权、商标和设计，每一类都有自己的法律实体和管理机构，每一类都产生于保护不同种类的创造性产品的愿望。霍金斯认为，知识产权法的每一形式都有庞大的工业与之相应，加在一起"这四种工业就组成了创造性产业和创造性经济"。在这个定义上，创意产业组成了市场经济中非常庞大的部门。

据统计，目前全世界创意产业每天创造的产值达到 220 亿美元，并正以很高的速度递增，形成一股巨大的创意经济浪潮。除英国外，世界其他国家也都认识到创意产业作为文化产业的核心层面的重要地位。美国人早已发出了"资本的时代已经过去，创意时代已经来临"的宣言。日本高度重视创意产业，提出了"独创力关系到国家兴亡"的口号。澳大利亚政府从 1994 年就将发展创意产业作为一项国家战略加以实施，并且成立了布里斯班大学创意产业研究中心，作为澳大利亚联邦政府直接支持的国家级创意产业振兴机构。新加坡早在 1998 年就将创意产业定为 21 世纪的战略产业，出台了《创意新加坡》计划，又在 2002 年 9 月全面规划了创意产业的发展战略，声称要树立"新亚洲创意中心"的声誉。

二、美国为王，其他国家迅速崛起

美国文化产业出口总额占世界首位，号称世界文化产业帝国。美国拥有世界文化"巨无霸"企业的 50% 以上，控制了全球 75% 的电视节目的生产和制作。美国影片产量只占全球的 6.7%，却占据了全球播放时间的一半以上。电影和电视节目是目前出口份额最大的产品。美国有 1200 家艺术博物馆，其中以纽约大都会艺术博物馆、纽约现代艺术博物馆、华盛顿国家美术馆影响最大。全美有约 1000 家唱片发行公司。2000 年，全球音乐唱片市场总值是 385 亿美元，其中，美国市场所占份额为 37%。20 世纪中叶以来，美国在影视、激光唱片、电子计算机、通信、网络等方面已处于领先地位。作为地球上文化产业最为发达的国家，美国现有 1500 多家日报、8000 多家周报和小报、1.22 万余种杂志、1965 家电台、1440 家电视台。美国利用其经济、科技优势生产出的各种文化产品占领了世界主要的文化市场，加之信息高速公路的开通，信息技术的发展为其文化产业包括生产、流通和消费开辟了更为广阔的天地。美国的文化产业：第一，有完善的组织管理系统，如股东会控制系统、创作及其组织系统、批量生产系统、推销系统、技术支持系统、经济支持系统、行政支持系统、人事支持系统、数据收集系统等；第二，有高度的垄断性，20 世纪80 年代，美国的传播媒介主要被 50 家大公司所控制；第三，有稳定的产品类型；第四，有巨大的经济效益。

西方其他国家如英国、法国、德国的文化产业虽然不如美国发达，但同样属文化大国之列。英国有 130 份日报、1300 份周报、7000 份期刊。在西方国家，按人口平均算，英国的日报销售量是最高的。英国有近 60 个电视台，英国广播公司是欧洲最大的广播公司，也是世界最大的广播公司之一。法国作为文化大国的地位是不可否认的，它的书刊业尤其发达。巴黎的《世界报》《费加罗报》等都是世界性大报。法国有期刊 1.5 万家，刊物年销售量达 80 亿份；有出版社 5000 多家，书店 2.5 万多家；法国的电影产量也很高，它每年有 150 部新片推向市场。

美国在文化产业的各个领域处于统治地位，其他各个国家都通过着力发展自身的文化产业来与美国竞争和抗衡，并且已经逐渐发展出自身特色。

在欧洲，抵抗美国文化产品最有力的是法国。法国文化产业规模巨大。全国有 136 种法文日报，全年发行总量 90 亿份。法国最大的出版集团是阿歇特

（Hachette）出版集团，每年的营业额约为123亿法郎，年利润为4.57亿法郎。电影观众近两年保持在1.85亿人次左右。法国每年举办的各种艺术节、临时性的展览活动众多，法国文化部2003年活动统计数据库录有650个艺术节和800个博物馆组织的1600个展览。法国政府和文化从业人员采取了很多方法抵制美国文化产品。1989年，法国政府说服欧共体颁布命令，规定所播放电视节目的40%必须是国产节目。在1993年关贸总协定乌拉圭回合谈判中，法国强调"文化特殊性"，反对美国把影视产品引入谈判内容的要求。与此同时，法国政府还制定和加强旨在保护法兰西文化的经济配额和补贴制度，支持本国文化和文化产业的发展。尽管如此，较之影响巨大的美国文化和英语文化，法国有时也不得不借助于英语的传播媒介来扩大自己的影响。

对于美国文化产品的无所不在，英国文化产业界的竞争意识也日益增强。1995年，英国广播公司寻求英国最大的传媒集团之一皮尔森公司的支持，出资开办了新闻与娱乐两个卫星频道，以与美国电视业竞争。

德国的出版业是其文化产业的支柱产业之一，德国联邦和州出版的报纸约370种，期刊约1万种。2002年德国贝塔斯曼出版集团的产值约为250多亿美元，是中国图书发行行业总产值（约120亿美元）的两倍多。同时德国还拥有约160座公共戏剧院和约190家私人剧院。日本已成为世界游戏软件第一生产大国，家用游戏软件约占全球的50%以上；CD销售额近8000亿日元，约占全球的17%；日本是世界上报纸发行量和个人订报最多的国家，全球日报发行量排行榜上，前5名均为日本报纸；手机拥有量和人均拥有量都名列世界前茅，平均不到两个人就有1部；日本约有3768万户接收电视节目，电视市场规模为3万多亿日元。

在保护本民族文化产业方面，日本则更加积极，其做法也比较成功。日本在1989年成立国际交流基金会日本语国际中心，向世界各地推广日本语。它注重对日语学校的设备和教学援助，注重日语教学师资的重点投入。目前全球114个同日本发生经贸往来的国家中有209万人在学习日语。近年来，在日本国际交流基金会推动下，华盛顿每年举行一次樱花节，日本借机推销日本的文化产品如影视、漫画、音乐以及与之相关的产品，包括电视和音响设备、DVD机、可视电话，还有日本汽车等。

三、集团化、集约化趋势非常明显

文化产业需要整合力量，许多大型的文化产业企业成为这一领域的国际巨人。如美国在线时代华纳、迪士尼、维亚康姆、贝塔斯曼等。

　　跨国文化产业集团成为影响国际文化版图构成的重要力量。"全球化"是市场经济高度发展的必然结果。市场竞争和市场逐利行为打破了经济国家和地域限制，把世界各国的国民经济日益连接为一个整体的全球经济，营造了一个"无疆界的市场"。在全球化竞争中，跨国文化产业集团既能根据国际市场的变化迅速调整结构，开发出新产品，又能在全球范围内对各种资源和经营能力实现优化组合。这些到处安家落户的跨国文化产业集团不可遏止地制造出一种新的世界文化。这是当今一些跨国文化产业集团具有强大综合竞争优势的根本原因所在。美国有线电视新闻网（CNN）独占全球24小时新闻广播领域15年之后，美国全国广播公司（CNBC）开始向欧洲和亚洲提供节目；英国广播公司（BBC）1995年开办了全天候世界娱乐报道；德国之声、日本NHK也实现了全球电视广播。

　　20世纪90年代全球经历了一场史无前例的全球媒体巨头之间的合并、收购浪潮。迪士尼买下ABC，西屋买下CBS，时代华纳收购CNN，这就使得广播、影视、报纸、杂志、音像制品的所有权统一归属于某综合性媒体巨人，出现了全球性的"巨无霸"传媒公司。当前，全球媒体市场是以集团形式出现的。

　　综上所述，文化产业的发展出现了两种密切相关的新趋势：一是产业整合的趋势，文化产业在产业内部及其他产业之间的结盟或重组如火如荼。1998年埃克森与移动通讯公司、MCI与斯普林特公司、旅游人集团与花旗公司（Citicorp）合并，1999年英国沃达丰（Vodafone）与德国曼内斯曼（Mannesman）合并，2000年美国在线公司和时代华纳公司合并，这五大合并案成为这一趋势的代表性事件，而最后的这次合并总值高达3500亿美元。二是空间上的聚合趋势，文化产业在特定的城市空间形成高度的集聚倾向。例如，一些中心城市的信息化和媒体活动融为一体，突现了信息时代新媒体的作用和地位。像纽约就拥有4家日报社、2000多家周刊和月刊杂志、80多家新闻有线服务机构、4家国内电视网络和至少25家大型广播公司以及数百家如《时代》《新闻周刊》等国家级杂志的总部，正是其城市信息化的结构特征导致了以互联网为基础的新媒体及其产业的空间集聚。

四、全球化和各国之间的不平衡

　　在经济全球化的背景下，世界上许多文化产业集团正在不断打破行业与地区之间的分工界限，通过大公司之间在资金、技术、经营组织方式等方面的重新组合和集中，进行产业结构上的调整，形成传媒业、娱乐业、旅游业与电信业、电脑业、出版业等相互融合、相互渗透的新格局,出现了一批大型和超大型的跨行业、跨国界的强势文化产业集团。它们将不同行业的分散经营变为一体化、全球化经营,其文化产品已经在国际上获得了垄断地位。在九大媒体巨头引导下,全球50家大的媒体娱乐公司占据了当今世界上95%的文化市场。目前传播于世界各地的新闻节目,90%以上由西方七大国家垄断,其中70%又由跨国大公司垄断。

在这种全球化的风潮中,西方国家的强势文化产业集团,凭借其强大的经济实力、高科技的大量投入、丰富的经营经验和花样翻新的文化产品,向全球进军,不断扩大对国际市场的占领,挤压弱势国家的文化发展空间,使得各国文化产业发展的不平衡进一步加剧。目前在亚太地区上空有200多个卫星电视频道,其中绝大部分是西方三大电视集团对亚洲开办的电视频道。美国更是控制了全球75%的电视节目生产和传播,许多第三世界国家的电视节目有60%~80%的栏目内容来自美国,几乎成了美国电视节目的转播站。

在视听业方面,西方国家借助高超的艺术质量、新颖的制作手法、引人注目的营销方式以及制作成本低、价格便宜等优势吸引受众,不仅在音像制品方面获利丰厚,而且由于大量视听产品进入发展中国家,形成成千上万个家庭影院,造成这些国家影视业的"生存环境"恶化,严重冲击、大幅压缩了这些国家广播电视电影的收视市场。

在出版业方面,全球图书市场总值超过800亿美元,其中美国占了将近1/3,其次是德国、日本、英国、法国和西班牙,中国位于第10名。约2/3以上的图书市场集中在欧美国家,使得竞争变得异常激烈。

从以上的描述我们可以看出,全球化时代的文化产业的发展和文化产品的销售是非常不平衡的。如果再看看以下一组数据,便对这种非常的不平衡有了更好的了解。在国际电影市场上,美国的影片约占总销售额的70%。在电视和广播节目的交易中,发达国家生产的产品约占74.5%。在国际版权交易市场上,发达国家的出版物约占65.5%。在跨国流动的每100小时的音像制品中,有74小时是从发达国家或准发达国家流向发展中国家的;在跨国流动的每100本书中,有85本是从发达国家流向发展中国家的;在跨国流动的每100套电脑软件中,有85套是从发达国家和准发达国家和地区流向发展中国家的;在跨国转让的每100项核心信息技术中,有84项是从发达国家流向发展中国家的。并且,这种不平衡发展的鸿沟还在继续扩大。许多经济弱国,尤其是广大第三世界国家,在这种不平衡的市场中要发展自己文化产业会有很多困难,因此要做出更多的努力以改变处于弱势的地位。

五、品牌符号价值的重要性提升

文化产业是生产精神领域的产品，因此培育品牌成为培养忠实用户和跨领域开发产品的重要方式。目前国际的文化产业企业都通过建立品牌树立符号意识。

品牌是市场经济的入场券，文化产业是一个创意产业，培育品牌是发展文化产业的最高境界，也是文化产业快速崛起的重要推动力。在发达国家，文化产业之所以成为支柱产业，与其文化品牌发挥的作用密不可分。美国文化产业的增加值绝大部分是由"迪士尼""好莱坞"等具有品牌优势的公司所创造的。无论是几十年来一直常演不衰的《米老鼠》《超人》还是现在的《金刚》《哈利·波特》都成为重要的品牌。因此，重视品牌的力量是发展文化产业的必然要求。

六、产业投入风险高

文化产业源于艺术品的生产，而艺术家自古以来就被认为有特殊的地位，例如在 19 世纪的欧洲，就有贵族资助艺术家的制度。我们现在可以将包括记者、影视制作人、歌手、演员以及艺术家称为"符号创作者"。艺术品的生产是人类创意的发挥，对创意的管理是文化产业的最大课题，而受众的品位转变速度快，使用文化产品的习惯反复无常，为文化产业带来极大的风险。文化产业的风险主要来自：文化产业公司必须给予符号创作者发挥创意的空间，但也需要控制成本；还有文化产业公司必须仰赖其他公司如行销或广告来让受众注意到新推出的文化产品。文化产业和高科技产业一样，都属于高风险、高智力、高回报的产业，既蕴涵着巨大的市场机会，又需要资本市场的巨额投入和专业化的经营与管理。

因为文化产业面对着口味复杂的受众，所以并不知道是否能够获得预期的收益，因此存在很高的风险。比如美国每年有几百部电影出品，但真正能够全球卖座的也就有十几部。同样的现象还存在于其他领域。因此文化产业是高风险的。但是另一方面，很多企业为了规避风险会采取一些措施，比如预先进行市场调查和预测及上保险等方式。比如在国外的很多演出或者艺人会在演出之前投保，一旦发生因为天气、灾害等原因引起的演出被迫取消等情况就可以避免损失。

七、创造了大量的就业机会

众所周知，随着社会生产力的发展和人类物质生活的逐步富裕，人们闲暇时间将比过去大大增加，对文化消费、精神消费的需求也将因此而提高。庞大的社会需求意味着文化消费市场潜力巨大，这就为文化产业提供了巨大的发展空间，使之成为最能创造新的就业机会的一个行业。文化产业在创造巨额利润的同时也带来了巨大的社会效益。据世界旅游组织提供的数据，早在 1993 年，世界旅游业已为全球提供了 1.27 亿个就业机会，占从业人员的 1/15；到 2005 年，旅游业的就业人数还要增加 4000 万人，达到 1.67 亿人。英国的体育业在 1987 年从业人数已达 37.6 万人，相当于整个化工和人造纤维工业的就业人数，超过了煤炭、农业和汽车零件制造业的人数。据国内一项研究表明，旅游业每投资 8 万美元，就会相应制造 41 个就业机会，比投资石油工业多 26 个就业机会。1997 年，英国仅有 9.6 万人从事创意产业，2002 年，投入创意产业人口高达 195 万人。

八、与高新技术结合日趋紧密

文化产业是知识密集、信息密集、技术密集的领域，各种先进的高科技正与高文化整合成高新文化产业形态，数字化、网络化已成为必然发展趋势，许多发达国家都借此壮大自己的文化产业。

高新技术极大地推进了文化产业的发展。例如在高新技术的支持下，计算机娱乐软件在发达国家市场上势头强劲，多媒体软件发展的速度比图书、报纸、广播等传统媒体快了一倍。在一项针对计算机网络服务的专项调查中，人们发现网络越普及的地方，文化产业所占的比例越高。在全球 25 个互联网最普及的国家中，文化服务业所创造的价值比开通互联网前平均增加 17.5%，从业人员增加 43%。在美国，因特网普及之后，文化产业所创造的社会价值占社会总产值的比例，从过去的 20% 上升至 30% 以上，达到 9000 亿美元。以美国国会图书馆为例，随着国际互联网的开通，该馆成为北美乃至世界最大的网络信息服务商，每天上网访问国会图书馆网站的读者就达 3 万人次，围绕网络进行数据库服务的年收入达 3 亿多美元。其文化产品也由原来的图书、胶片发展为光盘、网站、数据库等形式，成为全球进行文献信息服务的最大企业。

从 20 世纪 90 年代起，各种形式的数据向数字传送转换的步伐明显加快。除美国外，1998 年，日本富士产经集团提出了"彻底数字化"口号，启动了数字化通信卫星广播，1999 年又启动了新的卫星数字广播站，开通了新的传播网络。它还以"国际巨型媒体"作为目标，积极谋求和澳大利亚传媒业巨子鲁伯特·默多克的媒体集团、新闻公司、索尼公司等一起组建一个巨大的数字卫星广播公司，向数字化国际媒体集团迈进。名列世界 500 强第 31 位的索尼公司同飞利浦公司和先锋公司结成数字视盘专利联盟，竭力抢占数字化视盘产业的上游技术，再扩大推广，然后向从事数字视盘生产的其他公司收取专利费。1999年，加拿大集中了一批优秀的未来学家和技术专家，制定了《未来计划蓝本》，明确提出加拿大要在21世纪全球文化竞争中抢占数字化技术的12个制高点。

在发达国家，先进的计算机已用于生产数字虚拟道具和虚拟演员，复杂的数字设备用于生产电视节目或歌星的个人光碟。直接广播卫星（DBS）和DVD技术将对娱乐业产生巨大影响。"孟莱坞"的两位印度实业家和一位电影开发商利用卫星技术，开辟了24小时的数字频道，向世界各地播放"孟莱坞"的影片约有1000部以上，覆盖世界100多个国家。如今，音乐录音已成功地转为数字形式。

美国动画片《恐龙》是一部充分运用现代数码技术进行制作的巨片。该片利用电脑动画特技、数字影像使史前的动物复活了。据有关资料介绍，制作该片的全部素材达1亿个文件，足足装了7万张光盘；软件组成员共编写了7万行代码，相当于一部25卷、每卷468页的百科全书。片中的狐猴，每一只身上植入了200万根毛发。2009年票房大卖的《阿凡达》导演詹姆斯·卡梅隆运用高科技数码合成和3D技术，细致逼真地塑造了潘多拉星球魔幻奇特的场景，制造了一种原生质的视觉效果，使人恍如身临其境。总之，数字化、网络化、智能化等高科技已经深深地影响了文化产业的发展，成为当前国际文化产业发展非常重要的特点。

（本文选自作者在2014年出版的《世界文化产业地图》
一书中的部分章节）

薪传中华文脉凝聚文化共识

李 季

我们正站在中国文化产业大爆发的前夜。

据可靠数据，2013年全中国的文化产业总产值为2.4万亿元，相当于4000亿美元，占全年GDP的4%左右，这与整个中国经济震惊世界的高速度是极不相称的。初步预测，到2024年，文化产业应该能占到整个中国GDP的10%～15%。也就是说，在十年之内，中国文化产业的整体规模要比现在翻两番。

以互联网和移动互联网为核心的数字文化产业目前正在爆发式增长。在 2014 年 11 月举办的世界互联网大会上，专家正式宣布中国网民已经突破 6 亿，这个数字，是全部美国人口的两倍。如果不出意外，仅数字出版一项，2014 年总产值就突破 3000 亿元人民币。5 年前，这一数字还不到 300 亿元。

2014 年 9 月 18 日，阿里巴巴在美国上市，预期市值 1500 亿美元，一个月的时间，阿里的市值突破 2500 亿美元。这个数字折合人民币 1.5 万亿元，与 2012 年整个中国文化产业的总产值相当。腾讯的市值，也在 1500 亿美元左右，虽然没有阿里巴巴的市值高，但其市值比整个中国包括电视、报纸、广播、期刊等传统媒体一年的总产值高出 4 倍。

中国的互联网产业正在创造震惊世界的奇迹。2014 年"双十一"，疯狂的网民在一天之内狂购达 570 亿元！百度的广告也早在 2013 年就达到 300 亿元，超过了中央电视台。腾讯的微信是在 2013 年 9 月上线的，到现在注册用户已经突破 5 亿元，超过了微博。原子的裂变，前期总是很缓慢，然后越来越快，最后爆发出惊人的能量。

中国的文化产业，就像正在裂变的原子核一样，正在慢慢积聚着它的能量。核裂变是需要条件的，对中国的文化产业而言，资本的聚集就是一个关键的条件。当大量的资本洪水一样涌进文化产业，那一天也就来临了。

再来看看我们遍地开花的文化创意产业园的现状。为了便于广大读者了解中国和世界文化产业园的创办实践，特别是借鉴国外成功的经验，我们选编了《世界文化产业经典案例》和《中国文化产业经典案例》两本书。希望中国的文化产业从业者能从中汲取营养。

我国按文化创意产业园区性质划分为 5 种类型：

1. 产业型。一是独立型的。园区内，产业集群发展相对比较成熟，有很强的原创能力，产业链相对完整，形成了规模效应。如北京通州的宋庄、深圳大芬村等，以绘画艺术为主，也已经形成一定的产业链条及规模效应，但原创能力不强，而且这是我国此类文化创意产业园普遍存在的问题。二是依托型的。依托高校发展，也形成了一定的产业链条。如同济大学周边的现代设计产业园区等。

2. 混合型。这种类型的文化创意产业园往往依托科技园区，并结合园区内的优势产业同步发展文化产业，但园区内并未形成文化产业链条。如张江文化科技创意产业基地、香港数码港等。

3. 艺术型。这种类型的园区也是创作型园区，原创能力强，但艺术产业化程度还较弱。目前国内最有名的艺术园区有北京大山子艺术园区、青岛达尼画家村等。

4. 休闲娱乐型。这类文化创意产业园区主要满足当地居民及外来游客的文化消费需求。最有代表性的是上海的新天地、北京长安街文化演艺集聚区等。

5. 地方特色型。如北京高碑店传统民俗文化创意产业园、潘家园古玩艺术品交易区等。

此外，按照影响范围来分又有国际型、国内型和地区型；还可按园区最初的形成分为自发形成和政府运作形成的文化创意产业园。由于文化创意产业园在我国还是一新生事物，发展变化快，园区类型之间的界限并不是很明晰。

目前我们创办的一些文化产业园，基本模式都是通过招商引资、招才引智，吸引地区内外的艺术家、文化产品经营者和文化中介组织向园区集聚，使之成为文化产业的聚集地、文化产业的孵化器和推进器。其特征主要体现在创意活动、园区形式及形象意义三方面。

首先，文化创意产业园的发展是在通过文化创意活动不断产生发展的内在动力；其次，文化创意产业园区应该有一些多功能的公共领地，它提供人们聚会交流的空间，也为园区内的交易提供场所；最后，文化创意产业园要有自己独特的企业形象和视角形象，要能够给人们留下深刻的记忆和印象，成功的文化创意产业园区在革新和创意方面都有自己独到的精神风貌。文化产业园区在推动文化产业发展，催生文化企业，打造产业集群，甚至在推动就业等方面均有重要特征和功能。产业园区的一个重要功能是产业集群。第一，文化产业园区构成了共同的产业运行链条，同时，产业集群因享有地理上的优势而有可能获得更便捷的发展；第二，这种产业集群具有特殊的优势，地理位置接近也许会产生集群间的激烈竞争，但企业间却可以分享信息资讯，聚合特定的需求，继而降低交易成本；第三，产业集群也能使一个个孤立的企业从较大规模的经济活动中受益，同时刺激相关产业和后续产业的发展，为产业群的发展创造一个有利的环境。

文化产业园区的企业集群具有较大的跨行业按需组合的特征。其主要构成包括：相关文化艺术创意设计方面的企业，提供高科技技术支持如数字网络内容产业方面的企业，企业国际化的策划推广信息咨询等中介机构，文化创意产品生产企业，以及有经济管理、商品管理方面经验的公司。这种构成有助于开放集群内企业间的动态联系，构成立体的多重交织的产业链条网，形成综合融会的集群效应。

文化产业的大爆发，是一个即将到来的现实。发达资本主义国家，文化产业是支柱产业，在 GDP 中起到举足轻重的作用。美国的电影娱乐产业、日本的动漫产业、欧洲的创意产业等，在推动他们的文化占领世界的同时，也获得了巨大的经济利益。文化产业无疑是这样一个崭新的战场。在这个战场上，没有硝烟，没有军人，大家拼的是政策、创意、人才、资本……

在这个崭新的战场上，中国必须争得主动权。中国在迈向世界强国的征途中必须彰显文化创造的奇迹。

让我们拭目以待正在发生的中国奇迹。

（本文是作者为《中国文化产业经典案例》一书写的前言）

附录2 中国国家文化产业示范基地名录

第一批国家文化产业示范基地

第一批国家文化产业示范基地由文化部于 2004 年 11 月 10 日命名。该批国家文化产业示范基地共 42 家，命名文件为《文化部关于命名文化产业示范基地的决定》（文产发〔2004〕43 号）。名单如附录表 1 所示。

附录表 1 第一批国家文化产业示范基地名单

序号	基地名称	序号	基地名称
1	中国对外文化集团公司	22	宁波市新彩虹娱乐有限公司
2	中录同方文化传播有限公司	23	安徽安美置业投资发展集团
3	北京市长安文化娱乐中心	24	山东爱书人音像（集团）有限公司
4	北京保利文化艺术有限公司	25	湖北省民间艺术团
5	北京儿童艺术剧院股份有限公司	26	湖南红太阳娱乐有限公司
6	北京麦乐迪餐饮娱乐管理有限公司	27	岳阳汇泽文化发展有限公司
7	天津市西青区文化旅游发展有限公司	28	佛山市民间艺术研究社
8	河北吴桥杂技文化经营集团公司	29	广州长隆集团有限公司
9	山西灵石县王家大院民居艺术馆	30	佛山市孔雀廊影音电器有限公司
10	辽宁锦州辽西文化古玩商城	31	深圳华侨城集团公司
11	辽宁民间艺术团	32	深圳大芬油画村
12	大连普利文化产业基地	33	桂林广维文华旅游产业有限公司
13	哈尔滨马迭尔集团股份有限公司	34	桂林愚自乐园
14	上海张江创意产业基地	35	四川自贡中国彩灯文化发展园区
15	上海盛大网络发展有限公司	36	成都武侯祠锦里旅游文化经营管理公司
16	上海大剧院总公司	37	四川建川实业集团
17	上海瑞安集团	38	四川广元市女皇文化园
18	常州中华恐龙园有限公司	39	云南映象文化产业发展有限公司
19	江苏省文化产业集团有限公司	40	丽江丽水金沙演艺有限公司
20	浙江宋城集团控股有限公司	41	兰州市文化实业发展总公司
21	华宝斋富翰文化有限公司	42	西宁新奇工艺装饰有限公司

注：排名不分先后。

第二批国家文化产业示范基地

第二批国家文化产业示范基地由文化部于 2006 年 5 月 18 日命名，共 33 家，命名文件为《文化部关于命名第二批国家文化产业示范基地的决定》（文产发［2006］13 号）。名单如附录表 2 所示。

附录表 2　　　　　　　　　　第二批国家文化产业示范基地名单

序号	基地名称	序号	基地名称
1	雅昌企业（集团）公司	18	河南省文化集团
2	北京 520 互联网上网服务有限公司	19	江通动画股份有限公司
3	河北易水砚有限公司	20	三辰卡通集团
4	山西宇达集团公司	21	TCL 文化发展有限公司
5	东联集团成吉思汗陵旅游区	22	广东潮州关键宇航鼠动漫影视有限公司
6	辽宁大剧院	23	重庆市綦江农民版画产业发展有限公司
7	大连大青集团	24	成都市三圣花乡景区
8	吉林省东北风二人转艺术团	25	成都市兴文投资发展有限公司
9	上海时空之旅文化发展有限公司	26	九寨沟演艺产业群
10	上海多媒体产业园发展有限公司	27	三星堆文化产业园
11	江苏泰兴凤灵乐器有限公司	28	多彩贵州文化艺术有限公司
12	苏州苏绣文化产业群	29	云南中天文化产业发展股份有限公司
13	杭州金海岸娱乐有限公司	30	西安曲江文化产业投资（集团）有限公司
14	安庆市五千年工艺美术有限公司	31	安塞县黄土文化产业开发有限公司
15	福建省网龙计算机网络信息技术有限公司	32	天水汉唐麦积山艺术陶瓷有限公司
16	景德镇陶瓷文化博览区	33	吾屯热贡文化艺术村
17	青岛市文化街		

注：排名不分先后。

第三批国家文化产业示范基地

第三批国家文化产业示范基地由文化部于 2008 年 9 月 17 日命名。该批国家文化产业示范基地共 59 家。命名文件：《文化部关于命名第三批国家文化产业示范基地的决定》（文产发［2008］36 号）名单如附录表 3 所示。

附录表3　　　　　　　　　**第三批国家文化产业示范基地名单**

序号	基地名称	序号	基地名称
1	北京老舍茶馆有限公司	31	焦作云台山旅游发展有限公司
2	俏佳人传媒股份有限公司	32	郑州市天人文化旅游有限责任公司
3	天津华夏未来文化发展中心	33	郑州中远演艺娱乐有限公司
4	天津市爱心手工编织制品有限公司	34	湖北三峡非博园发展有限公司
5	衡水习三内画艺术有限公司	35	湖南宏梦卡通传播有限公司
6	曲阳宏州大理石工艺品有限公司	36	张家界魅力湘西旅游开发有限责任公司
7	大同市广灵剪纸文化产业园区	37	广东省广告股份有限公司
8	包头市乐园文化传播有限责任公司	38	深圳市腾讯计算机系统有限公司
9	沈阳杂技演艺集团有限公司	39	中山市小榄镇文化产业发展有限公司
10	盘锦辽河文化产业园	40	肇庆市端砚文化旅游村开发有限公司
11	大连海昌企业发展有限公司	41	深圳古玩城
12	吉林歌舞剧院集团有限公司	42	百色靖西旧州绣球村
13	中筝文化集团长春光明艺术学校	43	海口市大致坡镇琼剧文化产业群
14	显顺琵琶学校	44	重庆巴国城文化投资有限公司
15	哈尔滨松雷股份有限公司	45	重庆洪崖洞城市综合发展有限公司
16	哈尔滨新媒体集团	46	四川乐山乌木珍品文化博物苑有限公司
17	上海东方明珠（集团）股份有限公司	47	成都洛带客家文化产业开发有限责任公司
18	上海长远集团	48	成都演艺集团有限公司
19	江苏省演艺集团有限公司	49	安顺开发区兴伟文化发展有限责任公司
20	江苏爱涛艺术精品有限公司	50	云南柏联和顺旅游文化发展有限公司
21	扬州工艺美术集团有限公司	51	昆明市福保文化城有限公司
22	西泠印社集团有限公司	52	拉萨岗地经贸有限公司
23	浙江中南集团卡通影视有限公司	53	西安关中民俗艺术博物院
24	宁波海伦乐器制品有限公司	54	陕西华清池旅游有限责任公司
25	黄山市屯溪老街	55	华县皮影文化产业群
26	厦门市优必德工贸有限公司	56	庆阳香包民俗文化产业群
27	景德镇法蓝瓷实业有限公司	57	贵南县石乃亥民间艺术团
28	蓬莱八仙过海旅游有限公司	58	宁夏回乡文化实业有限公司
29	淄博东夷齐文化发展有限公司	59	新疆和合玉器有限公司
30	嘉祥石雕文化产业园		

注：排名不分先后。

第四批国家文化产业示范基地

第四批国家文化产业示范基地由文化部于2010年11月23日命名，共70家，命名文件为《文化部关于命名第四批国家文化产业示范基地的决定》。名单如附录表4所示。

附录表4   **第四批国家文化产业示范基地名单**

序号	基地名称	序号	基地名称
1	北京数字娱乐发展有限公司	36	莆田市集友艺术框业有限公司
2	北京京都文化投资管理公司	37	福安市珍华工艺品有限公司
3	北京贯辰传媒有限公司	38	萍乡市升华实业有限公司
4	北京人大文化科技园建设发展有限公司	39	同方泰豪动漫产业投资有限公司
5	北京钧天坊古琴文化艺术传播有限公司	40	山东周村古商城旅游发展有限公司（文化旅游）
6	中央新闻纪录电影制片厂（动漫）	41	威海刘公岛实业发展有限公司
7	北京中外名人文化产业集团有限公司	42	潍坊杨家埠民俗艺术有限公司
8	天津神界漫画有限公司	43	开封清明上河园股份有限公司
9	天津市猛犸科技有限公司	44	镇平石佛寺珠宝玉雕有限公司
10	天津市津宝乐器有限公司	45	项城市汝阳刘笔业有限公司
11	大厂评剧歌舞团演艺有限责任公司	46	海豚传媒股份有限公司
12	河北金音乐器集团有限公司	47	武汉艾立卡电子有限公司
13	蔚县圆通文化创意有限责任公司	48	湖南大剧院
14	阳城县皇城相府（集团）实业有限公司	49	拓维信息系统股份有限公司
15	山西晋阳嫦娥文化艺术有限公司	50	广东中凯文化传媒有限公司
16	内蒙古鄂尔多斯市达拉特旗响沙湾旅游有限公司（文化旅游）	51	广州珠江钢琴集团股份有限公司
17	内蒙古力王工艺美术有限公司	52	羊城创意产业园
18	大连圣亚旅游控股股份有限公司（文化旅游）	53	深圳华强文化科技集团股份有限公司
19	沈阳三农博览园有限公司	54	深圳市永丰源实业有限公司
20	吉林省宇平工艺品制造有限公司	55	深圳市同源南岭文化创意园有限公司
21	吉林禹硕动漫游戏科技股份有限公司	56	海南天涯在线网络科技有限公司
22	黑龙江冰尚杂技舞蹈演艺制作有限公司	57	广西钦州坭兴陶艺有限公司
23	哈尔滨太阳岛风景区资产经营有限公司	58	重庆商界传媒有限公司
24	上海天地软件创业园有限公司	59	凉山文化广播电影电视传媒有限公司
25	上海今日动画影视文化有限公司	60	贵州平坝县天龙旅游投资开发有限公司（文化旅游）
26	扬州智谷投资管理有限公司	61	大理风花雪月文化传播有限责任公司
27	江苏周庄文化创意产业投资发展有限公司	62	拉萨市城关区古艺建筑美术公司
28	江苏金一文化发展有限公司	63	宝鸡市文化旅游产业开发建设有限公司
29	杭州神采飞扬娱乐有限公司	64	西安大唐西市文化产业投资有限公司
30	宁波音王集团有限公司	65	陕西富平陶艺村有限责任公司
31	衢州醉根艺品有限公司	66	敦煌飞天文化产业发展有限责任公司
32	桐城市佛光铜质工艺品有限公司	67	青海藏羊地毯集团有限公司
33	蚌埠光彩投资有限责任公司	68	青海工艺美术厂有限责任公司
34	中国宣纸集团公司	69	宁夏华夏西部影视城有限公司（文化旅游）
35	艾派集团（中国）有限公司	70	新疆国际大巴扎开发有限公司

注：排名不分先后。

第五批国家文化产业示范基地

第五批国家文化产业示范基地由文化部于 2012 年 8 月 20 日命名。该批国家文化产业示范基地共 69 家。命名文件：《文化部关于命名第三批国家文化产业示范基地的决定》（文产发〔2012〕28 号）。名单如附录表 5 所示。

附录表 5　　　　　　　　第五批国家文化产业示范基地名单

序号	基地名称	序号	基地名称
1	中国木偶艺术剧院有限责任公司	25	无锡软件产业发展有限公司
2	北京万豪天际文化传播有限公司	26	龙泉市金宏瓷厂
3	北京四达时代软件技术股份有限公司	27	浙江乐富创意产业投资有限公司
4	北京盛世金鹰国际传媒有限公司	28	台州市绣都服饰有限公司
5	北京通惠坊投资有限公司	29	浙江大丰实业有限公司
6	北京春秋永乐文化传播有限公司	30	安庆帝雅艺术品有限公司
7	兆讯传媒广告股份有限公司	31	安徽演艺集团有限责任公司
8	津福丰达动漫游戏制作有限公司	32	福建省时代华奥动漫有限公司
9	金大陆展览装饰有限公司	33	厦门根深智业文化创意产业集团有限公司
10	承德鼎盛文化产业投资有限公司	34	江西省东源投资发展有限公司
11	河北野三坡神悦文化传播有限公司	35	江西婺源朱子实业有限公司
12	太原高新区火炬创意产业联盟管理有限公司	36	山东金宝集团有限公司
13	平定古窑陶艺有限公司	37	东平水浒旅游开发有限责任公司
14	鄂尔多斯中视实业有限公司	38	诸城中国龙城旅游投资有限责任公司
15	葫芦岛葫芦山庄有限责任公司	39	禹州市神后镇孔家钧窑有限公司
16	吉林省林田远达形象集团有限公司	40	河南安绣文化产业有限公司
17	长春知和动漫产业股份有限公司	41	宜昌金宝乐器制造有限公司
18	黑龙江省同源文化发展有限公司	42	武汉亿童文教发展有限公司
19	黑龙江省伊春市柏承工艺品有限公司	43	湖北盛泰文化传媒有限公司
20	上海世博演艺中心有限公司	44	湖南明和光电设备有限公司
21	上海宝山科技控股有限公司	45	湖南金霞湘绣有限公司
22	上海淘米网络科技有限公司	46	广州漫友文化科技发展有限公司
23	南京云锦研究所股份有限公司	47	广东奥飞动漫文化股份有限公司
24	南通鸿禧文化创意有限公司	48	揭阳市阳美宝玉石有限公司

序号	基地名称	序号	基地名称
49	深圳市灵狮文化产业投资有限公司	60	西安长风数字文化科技有限公司
50	海南三道圆融旅业有限公司	61	甘南州羚城藏族文化科技开发有限责任公司
51	三亚市天涯海角旅游发展有限公司	62	兰州创意文化产业园有限公司
52	广西榜样传媒集团有限公司	63	肃南裕固族自治县祁连玉文化产业开发有限公司
53	重庆演艺集团有限责任公司	64	青海天地人缘文化旅游发展有限公司
54	重庆猪八戒网络有限公司	65	青海生物产业园开发建设有限公司（博物馆群）
55	四川天邃文化旅游集团有限公司	66	宁夏西夏城文化旅游开发有限公司
56	贵州省雷山县西江千户苗寨旅游发展有限公司	67	宁夏新科动漫产业有限公司
57	云南文化产业投资控股集团有限责任公司	68	新疆卡尔罗媒体科技有限公司
58	云南民族村有限责任公司	69	新疆德威龙文化传播有限公司
59	陕西演艺集团有限公司		

注：排名不分先后。

参考文献

［1］ 石建桥. 我国文化产业的发展历程及其现状分析 ［J］. 读写算（教育教学研究），2013，（29）：389.

［2］ 中国艺术科技研究所，中国文化管理学会网络文化工作委员会. 中国居民文化消费与需求调查报告 ［Z］. 2012－10.

［3］ 2012 年我国文化产品出口情况分析 ［EB/OL］. http：//www. ask-ci. com/news/201302/22/221093561942. shtml，2013－02－22.

［4］ 服务贸易统计直报系统. 2013 年 10 月我国核心文化产品进出口情况简析 ［EB/OL］. http：//www. tradehn. com/news/news. aspx？ id＝226111，2014－01－02.

［5］ 全国新闻出版统计网. 2013 年全国新闻出版业基本情况 ［EB/OL］. http：//www. chinaxwcb. com/2014－08/13/content_300365. htm，2014－08－13.

［6］ 百度百科. 知识产权服务 ［EB/OL］. http：//baike. baidu. com/link？url＝8vDwb4F2Kzky0hjOqSA1IHqmNrrt4bD4e8p3rFKudPnY4NbtFMa87Ck－1UoAizS－9ibXU8TBdvKwZKQewROuRq.

［7］ 国家新闻出版广电总局发展研究中心. 中国广播电影电视发展报告（2015）［M］. 北京：社会科学文献出版社，2015.

［8］ 中国演出行业协会. 2013 年中国演出市场年度报告 ［Z］. http：//www. capa. com. cn/news/showDetail？ id＝65993，2014－04－04.

［9］ 文化部文化市场司. 2013 中国艺术品市场年度报告 ［M］. 北京：人民美术出版社，2014.

［10］ 2014－2015 中国数字出版产业年度报告 ［Z］. http：//www. epuber. com/p/43，2015－07－15.

［11］ 2014 全球 3D 电影报告：只有中国观众爱被坑 ［EB/OL］. http：//www. meeli. cn/haiwaiyingshi/8309. html，2014－11－10.

［12］ 中国互联网络信息中心. 第 35 次中国互联网发展状况统计报告 ［Z］. http：//www. cnnic. net. cn/hlwfzyj/hlwxzbg/，2015－02－03.

［13］艾瑞咨询．2014 年度中国互联网经济核心数据发布——网络广告 ［EB/OL］．http：//news．iresearch．cn/zt/247057．shtml．

［14］艾瑞咨询．艾瑞：2014 年中国网络游戏市场规模 1108.1 亿 ［EB/OL］．http：//www．iresearch．com．cn/view/246130．html，2015 - 02 - 04.

［15］艾瑞咨询．2014 年度中国互联网经济核心数据发布——移动互联网 ［EB/OL］．http：//news．iresearch．cn/zt/246303．shtml．

［16］中国互联网络信息中心．2014 年中国手机网民娱乐行为报告 ［Z］．http：//www．cnnic．net．cn/hlwfzyj/hlwxzbg/，2015 - 07 - 15.

［17］中国互联网络信息中心．2013 年中国搜索引擎市场研究报告 ［Z］．http：//www．cnnic．net．cn/hlwfzyj/hlwxzbg/，2014 - 01 - 27.

［18］2014 年中国导航电子地图市场回顾 ［EB/OL］．http：//tech．hexun．com/2015 - 04 - 22/175208622．html，2015 - 04 - 22.

［19］中华人民共和国国家旅游局．中国旅游年鉴 2013 ［M］．北京：中国统计出版社，2013.

［20］中国森林公园网．国家级森林公园名录（2014 年底）［Z］．http：//www．forestry．gov．cn/portal/slgy/s/2452/content - 782894．html，2015 - 07 - 14.

［21］中国森林公园网．2014 年度森林公园建设经营情况统计表 ［Z］．http：//www．forestry．gov．cn/portal/slgy/s/2452/content - 774456．html，2015 - 06 - 11.

［22］中华人民共和国国家旅游局．2013 年度全国旅行社统计调查情况的公报 ［Z］．http：//www．cnta．gov．cn/zwgk/tzggnew/gztz/201506/t20150625_429565．shtml，2014 - 07 - 17.

［23］中国游艺机游乐园协会年鉴编辑委员会．中国游艺机游乐园协会年鉴 2009 - 2012 ［Z］．http：//www．caapa．org/Upload/file/20150513/20150513113343_3437．pdf，2013 - 06.

［24］胡润排行榜：2014 中国高净值人群养生白皮书报告 ［EB/OL］．http：//www．askci．com/news/finance/2014/09/11/17558wjh1．shtml，2014 - 09 - 01.

［25］中国健康产业产值 5600 亿人民币，2015 年将达 1 万亿 ［EB/OL］．http：//health．sohu．com/20120324/n338831319．shtml，2012 - 03 - 24.

［26］中华人民共和国工业和信息化部．2014 年 1 - 12 月文教体育用品行业运行情况 ［Z］．http：//www．miit．gov．cn/n11293472/n11293832/n11294132/n12858432/n12858643/16451175．html，2015 - 02 - 11.

［27］中华人民共和国工业和信息化部消费品工业司.2014年1－12月玩具行业运行情况 ［Z］.http：//www.fdi.gov.cn/1800000121_33_4581_0_7.html，2015－03－10.

［28］2014年玩具行业分析年报 ［EB/OL］.http：//service.made-in-china.com/market-analysis/industry-analysis-report/588074.html，2015－07－10.

［29］商务部服贸司，中国会展经济研究会.中国会展行业发展报告2014 ［Z］.http：//fms.mofcom.gov.cn/article/lingzxz/xiazaizhuanqu/201410/20141000768929.shtml，2014－10－22.

［30］博视得发布《2014年度户外广告市场及2015年发展趋势》 ［EB/OL］.http：//www.digitaling.com/articles/13891.html，2015－03－18.

［31］商务部流通业发展司，中国拍卖行业协会.2014年中国拍卖行业经营状况分析及2015年展望 ［Z］.http：//www.caa123.org.cn/frontnc06NewsContentAction.do？method＝previewContent&pdid＝569&ID＝10891，2015－03－20.